à quels grades il peut lui-même être élu ne doit être ignoré du soldat citoyen.

C'est pourquoi il nous a paru nécessaire de joindre ici aux autres enseignemens que contenaient les *manuels* qui ont été publiés, tout ce qui concerne les devoirs électoraux du garde national.

C'est principalement là ce qui donnera un caractère d'utilité plus générale à notre *Instructeur des gardes nationaux*. On y trouvera, comme dans les *manuels* imprimés en si grand nombre, tous les détails du service de poste, de ronde, de patrouille, l'école du soldat, l'école de peloton, de bataillon, etc.; mais aussi les leçons non moins indispensables qu'exigeait le soin d'une bonne organisation.

Il manquait enfin aux autres *manuels*, une partie essentielle, celle qui traite de la discipline. L'*Instructeur des gardes nationaux* n'a point fait une si grave omission. On n'ignore pas qu'il n'y a point de service possible sans discipline. Vainement les *manuels* qui nous ont précédé auraient enseigné dans les plus grands détails les règles du service, s'ils n'ont point exprimé comment se forme et se produit la force répressive et légale qui est destinée à con-

L'INSTRUCTEUR

DES

GARDES NATIONAUX

De France.

L'INSTRUCTEUR

DES

GARDES NATIONAUX

DE FRANCE;

CONTENANT

L'Ecole du Soldat et de Peloton,

D'APRÈS L'ORDONNANCE DU 4 MARS 1831;

La Loi sur l'organisation de la garde nationale. — L'Instruction sur les élections. — Celle sur les conseils de discipline. — La Consigne générale pour le service des gardes dans les postes, rondes, patrouilles, etc — La loi contre les attroupemens. — La manière de nettoyer les galons d'argent, de blanchir la buffleterie, de fabriquer la cire à giberne, de cirer la giberne, de confectionner les cartouches, de démonter et de remonter le fusil.

PARIS,

P. DUPONT ET G. LAGUIONIE,

Rue de Grenelle-Saint-Honoré, n° 55.

1831.

INTRODUCTION.

Beaucoup de livres ont paru depuis la réorganisation des gardes nationales, qui, tous, ont eu pour but de mettre promptement et facilement à la portée des citoyens les notions militaires les plus essentielles à connaître pour bien remplir le service qu'impose la qualité de *garde national*. Ils ont tous obtenu beaucoup de succès, et rien n'est plus naturel. Cette institution intéresse plus de huit millions de citoyens, et elle en comprend plus de quatre millions, ayant à exercer des droits électoraux qui s'appliquent aux choix de leur colonel, lieutenant-colonel, chef de bataillon, capitaine, etc. C'est là un privilége que cette belle et puissante élite de la France vient d'apprendre à apprécier dans le grand œuvre de sa réorganisation. On aurait dû s'attendre et on s'était attendu à trouver dans les *manuels* qui ont été publiés les règles et les instructions propres à diriger ce précieux droit électoral. C'est ce qu'on n'y a point rencontré, et c'est pourtant ce qu'il était nécessaire d'y introduire, car, avant de servir, il faut s'organiser, et l'élection est l'opération la plus importante de toutes celles dont se compose l'organisation.

Nous avons pensé que la garde nationale accueillerait avec un empressement particulier un ouvrage non moins court, non moins précis que ceux qui l'ont précédé, mais qui, indépendamment de l'enseignement des devoirs ordinaires du service sous les armes, placerait en première ligne l'étude et la connaissance des *règles électorales*.

En effet, l'organisation des gardes nationales vient de donner à la France, et peut-être au monde entier, l'exemple du plus vaste essai du système d'élections. Quatre millions de citoyens portés au contrôle du service ordinaire par le seul fait du domicile et de la contribution personnelle, quelque faible qu'elle soit, se sont réunis dans tous les lieux, et jusque dans les moindres hameaux, à l'appel qui leur a été fait par trente-huit mille maires.

Quelque nombreuses qu'aient été les assemblées, l'ordre et la tranquillité ont régné au milieu d'elles. Quatre millions de votes libres ont été chercher librement aussi les notabilités départementales pour y trouver près de cinq cent mille officiers et sous-officiers, auxquels l'élection a confié pour trois ans le commandement de la force civique.

N'en doutons pas, c'est, quelque jour, de cette élection élémentaire que partiront toutes les autres élections. La qualité de garde national, le titre d'électeur qui y est attaché, deviendra le premier de ceux qui créera les municipalités, les conseils généraux, les jurys et les députés. C'est à cette grande école électorale de la garde nationale que les citoyens viendront apprendre à bien user de cette honorable et nationale faculté de rechercher les plus habiles et les plus aptes à commander, à administrer, à juger leurs concitoyens et à leur donner des lois.

Rien donc de ce qui constitue *électeur* le garde national, de ce qui lui apprend dans quels lieux, dans quelles formes il doit voter, quelles causes invalident l'élection, à quels grades il a le droit d'élire, tenir dans le devoir et l'obéissance les élémens de la milice citoyenne. On trouvera dans l'*Instructeur des gardes nationaux*, à la suite des règles du service, une instruction complète sur l'organisation des conseils de discipline pour les compagnies, les bataillons et les légions.

Ainsi, tandis que les *manuels* auxquels va succéder l'*Instructeur* se bornaient à traiter du *garde national sous les armes*, notre petit livre le considère encore comme *électeur* et comme *juge*, sans que, pour cela, ses instructions soient devenues plus volumineuses ni plus chères. Nous avons cru que toutes ces conditions de préférence étaient indispensables pour assurer, à l'*Instructeur des gardes nationaux*, un succès que justifient déjà les nombreuses demandes qu'on nous en a faites sur la simple annonce du plan que nous venons d'exposer.

INSTRUCTIONS

SUR LES ÉLECTIONS

DE LA GARDE NATIONALE.

PREMIÈRE PARTIE.

Élections à faire. — Électeurs. — Éligibles.

TITRE Ier. — *Quelles élections sont à faire.*

Les conseils de recensement ont été chargés de répartir en compagnies ou subdivisions de compagnie la totalité des citoyens inscrits sur les contrôles du service ordinaire (*art.* 32 *de la loi du* 22 *mars*).

Ils ont dû former partout où cela s'est trouvé possible des escadrons ou subdivisions d'escadron de cavalerie (*art.* 30 *et* 36); des compagnies ou subdivisions de compagnie d'artillerie (*art.* 38 *et* 39), de sapeurs-pompiers (*art.* 40), de marins ou d'ouvriers marins (*art.* 41).

En procédant à ces formations de corps spéciaux, les conseils n'auront pas perdu de vue que ces corps, ainsi que la cavalerie, ne font point partie des corps ordinaires de la garde nationale, mais que, devant cependant concourir par armes, suivant leur force numérique, au service ordinaire (*art.* 42), ils ont été placés par la loi sous les ordres du commandant de la garde communale ou cantonnale (*art.* 47).

De cette disposition particulière se déduit naturellement la conséquence que, dans chaque commune, nul corps spécial ne doit avoir une organisation d'une importance égale à celle de la garde communale : si cette garde se compose d'un bataillon, le corps spécial peut être une compagnie; il ne peut présenter qu'une subdivision de compagnie, si la garde communale ne se compose que d'une compagnie; enfin, si cette garde n'est elle-même qu'une subdivision de compagnie, le corps spécial ne peut se former que d'une subdivision inférieure en nombre et en grades.

Les articles 33, 35 et 37 ont fixé le nombre d'officiers, sous-officiers et caporaux ou brigadiers qui doit être affecté aux compagnies ou subdivisions. En aucun cas, ce nombre ne peut être changé. Une remarque est à faire à cet égard; la loi, dans les articles précités, a paru laisser un doute en disant, par exemple, article 33, que jusqu'à cinquante hommes la garde nationale se formait en subdivision, et, article 35, qu'à partir de cinquante hommes, elle se formait en compagnie. En examinant avec attention la progression que présentent les divers degrés d'organisation tracés par les articles 33, 35 et 37, il demeure certain qu'à chaque degré, la loi enferme le dernier nombre, par elle indiqué, dans le maximum de la composition de ce degré, et qu'au degré subséquent, elle ne comprend pas ce même nombre dans le minimum de la composition de ce degré subséquent. Ainsi le maximum d'une subdivision est cinquante hommes, et le minimum d'une compagnie est cinquante-un. Cette explication suffit sans doute pour tous les degrés d'organisation.

Aussitôt que le conseil de recensement d'une commune a terminé la répartition des citoyens portés au contrôle du service ordinaire entre les divers corps spéciaux et la garde communale, il doit arrêter le nombre d'officiers, sous-officiers, caporaux, ou brigadiers à élire par chaque corps spécial et par la garde communale, suivant qu'elle se compose d'une subdivision de compagnie, ou d'une compagnie, ou de plusieurs compagnies, ou même d'un ou plusieurs bataillons communaux.

Chaque corps spécial a deux sortes d'élections à faire : 1° il doit élire les officiers, sous-officiers, caporaux ou brigadiers affectés à sa force propre et numérique, d'après les articles 33, 35 et 37 ; 2° parmi les officiers de la subdivision de compagnie, ou de la compagnie, ou des compagnies, ou du bataillon de la garde communale, dont le commandant doit avoir sous ses ordres le corps spécial, ainsi que le veut l'article 47, ceux qui ont un grade supérieur à celui du commandant du corps spécial, et qui, par conséquent, peuvent se trouver dans le cas de donner des ordres à ce corps, doivent être nommés en commun par tous les citoyens de la garde communale, et par ceux des corps spéciaux. S'il en était autrement, le corps spéciaux seraient traités moins bien que les corps ordinaires, puisqu'on les placerait sous le commandement d'officiers qu'ils n'auraient pas élus.

Pour être parfaitement compris, ce que je viens de dire sur la seconde partie des élections auxquelles doivent être appelés les corps spéciaux, a besoin d'un développement.

Dans la commune dont la garde nationale se forme en bataillons, d'après l'article 45 de la loi, les corps spéciaux, s'ils se composent de compagnies entières, concourront à l'élection des chefs de bataillon, porte-drapeaux, et candidats pour les grades de colonel et lieutenant-colonel des légions, de la manière indiquée par les articles 53 et 56.

Dans la même commune, si la garde communale se compose de plusieurs bataillons ayant chacun sa circonscription distincte, les officiers des compagnies spéciales, recrutées dans toute l'étendue de la commune, et les citoyens en nombre égal, chargés par ces compagnies, conformément à l'article 53, de concourir à l'élection des chefs de bataillon, porte-drapeaux et candidats pour les grades de colonel et lieutenant-colonel, voteront avec ceux du bataillon dans la circonscription duquel chacun d'eux aura son domicile.

Dans les communes où les corps spéciaux ne se composent que de subdivisions, par exemple, de trente hommes, qui, d'après l'article 33, ne peuvent avoir qu'un sous-lieutenant, tandis que la garde communale se compose, soit de bataillons, soit de compagnies, les citoyens des corps spéciaux concourront, chacun avec la compagnie de son domicile, à l'élection des capitaines et lieutenans de cette compagnie et, encore avec elle, à l'élection des citoyens qu'elle devra nommer pour concourir aux élections des chefs de bataillon, porte-drapeaux et candidats pour les grades de colonels et lieutenans-colonels.

Si cette circonstance d'une subdivision de corps spécial se rencontre dans une commune qui, ayant, soit une, soit plusieurs compagnies, mais point de bataillon, sera dans le cas de se réunir à d'autres communes pour former un bataillon cantonnal ou même une légion, les citoyens du corps spécial concourront avec la compagnie communale de leur domicile respectif, d'abord à l'élection des capitaines et lieutenans, et ensuite à l'élection du chef de bataillon, du porte-drapeau et des dix candidats pour les grades de colonel et lieutenant-colonel.

Enfin, si la même circonstance d'une subdivision de corps spécial existe dans une commune dont la garde nationale ordinaire ne se composera elle-même que d'une subdivision, les citoyens du corps spécial pourront avoir à faire avec cette subdivision de la garde communale trois élections, savoir :

1° Celle des officiers de la subdivision de garde communale dont le grade sera supérieur à celui du commandant de la subdivision du corps spécial ;

2° Celle du capitaine de la compagnie cantonnale qui se formera de cette subdivision de garde communale, réunie aux subdivisions d'autres communes (*deuxième paragraphe de l'art.* 50);

3° Celle du chef de bataillon, du porte-drapeau et des dix candidats pour les grades de colonel et lieutenant-colonel, lorsque la formation d'un bataillon cantonnal ou même d'une légion cantonnale devra comprendre la subdivision de garde nationale de la commune à laquelle appartiendra la subdivision du corps spécial.

Quelques départemens présentent une circonstance de plus où les corps spéciaux ont à faire des élections ; c'est celle où les diverses subdivisions des corps spéciaux obtiennent l'autorisation de se réunir, soit pour la totalité, soit pour une partie du canton, afin de former un corps cantonnal. Dès-lors, outre les officiers et sous-officiers que chaque subdivision de corps spécial conserve dans sa commune, suivant les articles 33, 36, 37, 38, 40 et 41, les subdivisions réunies ont à choisir un ou deux capitaines, suivant l'effectif que présente la réunion (*art.* 35 *et* 50, *deuxième paragraphe*), un sergent-major ou maréchal-des-logis-chef et un fourrier.

Cette explication s'applique surtout à la cavalerie, qui, d'après les articles 30 et 36 de la loi, peut se former sans ordonnance du roi en corps cantonnal. MM. les préfets ont pu juger de l'utilité qu'il y aurait à réunir, dès à présent, en un seul corps ou en plusieurs corps par canton, les subdivisions de cavaliers gardes nationaux qui se sont formées dans les diverses communes. Pour opérer ces réunions, ils n'ont besoin ni de solliciter ni d'attendre mon autorisation. Suivant ce qu'ils prescriront à cet égard, et selon l'effectif dont se composeront les corps cantonnaux de cavalerie, ainsi formés, ils feront connaître immédiatement aux citoyens appartenant à ces corps combien d'officiers, de sous-officiers et de brigadiers, chaque subdivision communale devra élire pour la commune, et combien la réunion des subdivisions d'un même corps cantonnal devra en nommer de plus pour ce corps.

Dans chaque commune ayant plusieurs bataillons non encore formés en légions, les gardes communales et les corps spéciaux doivent être prévenus, au moment des élections, que les sous-officiers, caporaux ou gardes nationaux qui seront nommés d'après l'art. 53 de la loi, pour concourir à l'élection des chefs de bataillon et porte-drapeaux, auraient droit aussi de concourir à l'élection des dix candidats pour les grades de colonel et de lieutenant-colonel de la légion, si le roi en ordonnait la formation.

Quant aux communes n'ayant qu'un bataillon, mais susceptibles de réunir leur garde nationale avec celles d'autres communes pour former une légion, vous ferez donner le même avis à leur garde nationale.

Il ne peut qu'être avantageux de préparer les moyens d'organiser promptement les bataillons cantonnaux. L'un de ces moyens consiste en ce que, dans toutes les communes, la garde nationale composée seulement des compagnies fasse, dès à présent, à la suite de ses élections, l'élection spéciale des sous-officiers, caporaux ou gardes nationaux qui devraient, si le roi venait à autoriser la formation des bataillons cantonnaux, élire leur chef de bataillon et leur porte-drapeau.

Si même votre département est dans le cas de former quelques légions cantonnales, toutes les compagnies destinées à faire partie de ces légions devront aussi être prévenues que les mêmes sous-officiers, caporaux ou gardes nationaux qu'elles auront chargés d'élire avec les officiers les chefs de bataillon et porte-drapeaux, seront aussi chargés d'élire les dix candidats pour les grades de colonel et lieutenant-colonel, lorsque l'ordonnance royale de formation de leur légion cantonnale aura été rendue.

Enfin, et sans attendre l'autorisation de former les bataillons cantonnaux, vous devrez considérer comme autorisées toutes les réunions de subdivisions en compagnies qui vous paraîtront devoir être faites. Elles procéderont dès à présent à l'élection de leurs capitaines, sergent-major et fourrier, ainsi qu'à celle des sous-officiers, caporaux ou gardes nationaux qui devront être chargés de l'élection du chef de bataillon, du porte-drapeau, et même des dix candidats pour les grades de colonel et de lieutenant-colonel, si d'ailleurs, d'après les propositions que vous aurez à faire, par suite de ma circulaire du 19 de ce mois, ces subdivisions de compagnies réunies en compagnies doivent être formées non-seulement en bataillon cantonnal, mais encore en légion.

Quelques uns de MM. les préfets m'ont transmis des propositions pour la réunion en compagnies d'un certain nombre de subdivisions de compagnies dont l'effectif réuni dépasse cent quarante hommes, et pour lesquelles cependant ils n'ont porté qu'un capitaine. C'est une erreur qu'ils doivent rectifier, en faisant procéder aux élections. Outre le nombre d'officiers et de sous-officiers auxquels a droit chaque subdivision de compagnie, suivant l'article 33, la compagnie formée de subdivisions n'en doit pas moins avoir un ou deux capitaines, d'après son effectif, et tout autant d'officiers ou de sous-officiers qu'en attribue à cet effectif l'article 35, après toutefois déduction du nombre de citoyens de chaque grade attribués aux diverses subdivisions dont la compagnie se compose. Par exemple, si les diverses subdivisions ne comprennent entre elles qu'un lieutenant et un sous-lieutenant, tandis que, d'après leur effectif réuni, la compagnie qu'elles formeront dépassera cent quarante hommes, et devra, par conséquent, avoir deux capitaines, deux lieutenans et deux sous-lieutenans, les subdivisions réunies auront à procéder ensemble à l'élection de deux capitaines, un lieutenant et un sous-lieutenant; indépendamment du sergent-major et du fourrier.

L'article 53, qui a prescrit aux compagnies de nommer, pour concourir à l'élection des chefs de bataillon, des porte-drapeaux et des candidats aux grades de colonels et de lieutenans-colonels, un *nombre* de sous-officiers, caporaux ou gardes nationaux *pareil* au nombre d'officiers attribué à chaque compagnie, a donné lieu à un doute. On a demandé si l'on devait prendre une fois ce *nombre pareil* parmi les sous-officiers, une seconde fois parmi les caporaux, une troisième enfin parmi les gardes nationaux. Cette question ne peut être résolue que négativement. Le nombre pareil dont il s'agit n'est à prendre qu'une seule fois, soit tout entier parmi les sous-officiers, ou parmi les caporaux, ou parmi les gardes nationaux, soit également ou inégalement parmi les uns ou les autres.

L'article 56 a également donné lieu à une question : Y aura-t-il à élire par légion dix candidats pour le grade de colonel, et dix autres pour celui de lieutenant-colonel? ou bien n'y aura-t-il qu'une liste de candidats pour les deux grades?

Dans ses termes, l'article 56 ne semble présenter aucun sens douteux : si la loi eût voulu dix candidats pour chaque grade, elle l'aurait exprimé facilement, et il n'est pas possible de supposer un embarras de rédaction qui aurait obligé à y laisser une telle équivoque.

Mais une explication plus décisive résulte même du sens de la disposition dont il s'agit. L'obligation de présenter dix candidats pour le grade de colonel, et dix autres pour celui de lieutenant-colonel, renfermerait en soi une sorte de contradiction et quelque chose d'impraticable.

En effet, les dix candidats pour le grade de colonel seront élus avec tout le discernement qu'appelle un choix de cette importance. Ce seront les dix citoyens les plus notables. Il faudrait donc élire pour le grade de lieutenant-colonel des candidats d'un moindre mérite, et l'on placerait le roi dans la nécessité de renoncer, pour ce dernier garde, à neuf candidats meilleurs.

Si la garde nationale pouvait se trouver placée dans une telle difficulté, elle n'en sortirait heureusement qu'en désignant pour les candidats au grade de lieutenant-colonel les mêmes dix candidats qu'elle aurait présentés pour celui de colonel. Ainsi les deux listes n'en feraient qu'une.

TITRE II. — *Quels citoyens ont le droit de procéder aux élections.*

Le droit d'élire, dans chaque compagnie ou subdivision de compagnie, soit de la garde nationale ordinaire, soit d'une de ses armes spéciales, appartient seulement à ceux des citoyens inscrits sur le registre matricule de leur commune (*articles 14 et 15 de la loi*), que le conseil de recensement a portés sur le contrôle du service ordinaire (*articles 19 et suivans*), et qu'il a désignés pour faire partie de cette compagnie ou subdivision de compagnie.

Ce principe ne peut recevoir d'autre exception que celle qui a été développée au premier titre, et qui admet à certaines élections des compagnies et des bataillons de la garde nationale ordinaire les citoyens des corps spéciaux.

On a demandé si les citoyens portés au contrôle de la réserve de la garde nationale et répartis à la suite des compagnies et subdivisions de compagnie du centre ont le droit de concourir aux élections. Lorsque cette question m'a été présentée, elle m'a paru devoir être résolue négativement. Toutefois j'ai pris l'avis du comité de l'intérieur au conseil d'état. Cet avis est parfaitement d'accord avec le mien.

Il faut considérer

Que parmi les Français *appelés* par la loi *au service de la garde nationale* la section première du titre premier établit deux divisions : *le service ordinaire* et *la réserve ;*

Qu'aux termes des articles 21, 30 et 32, les compagnies et subdivisions de compagnie sont formées *sur les contrôles du service ordinaire ;*

Que les citoyens de la réserve ne sont répartis à la suite des compagnies que *pour y être incorporés au besoin ;* d'où suit qu'ils sont non point *appelés*, mais seulement susceptibles d'être appelés dans la garde nationale ;

Que l'article 50 ne convoque pour l'élection que les gardes nationaux *appelés à former les compagnies* ou subdivisions, lesquelles sont *formées sur le contrôle du service ordinaire ;*

Que les articles 33, 35 et 37, corrélatifs à l'article 50, règlent le nombre de nominations à faire dans les compagnies et subdivisions en raison de celui des gardes nationaux dont elles se composent, et sans tenir aucun compte des citoyens de la réserve inscrits à la suite ;

Qu'il est impossible de concevoir comment des citoyens qui ne sont point incorporés dans une compagnie, et n'ont aucun devoir à remplir, auraient des droits à y exercer, et prendraient part à son acte le plus important ;

Qu'enfin il serait subversif du principe de l'élection de faire concourir à celle des chefs de la garde nationale des citoyens qui, ne faisant point de service, n'ont ni qualité pour juger les titres et l'aptitude des candidats, ni intérêt direct aux choix.

De ces considérations résulte clairement que les citoyens inscrits sur les contrôles de la réserve ne sont point appelés, par l'article 50 de la loi, à concourir à la nomination des officiers, sous-officiers et caporaux du service ordinaire de la garde nationale.

Lors de son organisation provisoire, une partie de la garde nationale a admis dans ses rangs des jeunes gens qui, n'ayant pas encore vingt ans aujourd'hui, sont libres de refuser le service. D'un autre côté, des citoyens parvenus à l'âge de cinquante-neuf ans accomplis, sont à rayer des registres-matricules de la garde nationale. Le patriotisme et l'amour du bien public, qui retiennent dans la garde nationale des citoyens qui ne lui appartiennent même pas encore, ou qui sont en droit d'en sortir, sont louables sans doute ; toutefois, de telles considérations ne doivent point porter atteinte aux principes de l'élection. Le droit d'y concourir ne peut appartenir qu'aux citoyens qui sont tenus obligatoirement des devoirs de la garde nationale. De là suit que tout Français qui avait atteint cinquante-neuf ans avant le 1er janvier dernier, ou âgé de moins de vingt ans au moment des élections, ne doit point y participer.

Les étrangers portés au registre-matricule de la garde nationale, par application de l'article 10 de la loi, ont été l'objet d'une controverse sur laquelle j'ai cru devoir également demander l'avis du comité de l'intérieur au conseil d'état. Doit-on les admettre à voter dans les élections de la garde nationale? Il importe de vous communiquer sous quelles conditions le comité s'est prononcé pour l'affirmative.

La loi *n'appelle* au service de la garde nationale que les Français; elle a dit, à l'égard des étrangers, *qu'ils pourront y être appelés*. Ils ne peuvent l'être que sous la double condition d'avoir été admis à la jouissance des droits civils en France, et d'y avoir acquis une propriété ou formé un établissement. Lors même qu'ils satisfont à cette double condition, ils peuvent ne pas être *appelés* si l'autorité y voit des inconvéniens, comme elle peut les *appeler*, même s'ils s'y refusent.

Il est possible qu'il y ait inconvénient à appeler, dans la garde nationale, un étranger; et il n'a pas, comme le naturel ou le naturalisé Français, le droit de servir, si l'autorité, à qui la loi a donné la faculté de l'appeler, ne juge pas convenable de lui confier ce droit.

On ne peut pas dire que le refus d'admettre l'étranger qui jouit des droits civils et possède une propriété ou un établissement en France, serait une injure: le service étant un droit et une obligation, la loi ne donne l'un et n'impose l'autre qu'à ceux qui sont appelés, et elle laisse aux maires la faculté d'appeler ou de ne pas appeler les étrangers. Toutefois, la faculté de les appeler ne va pas jusqu'à les obliger de demander, ou jusqu'à autoriser à demander pour eux, d'office, l'admission à la jouissance des droits civils, lorsqu'ils ont des propriétés ou un établissement en France.

S'il est facultatif à l'autorité municipale et aux

conseils de recensement d'appeler au service de la garde nationale l'étranger qui satisfait aux deux conditions exprimées en l'article 10 de la loi; il ne paraît pas qu'une fois inscrit au registre-matricule et au contrôle du service ordinaire, il puisse se soustraire à ce service.

Dès-lors qu'il est tenu des devoirs d'un garde national, il en a tous les droits, au nombre desquels il faut placer celui de concourir aux élections par son vote.

L'article 19 a permis aux citoyens non imposés à la contribution personnelle, qui ont fait partie de la garde nationale depuis août 1830, de demeurer dans leurs compagnies ou d'en sortir. Ils doivent s'être prononcés à cet égard avant les élections. S'ils préfèrent demeurer, ils ont le droit de voter, mais aussi la faculté d'option cessera pour eux du moment qu'ils auront exercé ce droit. Appartenant à la garde nationale, leur concours volontaire aux élections les aura classés définitivement dans le service ordinaire, et ils ne pourront plus en sortir, à moins d'une décision du conseil de recensement.

Il en doit être de même des citoyens qui, pouvant se dispenser, d'après l'article 28, du service de la garde nationale, nonobstant leur inscription, ou s'en faire dispenser pour cause d'infirmités, article 29, viendront cependant voter aux élections de leurs compagnies. Ceux qui s'y détermineront auront fait une option dont ils ne seraient plus libres de se dégager, à moins que le droit de se dispenser, ou se faire dispenser pour une nouvelle cause, ne soit survenu pour eux depuis les élections.

Le droit de concourir aux élections d'une compagnie ou subdivision de compagnie n'appartenant qu'aux citoyens désignés pour en faire partie par le conseil de recensement, et les décisions de ce conseil ne pouvant sous ce rapport être réformées que par le jury de révision, l'autorité civile ni les citoyens assemblés pour les élections ne peuvent conférer ce droit à personne, sans le consentement préalable du conseil. Vous vous attacherez à pénétrer de ce principe les esprits de vos administrés. Vous connaissez l'étendue des droits des jurys de révision; c'est une juridiction non seulement souveraine comme les cours d'appel, mais même encore supérieure, puisque l'article 36 de la loi dit expressément que ses décisions ne seront susceptibles d'aucun recours. Les jurys de révision ne seront pas tenus des interprétations que l'autorité pourrait avoir données à quelques uns des articles de la loi, non plus que des dérogations que les citoyens auraient cru pouvoir se permettre, et l'on s'exposerait, en s'écartant de la règle que je viens de rappeler, à quelques réélections qui auraient peut-être des inconvéniens.

Il importe aussi d'avertir vos administrés que le droit d'appel d'une décision des conseils de recensement se perd, pour le citoyen qu'elle concerne, par l'exécution de cette décision. Ainsi tout citoyen que le conseil a inscrit au contrôle du service ordinaire, et qui vient concourir aux élections de la compagnie ou subdivision de compagnie pour laquelle le conseil l'a désigné, perd, par cela seul, la faculté d'appeler au jury de son classement dans le service ordinaire et dans cette compagnie.

Titre III. — *Quels sont les citoyens qui peuvent être élus.*

Les officiers de chaque compagnie ne seront-ils élus que parmi les citoyens que le conseil de recensement a désignés pour faire partie de cette compagnie? Cette question, qui a été d'abord faite pour les élections de Paris, n'intéresse point les communes qui n'ont qu'une compagnie ou qu'une subdivision. En effet, tout le monde est d'accord que les élections de ces communes ne peuvent, par application de l'art. 4, porter que sur des citoyens appartenant à leur registre-matricule et à leur contrôle du service ordinaire.

La question n'est donc relative qu'aux communes et aux villes qui ont soit plusieurs compagnies, soit un ou plusieurs bataillons, soit enfin une légion. J'ai répondu à M. le préfet de la Seine, qui m'a le premier adressé cette question :

« La loi s'oppose à ce que les officiers, à l'exception des chefs de légion, des lieutenans-colonels, « chefs de bataillon et porte-drapeaux, soient choisis parmi d'autres citoyens que ceux que les conseils de recensemens ont désignés pour faire partie des compagnies. En effet, pour être nommé à « un grade quelconque par une compagnie, la première de toutes les conditions est qu'on en fasse « partie comme garde national. C'est le sens de « l'article 50, qui, s'il eût voulu consacrer des exceptions, n'aurait pas manqué de les indiquer ; « c'est l'esprit de toute la loi. Exciper de ce que « l'article 50 n'ayant point prohibé des exceptions « en termes exprès, les a par cela seul tolérées, « c'est méconnaître le premier principe de la loi ; « savoir : que chaque compagnie est une unité indépendante, qui doit prendre dans son propre « sein toutes les parties de sa composition. D'où se « tirerait une exception en faveur des officiers seuls ? « S'il était vrai que la loi fût muette relativement à « eux, si même on admettait qu'elle a voulu permettre de les choisir hors de la circonscription « des compagnies, il faudrait en dire autant des « sous officiers et des caporaux ; ce serait pour les « fortes compagnies, trente-deux citoyens étrangers « qui pourraient quitter les unes et entrer dans les « autres, pour les commander. Un désordre plus « grand ne saurait s'imaginer. Voilà cependant ce

« qu'on serait forcé de permettre, si l'on soutenait « que l'article 50 ne s'est pas expliqué. Vainement « demanderait-on au gouvernement de tolérer pour « les officiers ce qu'il défendrait pour les sous-offi- « ciers et caporaux. Il ne pourrait que s'arrêter en- « tièrement à l'un des deux partis, de permettre « ou de défendre pour tous. »

Tout en reconnaissant ces principes, et se proposant de les appliquer à l'avenir, plusieurs compagnies de Paris, en considération d'habitudes créées sous le long régime de l'état provisoire, ont persisté à choisir quelques uns de leurs officiers hors de leur propre contrôle. Cela pourra se trouver maintenu, si les jurys de révision ne reçoivent aucune réclamation contre ces élections de la part soit des citoyens appartenant aux compagnies qui les ont faites, soit de ceux des compagnies qui, par l'effet de ces élections, perdent une partie des gardes nationaux entre lesquels devait se répartir, d'après le classement des conseils de recensement, la charge du service.

Peut-être aussi les jurys de révision ne se refuseront-ils pas à comprendre les motifs pour lesquels certaines compagnies, qui avaient moins de ressources que d'autres en citoyens capables de les commander ou de tenir les contrôles, ont confirmé, en les réélisant, les officiers, sergens-majors et fourriers que, dès l'origine de l'organisation spontanée des légions de Paris, les compagnies avaient pris hors de leur circonscription.

Quoi qu'il en soit, il est, dès à présent, facile d'apercevoir que, si les jurys de révision venaient à infirmer quelques unes des élections de Paris faites en dehors des compagnies, ce ne pourrait être qu'en très petit nombre, et qu'il n'en résulterait point d'inconvéniens sérieux.

J'ai cru devoir vous informer de ce qui s'est fait à Paris, pour que vous puissiez en conclure, relativement à votre département, ce que vous suggéreront votre expérience et votre désir d'y rendre faciles les élections de la garde nationale, pour l'application de la loi du 22 mars.

La faculté de recruter dans les compagnies du centre du bataillon communal, auquel appartiennent les compagnies de grenadiers et de voltigeurs, permet, à ces dernières compagnies, de prendre leurs officiers et sous-officiers dans toutes les compagnies de ce bataillon (*page* 11 *de ma circulaire du* 17 *avril*); mais, dans les communes qui ont plusieurs bataillons, les grenadiers et voltigeurs de l'un de ces bataillons ne pourraient choisir leurs officiers et sous-officiers dans les compagnies d'un autre, sans donner lieu aux mêmes objections qui s'opposent, en principe, à ce que les compagnies du centre tirent les leurs d'une compagnie étrangère.

Du reste, tout ce que je vous ai dit au sujet des élections des compagnies du centre, en dehors de leur contrôle, s'applique aux élections des compagnies de grenadiers et de voltigeurs en dehors des contrôles des diverses compagnies du bataillon.

Les corps spéciaux de la garde nationale, de même que les compagnies de grenadiers et de voltigeurs, n'ont point une circonscription restreinte comme celles du centre. Ils peuvent choisir leurs officiers et sous-officiers, non-seulement parmi les citoyens désignés par le conseil de recensement pour ces corps spéciaux, mais encore parmi tous les citoyens des compagnies du centre, ou même de grenadiers ou de voltigeurs de la commune ou de la ville à laquelle ils appartiennent. Il n'y a de restriction à cette faculté qu'à l'égard de ceux des corps spéciaux qui ont été formés dans des villes divisées *intrà-muros* en plusieurs cantons; et où, de même que l'artillerie à Paris, ces corps ont été distribués en autant de compagnies ou subdivisions de compagnie que la ville elle-même renferme de cantons. Dans ce cas, l'élection des officiers et sous-officiers affectés à chaque subdivision du corps spécial, doit porter seulement sur des citoyens appartenant à cette subdivision, et simultanément sur ceux des compagnies, soit de grenadiers et de voltigeurs, soit du centre du canton *intrà-muros* dont la subdivision fait partie.

Quant aux officiers et sous-officiers du même corps spécial, ainsi divisé en plusieurs subdivisions, qui, n'appartenant à aucune des subdivisions, sont communs à toutes, tels que le capitaine, le sergent-major ou maréchal-des-logis-chef, le fourrier, etc., les corps spéciaux peuvent les choisir, comme il a été dit, parmi les citoyens du corps spécial ou de la garde nationale, dans toute l'étendue de la commune ou de la ville.

Les officiers et sous officiers que les subdivisions de compagnies du centre se réunissant en compagnies, auront à élire conformément au deuxième paragraphe de l'article 50, pourront être choisis, parmi les officiers, sous-officiers, caporaux et gardes nationaux des communes auxquelles appartiendront ces subdivisions.

De même, les élections à faire, d'après les articles 53 et 56, pourront porter sur tous les officiers, sous-officiers, caporaux et gardes nationaux des compagnies ou subdivisions de compagnie qui concourront à ces élections.

J'ai rappelé, au titre premier, que les subdivisions communales des armes spéciales ont demandé à se réunir, soit pour la totalité, soit pour partie seulement d'un canton, afin de se former en corps cantonnal. Les subdivisions qui obtiendront l'autorisation de se réunir ainsi, éliront parmi les gardes nationaux de leur commune respective, suivant que je viens de l'expliquer, les officiers et sous officiers que chaque subdivision doit conserver en propre; mais elles pourront tirer de toutes les compagnies, ou subdivisions de compagnies, des communes qui entreront dans la réunion du corps cantonnal les officiers et sous-officiers qui, par l'effet de cette réunion, seront à nommer en sus, tels qu'un capitaine, ou deux selon l'effectif total du corps réuni, le sergent-major ou maréchal-des-logis-chef, et le fourrier.

De même les corps cantonnaux de cavalerie qui auront été formés comme il est dit aussi au titre Ier, devront élire, 1° dans la circonscription de chaque commune les officiers, sous-officiers et brigadiers attribués à chacune des subdivisions communales dont aura été composé le corps cantonnal; 2° dans la circonscription entière du corps cantonnal, les officiers et sous-officiers qui, par l'effet de la réunion des subdivisions, seront à nommer en sus pour compléter, sous le rapport des grades, la composition du corps cantonnal.

Dans tous les cas où les corps spéciaux, ainsi que cela est encore expliqué au titre Ier, auront à se réunir avec la garde nationale ordinaire pour élire en commun, à divers grades, les citoyens composant ces corps spéciaux seront éligibles à ces grades comme ceux de la garde nationale ordinaire.

Au même titre Ier, j'ai eu l'honneur de vous dire que les citoyens actuellement dans les rangs de la garde nationale, et faisant le service quoique âgés de moins de vingt ans ou de plus de cinquante-neuf, ne devaient point voter aux élections. Ils n'en sont pas moins aptes à être élus aux divers grades: c'est à la garde nationale seule à juger s'ils méritent son choix.

De ce qui a été dit titre II, sur les étrangers, il résulte qu'une fois inscrits et maintenus sur les registres-matricules et les contrôles du service ordinaire de la garde nationale, ils ne peuvent pas être privés du droit d'éligibilité aux grades accordés à tous les gardes nationaux. C'est à ceux-ci à juger du plus ou du moins de convenance qu'il peut y avoir à leur conférer des grades, de même que ces étrangers jugeront si, d'après les lois du pays auquel ils appartiennent, il leur est permis d'accepter ces grades, d'en remplir les fonctions et d'en prêter le serment.

Le même titre II a fait connaître les motifs qui ne permettent point d'admettre à voter les citoyens portés au contrôle de la réserve et répartis à la suite des compagnies; toutefois ces motifs ne s'opposent pas à ce que les citoyens de la réserve puissent être élus par les compagnies et les bataillons qui les comptent dans leur réserve. Du moment que ceux qui sont ainsi élus acceptent leur élection, ils cessent de faire partie de la réserve, il ne leur est plus loisible d'y rentrer, et désormais ils sont irrévocablement tenus du service ordinaire, à moins qu'une circonstance postérieure à leur acceptation d'un grade ne vienne leur donner un nouveau droit à le quitter.

La loi contient, article 67, une disposition que je ne dois point omettre de rappeler ici: « Aucun « officier des armées de terre et de mer en activité « de service ne pourra être nommé officier ni com- « mandant supérieur des gardes nationales en ser- « vice ordinaire. »

Cette prohibition de la loi laisse entières, comme vous le voyez, d'une part, l'obligation de porter au contrôle du service ordinaire tous les citoyens des armées de terre et de mer qui ne seront point en activité de service et qui sont en disponibilité, ou en réforme, ou en retraite; d'autre part, la faculté de leur conférer des grades dans la garde nationale en service ordinaire.

Mais ici deux distinctions sont à faire :

1.° Les anciens militaires qui ont 50 ans d'âge et 20 années de service sont libres de se dispenser du service ordinaire de la garde nationale. Les élections ne pourront donc porter sur ceux qui voudront user de cette faculté de se dispenser ; mais s'ils acceptent des grades aux nouvelles élections de la garde nationale, il doit être bien entendu qu'étant élus pour trois ans, aux termes de l'article 60 de la loi, leur acceptation ne leur laissera plus le droit de se retirer qu'après ces trois ans, en sorte que, s'ils jugeaient devoir donner leur démission avant l'expiration de ce temps, ils demeureraient, pour la portion qui n'en serait pas encore écoulée, soumis, comme simples gardes nationaux, au service ordinaire.

2o Par anciens militaires ayant 50 ans d'âge et 20 ans de service, on doit entendre ceux qui ne font plus partie de l'armée, et qui ont été admis à la réforme ou à la retraite. Quant à ceux qui appartiennent encore à l'armée et qui sont en disponibilité, rien ne les met dans une classe à part ; comme tous les autres citoyens, ils sont tenus au service ordinaire, sans avoir la faculté de s'en dispenser.

Agréez, monsieur le préfet, l'assurance de ma considération distinguée.

Le président du conseil, ministre secrétaire d'état de l'intérieur.

Signé Casimir PERIER.

DEUXIÈME PARTIE.

Lieu, mode et forme, contestation, titre de l'élection. — Reconnaissance et serment des officiers. — Leur rang entre eux. — Rang des compagnies et des bataillons.

TITRE IV. — *Lieu de l'élection.*

Les élections de la garde nationale et de ses corps spéciaux, pour toutes les organisations communales, en subdivisions de compagnies ou en compagnies; en subdivisions d'escadrons ou en escadrons; en bataillons ou en légion, doivent être faites dans la commune à laquelle appartiennent ces organisations. (Articles 50, premier paragraphe, 52, 53, 56 et 63 de la loi du 22 mars.)

C'est au maire à fixer, dans l'étendue de sa commune, le lieu même où doivent se réunir les citoyens pour procéder aux élections.

Les élections devant être faites en présence de trois membres au moins du conseil de recensement (articles 50 et 51), le maire de chacune des communes et des villes ayant plus d'une compagnie de garde nationale, et en outre un ou plusieurs corps spéciaux, pourra désigner pour les élections de ces divers corps un nombre de lieux de réunion égal au tiers du nombre des membres du conseil, ou des conseils de recensement qui auront été établis dans cette commune ou dans cette ville, conformément à l'article 15 de la loi. Les maires pourront ainsi abréger la durée des élections.

Il résulte de cette faculté de procéder aux élections d'une commune, dans plusieurs lieux de réunion, que les villes ou communes dont le conseil de recensement peut être de plus de huit membres ainsi que le permet l'article 15, peuvent avoir au moins trois lieux de réunion.

Autant que possible, le maire devra fixer chaque lieu de réunion dans la circonscription des compagnies et bataillons qui seront appelés à y faire leurs élections.

Lorsqu'en exécution du deuxième paragraphe de l'article 50, diverses communes n'ayant que des subdivisions de compagnies, et appelées à former une compagnie pour l'agglomération de ces subdivisions, devront réunir leurs gardes nationaux pour l'élection du ou des capitaines et autres officiers communs aux diverses subdivisions, ainsi que du sergent-major et du fourrier de cette compagnie, la désignation du lieu de réunion, dans la plus populeuse de ces communes, sera faite par le maire de cette commune.

De même, lorsque des ordonnances royales auront déterminé, pour la formation des bataillons cantonnaux ou des légions cantonnales, le centre de réunion de chaque bataillon ou de chaque légion, le maire de la commune ou de la ville où ce centre sera placé désignera, dans cette commune ou cette ville, le lieu où les officiers, sous-officiers, caporaux ou brigadiers et gardes nationaux devront se réunir pour élire, en exécution des articles 53 et 56, le chef de bataillon, le porte-drapeau et les candidats aux grades de colonel et lieutenant-colonel.

Pour les élections à faire en commun par un corps cantonnal, soit de cavalerie, soit d'artillerie, soit de sapeurs-pompiers de la garde nationale, formé de tous les corps partiels d'une de ces armes, organisés dans les diverses communes d'un canton, le maire de la commune, chef-lieu du canton, fixera dans cette commune le lieu de réunion des citoyens qui devront procéder à ces élections.

Si le corps cantonnal d'une arme spéciale ne doit être formé que par l'agglomération des corps partiels d'une partie seulement des communes d'un même canton, la commune qui devra être le centre de ce corps cantonnal sera désignée par le sous-préfet, avec l'approbation du préfet, et le maire de la commune centrale fixera le lieu, dans cette commune, où devront se réunir les gardes nationaux de ce corps, pour procéder à celles de leurs élections qu'ils devront faire en commun.

Dans le cas où le point de réunion d'un bataillon cantonnal ou d'un corps spécial, également cantonnal, n'aurait pas été désigné par l'ordonnance royale ou par la décision de création, ce point de réunion, s'il ne doit pas être au chef-lieu du canton, sera fixé par le sous-préfet, aux termes de l'article 53, et le maire de la commune où il sera établi fixera dans cette commune le lieu où les gardes nationaux de ce bataillon ou corps devront procéder aux élections qu'ils auront à y faire.

TITRE V. — *Mode et forme de l'élection.*

Les gardes nationaux seront convoqués quelques jours à l'avance pour les élections auxquelles ils devront concourir, par les maires de leurs communes respectives.

Autant que possible, les convocations leur seront faites à domicile, et leur indiqueront les élections à faire.

Ces convocations, de quelque manière que l'autorité y procède, leur feront connaître le lieu, le jour, l'heure des réunions, soit dans leur commune respective, pour les élections dans la garde nationale de ces communes, soit au dehors de la commune, pour les autres élections spécifiées au titre Ier.

Pour ces dernières élections, les maires des communes auxquelles appartiendront les gardes nationaux à convoquer seront informés du lieu, du jour et de l'heure de la réunion, par avis du sous-préfet.

Chaque maire fera les convocations des gardes nationaux de sa commune sur l'état nominatif qui aura été préalablement dressé par le conseil de recensement des citoyens à convoquer, pour les élections à faire tant dans la commune, qu'aux autres lieux de réunion, suivant ce qui est dit au précédent titre IV ainsi qu'au titre Ier.

Les élections devant commencer, dans chaque commune, par celle du commandant de chaque compagnie ou subdivision de compagnie d'infanterie de la garde nationale, l'ordre des convocations sera réglé de manière que les citoyens des corps spéciaux qui devront concourir à l'élection de ce commandant et des autres officiers désignés au titre Ier, soient avertis qu'ils ne procéderont aux élections de leur corps spécial, qu'après que celles auxquelles ils doivent concourir dans les compagnies ou subdivisions de compagnie d'infanterie de la garde nationale seront terminées.

De même les compagnies d'infanterie de la garde nationale qui seront formées de subdivisions de compagnies, devant d'abord élire les officiers, le sergent major et le fourrier qui sont communs à toutes les subdivisions, l'ordre des convocations sera réglé de manière que les gardes nationaux soient avertis qu'ils ne procéderont aux élections de subdivisions de compagnies, dans ces dernières communes, qu'après avoir terminé les élections des officiers, du sergent-major et du fourrier, communs à toutes les subdivisions.

Il en sera de même aussi, à l'égard des corps partiels des armes spéciales dont la réunion formera le corps spécial, dit cantonnal, de la totalité ou seulement d'une partie, des communes du canton : l'ordre des convocations appellera les citoyens des corps partiels, d'abord à l'élection des officiers et sous-officiers que le corps cantonnal doit avoir en sus, par l'effet de la réunion, et ensuite aux élections propres à leur corps partiel respectif.

S'il arrive que, malgré la faculté attribuée aux maires, et qui est expliquée au titre IV, de fixer dans leur commune au moins trois lieux d'assemblée pour les élections, le nombre de ces lieux de réunion se trouve inférieur au nombre de leurs compagnies, soit d'infanterie de la garde nationale, soit des diverses armes spéciales, l'ordre de la convocation sera réglé par les maires de manière que les compagnies qui devront faire leurs élections, dans chacun des lieux d'assemblée, n'y soient appelées que séparément et tour à tour. (Art. 52.)

La fixation du rang suivant lequel les compagnies qui devront s'assembler dans le même lieu de réunion seront appelées à y procéder à leurs élections, les unes après les autres, devra être faite de manière à ne susciter aucune cause de désunion entre les citoyens.

Attendu les qualités différentes qu'exige le service des corps spéciaux, et la faculté attribuée à ces corps de recruter dans une plus grande circonscription, je pense, monsieur le préfet, que, dans les villes ou communes qui ont une compagnie entière, soit d'artillerie, soit de toute arme spéciale, en même temps que des compagnies d'infanterie de gardes nationales, formées en bataillon, il conviendrait que les élections de ces corps spéciaux précédassent celles des compagnies d'infanterie.

Il ne serait pas possible de fixer à l'avance le moment où seront terminées toutes les élections des compagnies et subdivisions de compagnies, et par suite, le jour où les citoyens devront être convoqués par les maires pour les élections prescrites par l'article 53, pour les bataillons, soit communaux, qui, suivant le premier paragraphe de l'article 45 de la loi, peuvent se former sans autorisation; soit cantonnaux, qui auront été autorisés par le roi. Les maires ne feront donc la convocation des citoyens appelés à faire ces élections pour un bataillon, qu'après la clôture des élections des compagnies affectées à ce bataillon, et des corps spéciaux qui en dépendront pour le commandement.

Les procès-verbaux dont il sera parlé ci-après, et qui constateront les élections faites dans chaque commune, indiqueront aux maires ceux des citoyens de leur commune respective qui devront être convoqués pour les élections à faire, conformément à l'article 53. Les maires dresseront l'état nominatif de ces citoyens par extrait de ces procès-verbaux.

Quant aux citoyens d'une subdivision de compagnie ou d'un corps spécial qui, suivant les explications de la présente instruction, ayant dû aller voter à des élections dans d'autres communes, auront été élus dans ces communes, soit pour un grade d'officier, soit pour être chargés de l'élection du chef de bataillon, du porte-drapeau et des dix candidats aux grades de colonel et de lieutenant-colonel, les maires dépositaires des procès-verbaux de l'élection de ces citoyens étrangers à leur commune, devront, immédiatement après l'élection, en adresser la liste au maire de la commune où ils sont gardes nationaux. Le maire de cette dernière commune les inscrira à la suite de l'état nominatif prescrit par le paragraphe précédent.

C'est sur cet état nominatif que chaque maire devra faire la convocation des citoyens appelés à élire le chef de bataillon, le porte-drapeau et les dix candidats aux grades de colonel et de lieutenant-colonel.

Les maires feront une dernière convocation pour les élections des dix candidats aux grades de colonel et lieutenant-colonel. Afin qu'ils puissent y comprendre les citoyens de leur commune qui auraient été choisis pour chef de bataillon ou porte-drapeau, vous leur en ferez adresser la liste par le maire qui aura présidé les élections à ces grades. Les maires ajouteront ces citoyens à l'état nominatif par commune dont il a été ci-dessus question.

Les maires fixeront eux-mêmes le lieu, le jour et l'heure de la convocation pour celles des élections prescrites par les articles 53 et 56, qui devront se faire dans leur commune. Ces lieu, jour et heure seront indiqués par les sous-préfets aux maires qui auront à convoquer, pour ces élections, ceux des citoyens de leur commune qui devront y concourir, soit comme officiers, soit comme élus *ad hoc*.

L'examen attentif de cet exposé de la succession des convocations à faire vous convaincra que les élections ne doivent commencer, dans les communes rurales destinées à réunir en compagnie leurs subdivisions, et ensuite à faire partie d'un bataillon cantonnal, qu'après que les réunions des subdivisions en compagnies auront été arrêtées.

De même, dans les communes qui ont ou doivent avoir des corps spéciaux, les élections ne devront commencer que lorsque les désignations des conseils de recensement, pour ces corps spéciaux, se trouvant terminées, les citoyens qui devront en faire partie seront connus et pourront être convoqués, pour celles des élections des compagnies d'infanterie de la garde nationale auxquelles ils doivent concourir.

Les articles 50 et suivans de la loi du 22 mars veulent que les gardes nationaux procèdent aux élections sans armes et sans uniforme;

Que les élections des compagnies et subdivisions de compagnies soient faites en présence du président du conseil de recensement, qui dépouillera le scrutin, assisté par les deux membres les plus âgés de ce conseil, qui rempliront les fonctions de scrutateurs;

Qu'enfin, l'assemblée convoquée pour les élections des chefs de bataillon, porte-drapeaux et candidats pour les grades de colonel et lieutenant colonel, soit présidée par le maire que désigne l'article 53 de la loi.

Celle de ces dispositions qui désigne le président et les deux membres les plus âgés du conseil de recensement, l'un pour être présent à l'élection, les deux autres pour assister le président, ne pourra s'exécuter que dans les communes, où toutes les élections pourront se faire dans le même lieu de réunion, sans trop en prolonger le terme; et vous avez vu, au titre IV, que je vous ai recommandé de faire désigner plusieurs lieux de réunion, par les maires des communes où plusieurs compagnies ont à faire les élections.

Dans ce cas, les fonctions du président du conseil de recensement, chargé d'être présent aux élections, seront remplies par l'adjoint ou par le membre du conseil délégué par le maire. De même, les deux membres plus âgés du conseil, chargés d'assister le président pour remplir les fonctions de scrutateurs, seront remplacés par deux autres membres du conseil que déléguera le maire.

Cette explication est une des conséquences qui peuvent se déduire de l'article 15 de la loi.

L'article 53 ne désigne point les scrutateurs qui devront assister le maire à l'élection des chefs de bataillon et des porte-drapeaux; mais il résulte bien de la combinaison des articles 50 et 15 que ces scrutateurs doivent être membres du conseil de recensement.

L'article 56 n'indique ni le président, ni les scrutateurs de l'assemblée chargée de nommer les dix candidats, pour les grades de colonel et de lieutenant-colonel. Ce devra être aussi le maire et deux membres du conseil.

L'élection des officiers sera faite séparément pour

chaque grade, en commençant par le plus élevé. (Articles 51 et 53.)

Lorsque deux scrutins n'auront pas suffi pour faire obtenir la majorité absolue, on procédera, pour terminer l'élection, à un scrutin de balotage entre les deux citoyens qui auront obtenu le plus de voix au second scrutin. Si ce scrutin de ballotage n'est pas littéralement prescrit par la loi, c'est qu'il est d'usage dans toutes les élections.

On a demandé si les sous-officiers et caporaux ou brigadiers, qui, d'après l'article 51, seront nommés à la majorité relative, ne devront être l'objet que d'un seul et même scrutin pour les quatre grades réunis du sergent major ou maréchal-des-logis-chef, du fourrier, des sergens ou maréchaux-des-logis, et des caporaux ou brigadiers. Il est certain que la loi ne s'explique point à cet égard.

A Paris, on a généralement fait trois scrutins. Le premier, pour le sergent-major ou maréchal-des-logis-chef, et pour le fourrier; le second, pour tous les sergens ou maréchaux-des-logis; le troisième, pour tous les caporaux ou brigadiers. A chacun de ces trois scrutins, les bulletins ont contenu autant de noms qu'il y avait de nominations à faire pour chaque grade.

Au scrutin pour le sergent-major et le fourrier, le premier nom porté au bulletin a été pour le grade de sergent-major, et le second pour celui de fourrier. Il est résulté de là que le dépouillement de ces bulletins s'est fait sur deux colonnes, l'une pour le sergent-major, l'autre pour le fourrier, et le citoyen qui s'est trouvé avoir la majorité relative dans la colonne particulière du sergent-major a été nommé à ce grade. Il en a été de même pour le grade du fourrier.

Le dépouillement du second scrutin, pour le grade de sergent ou maréchal-des-logis, n'a contenu à Paris qu'une seule colonne de noms. Les citoyens qui ont obtenu le plus de voix ont successivement été proclamés premier, deuxième, troisième sergens, etc., dans l'ordre du nombre de voix qu'ils ont eues. Lorsqu'il est arrivé que, pour une partie des élections à faire du grade de sergent, il y avait égalité de voix entre plusieurs citoyens, il a été procédé entre eux à un scrutin de balotage.

Il en a été de même pour les élections au grade de caporal ou brigadier.

Je pense que ce modèle doit être adopté dans les départemens.

On a également demandé si le troisième paragraphe de l'article 53 se référait seulement à la nomination du chef de bataillon et du porte-drapeau, ou, au contraire, s'il ne fallait pas aussi que les sous-officiers, caporaux ou gardes nationaux, chargés de concourir à cette nomination, ainsi qu'à l'élection des dix candidats pour les grades de colonel et de lieutenant-colonel, fussent également élus à la majorité des suffrages.

La loi ayant voulu, par l'article 50, que les officiers fussent élus à la majorité absolue, et par l'art. 51, que l'élection des sous-officiers et caporaux fût à la majorité relative, je pense que la disposition du troisième paragraphe de l'article 53 ne concerne que le chef de bataillon et le porte-drapeau.

Je suis confirmé dans cette opinion par la disposition de l'article 56, qui ne soumet l'élection elle-même des dix candidats pour les grades de colonel et lieutenant-colonel, qu'à la majorité relative.

Il est évident que la loi ne demande la majorité absolue que pour les élections qui se font une à une.

L'élection collective des sous-officiers, caporaux ou gardes nationaux qui doivent concourir à l'élection des chefs de bataillon, porte-drapeaux et candidats pour les grades de colonel et lieutenant-colonel, ne semble pas devoir être soumise à la majorité absolue, puisqu'elle n'est pas exigée pour l'élection collective de ces dix candidats eux-mêmes.

Cette opinion a été généralement adoptée à Paris, et il convient, pour accélérer autant que possible les élections, qu'elle soit suivie dans les départemens.

Les scrutins pour les élections de la garde nationale doivent être individuels et secrets d'après l'art. 51. Pour l'exécution de cette disposition, il importe que les électeurs n'apportent point leurs bulletins écrits à l'avance. Ce mode n'assurerait point la validité des élections et détruirait au contraire les garanties. Le vœu de la loi ne sera rempli qu'autant que chaque électeur, après avoir été appelé, recevra du président un bulletin ouvert, sur lequel il écrira ou fera écrire secrètement son vote par un électeur de son choix, sur une table disposée à cet effet et séparée du bureau.

En ne traçant aucun mode pour l'appel des citoyens, pour la réception de leurs bulletins, pour le dépôt des bulletins dans la boîte du scrutin, enfin, pour le dépouillement des votes, la loi n'a pu que s'en référer tacitement aux formes d'après lesquelles ces opérations s'exécutent par les assemblées électorales.

Vous veillerez à ce que le président de chaque réunion pour les élections de la garde nationale ait l'état nominatif dressé par le conseil de recensement des citoyens convoqués pour cette réunion.

Lorsque la réunion se composera de citoyens de plusieurs communes, le président de la réunion devra avoir reçu des états partiels par commune.

Aucun autre citoyen que ceux portés sur ces états nominatifs ne devra être appelé à remettre son bulletin.

Les citoyens des corps spéciaux qui auront dû

être appelés pour concourir à la nomination du capitaine et de quelques autres officiers des compagnies d'infanterie, devront se retirer de l'assemblée dès qu'aura été terminée l'élection à ces grades.

L'appel des citoyens qui auront à élire les chefs de bataillon, porte-drapeaux et candidats pour le grade de colonel ou lieutenant-colonel, sera fait sur les états nominatifs qu'en auront dressés les maires de leur commune respective, par extrait des procès-verbaux des élections des compagnies et subdivisions de compagnies, et ces états auront dû être remis à l'avance à celui des maires qui devra présider les assemblées prescrites par les art. 53 et 56 de la loi.

Titre VI. — *Mode de constater l'élection.*

Chaque nomination d'officier devra être constatée par un procès-verbal séparé.

Un seul procès verbal suffira pour le sergent-major ou maréchal-des-logis-chef et pour le fourrier de chaque compagnie; un second, pour tous les sergens ou maréchaux-des-logis de chaque compagnie, ou chaque subdivision de compagnie ou d'escadron; un troisième, pour tous les caporaux ou brigadiers; un quatrième, pour les citoyens chargés, par chaque compagnie ou subdivision, de concourir à l'élection des chefs de bataillon, porte-drapeaux et candidats pour les grades de colonel et lieutenant-colonel; enfin, un cinquième, pour ces dix candidats.

Je vous transmets les modèles du procès-verbal pour les élections des officiers des compagnies et subdivisions de compagnies, et de celui qui se rapporte aux élections des sous officiers et des caporaux ou brigadiers.

Afin de ne pas multiplier les modèles, tous les grades de sous-officiers et caporaux se trouvent réunis dans ce second procès-verbal; mais il sera facile de biffer, sur chaque cadre de ce procès-verbal, les blancs ménagés pour ceux des grades qui ne seront pas l'objet du procès-verbal à dresser.

Le modèle particulier du procès-verbal d'élection des citoyens qui seront chargés de concourir au choix des chefs de bataillon, porte-drapeaux, etc., ne vous est pas nécessaire. Au moyen de légers changemens dans le cadre du procès-verbal d'élection des sous-officiers, il pourra servir aussi pour constater l'élection de ces citoyens.

Quant aux modèles d'élection des chefs de bataillon, porte-drapeaux et candidats aux grades de colonel et lieutenant-colonel, ils vont vous être envoyés.

Les procès-verbaux d'élections seront déposés aux archives des mairies. Les maires devront vous en adresser le double par eux certifié, et accompagné d'un état numérique de dépouillement. Vous leur prescrirez de vous faire cet envoi dans les dix jours de la dernière nomination faite.

Dans les dix jours suivans, vous devrez me transmettre le tableau général, également numérique, de toutes les nominations de votre département.

Je vais vous faire parvenir les modèles de l'état numérique par mairie, et du tableau général par département.

TITRE VII. — *Titre à remettre à chaque élu.*

Les diverses élections de la garde nationale, jusque et non compris les grades de colonel et de lieutenant-colonel, n'étant pas soumises à la confirmation par le gouvernement, il n'a point de titre à en remettre. C'est de l'autorité locale dépositaire des procès-verbaux constatant les élections que chaque élu doit le recevoir.

Ce titre devra être l'extrait du procès-verbal d'élection. Je vais aussi vous en envoyer le modèle.

Les maires dresseront cet extrait pour chaque élu de leur commune respective, le signeront et y feront apposer le cachet de la mairie.

Chaque maire devra vous faire passer, par un seul envoi, la totalité des extraits qu'il aura eus à dresser pour sa commune.

Après avoir fait conférer ces extraits avec les procès-verbaux, dont le double vous aura été transmis, vous les signerez aussi. Vous y ferez apposer le cachet de la préfecture, et vous les renverrez aux maires, qui les remettront aux élus.

TITRE VIII. — *Reconnaissance et serment des officiers élus.*

La reconnaissance des officiers de toutes armes de la garde nationale ne peut avoir lieu par commune, qu'après la nomination du commandant de cette garde, puisque c'est ce commandant qui, après avoir été reconnu lui-même, doit y procéder.

Dans toutes les communes où il n'y aura et ne devra y avoir que des compagnies ou des subdivisions de compagnie, la reconnaissance devra s'effectuer immédiatement après la clôture des élections de la commune.

Au titre suivant, je vous indiquerai quel sera le commandant de la garde communale, dans les communes qui ont plusieurs compagnies d'infanterie non réunies en bataillon.

Dans toutes les communes dont la garde nationale peut être réunie en un seul bataillon, la reconnaissance devant toujours commencer par le commandant de la garde communale, elle ne pourra être faite qu'après l'élection du chef de ce bataillon.

De même, si la commune doit avoir plusieurs bataillons, l'élection de tous les chefs de bataillon devra précéder la reconnaissance.

Quelques villes ont déjà obtenu l'autorisation de former leur garde nationale en légion; c'est là surtout qu'il importe d'accélérer les élections, et de m'envoyer au plus tôt, un double du procès-verbal de l'élection des dix candidats à présenter au roi, pour les grades de colonel et lieutenant-colonel, puisque la reconnaissance des officiers de compagnie et de bataillon y doit demeurer suspendue jusqu'à la nomination du colonel, dont la reconnaissance doit précéder celle des autres officiers.

Le jour où la garde nationale de chaque commune devra être assemblée sous les armes, pour la reconnaissance de son commandant et de ses officiers, sera désigné, dans les départemens, par le maire, et à Paris par le préfet. (Art. 59.)

Quant aux communes, où par suite de vos propositions pour la formation de bataillons cantonnaux ou de légions, soit communales, soit cantonnales, il pourrait y avoir à élire ultérieurement des chefs de bataillon, des porte-drapeaux, des lieutenans colonels et des colonels, il ne sera pas nécessaire d'attendre ces élections pour faire la reconnaissance des commandans et des autres officiers de compagnies.

Outre la reconnaissance à faire, dans chaque commune, du commandant et des officiers de la garde nationale, les compagnies qui, par suite des réunions de subdivisions que vous autoriserez, comprendront plusieurs communes, auront encore à s'assembler pour reconnaître le ou les capitaines et les autres officiers communs aux subdivisions. Le sous-préfet fixera le jour où la compagnie devra se rassembler à cet effet, et ce magistrat ou son délégué fera reconnaître le commandant par la compagnie.

Les corps spéciaux seront appelés, avec l'infanterie de la garde nationale, pour la reconnaissance de leur commandant commun.

Après avoir été reconnu, le commandant, en présence du maire ou du sous-préfet, fera reconnaître les officiers de l'infanterie et de toutes les autres armes de la garde nationale.

Immédiatement après la reconnaissance du commandant et des officiers, et toujours devant la garde nationale assemblée, ce commandant et ces officiers prêteront, en présence du maire, ou, dans le cas prévu, en présence du sous-préfet, serment de fidélité au roi des Français et d'obéissance à la charte constitutionnelle.

Cela fait, le maire ou le sous-préfet déclarera aux officiers, sous-officiers et caporaux ou brigadiers, qu'ils sont élus pour trois ans, à partir du jour de la reconnaissance.

Procès-verbal de la reconnaissance et du serment des officiers sera dressé par le maire, et, suivant le cas, par le sous-préfet ou son délégué.

Le sous-préfet dressera un procès-verbal pour chacune des communes comprises dans la réunion en compagnie, et il fera sur-le-champ passer à chaque maire le procès-verbal de sa commune respective.

Le maire ou le sous-préfet, avant de séparer la garde-nationale, préviendra les officiers qu'ils ont quinze jours pour signer le procès-verbal, qui, durant ce temps, demeurera déposé à la mairie de leur commune, et, qu'à défaut de l'avoir signé, ils devront être considérés comme démissionnaires.

Dans les dix jours qui suivront, les maires devront vous transmettre le dépouillement numérique des procès-verbaux constatant le serment, et dix jours après, vous me transmettrez le tableau récapitulatif de ce dépouillement pour votre département.

Vous allez recevoir le modèle de ce compte sommaire.

Titre IX. — *Rang des officiers entre eux.*

Il ne s'agit que du rang des officiers du même grade appartenant à des corps différens.

Dans les communes où il existe plusieurs compagnies, et où l'effectif de l'une lui donne deux capitaines, tandis que les autres compagnies n'en ont qu'un, le commandement de la garde entière de la commune appartient au capitaine en premier de la plus nombreuse compagnie.

De même, s'il existe dans une commune deux bataillons non réunis en légion, dont l'un ait deux chefs de bataillon et l'autre un seul, le commandement appartiendra au premier chef de bataillon de celui qui en aura deux.

Hors ces cas, tous les officiers élus par l'effet de la présente mise à exécution de la loi du 22 mars, quel que soit d'ailleurs le jour de leur nomination respective, seront considérés comme n'ayant été régulièrement élus qu'à la même date. En conséquence, dans les communes ayant plusieurs compagnies d'infanterie de garde nationale, non réunies en bataillon, ou plusieurs bataillons non réunis en légion, ou plusieurs légions sans commandant supérieur, le commandement appartiendra, suivant le cas, au capitaine, au chef de bataillon, au chef de légion le plus âgé.

S'il arrive que deux capitaines, ou chefs de bataillon, ou chef de légion soient du même âge, ils tireront au sort à qui d'entre eux appartiendra le commandement.

Il a été dit, au titre III, que les citoyens, ayant plus de cinquante-neuf ans au 1er janvier 1831, pourraient être élus ; mais, lorsqu'il existera dans une commune plusieurs corps de la garde nationale, les citoyens âgés de plus de 50 ans ne pourront avoir le commandement sur les officiers ou sous-officiers du même grade qu'eux, mais plus jeunes, lors même que ceux-ci seraient moins anciens de grade. Le motif en est facile à saisir. Le citoyen tenu obligatoirement au service de la garde nationale ayant seul le droit positif d'éligibilité, ne peut point, à grade égal, être primé par celui qui, non soumis au service de la garde nationale, n'a plus le caractère de l'éligibilité, et n'est élu que par une sorte de tolérance.

A l'avenir, et au fur et à mesure des démissions, des vacances et des réélections, le rang des officiers de même grade dans des corps différens, soit subdivisions, soit compagnies, bataillons et légions, appartiendra au plus ancien de grade, sauf ce qui vient d'être dit, lorsqu'il y a égale ancienneté de grade.

Les corps spéciaux de la garde nationale ne devant, dans aucune commune, avoir une organisation égale en grade à celles des corps d'infanterie, le commandement de la garde nationale ne pourra jamais y appartenir au commandant de l'un de ces corps spéciaux.

TITRE X. — *Rang des compagnies d'un même bataillon et des bataillons d'une même légion.*

Ce rang devra être fixé par un numéro et jamais par le nom des capitaines et des chefs de bataillon.

A moins de circonstances qui s'y opposeraient et dont vous me rendrez compte, les compagnies et les bataillons tireront leur numéro au sort. Ce tirage sera fait devant le maire, par les commandans des compagnies et des bataillons.

Il est bien entendu que cette disposition ne concerne pas les compagnies de grenadiers et de voltigeurs, qui n'ont point de numéros à tirer pour être désignées.

Maintenant, monsieur le préfet, vous avez sous les yeux la série des opérations qu'entraînent les élections de la garde nationale. Votre premier soin doit être de jeter un coup d'œil sur ce qui reste à faire, soit dans la généralité de votre département, soit seulement dans quelques localités, pour parvenir sur tous les points où l'on doit procéder à ces élections, à ce qu'elles soient complétement effectuées dans les trois mois de la promulgation de la loi du 22 mars. Ce délai ne saurait être dépassé, même sur un seul point, sans qu'aux termes du 2e paragraphe de l'article 123 de cette loi, vous n'ayez dû en obtenir préalablement l'autorisation. Vous devrez donc, si cela devient nécessaire, me le demander sur-le-champ, en me désignant, soit les arrondissemens, soit les cantons entiers qui auraient à la réclamer, soit seulement celles des communes qui, dans quelques cantons, seraient arriérées dans leurs opérations.

Il importe surtout que vous ayez présent à la pensée l'article 54 de la loi, et que vous redoubliez de vigilance pour éviter qu'aucune élection ne soit, pour inobservation des formes, invalidée par le jury de révision, dont la décision, comme il ne faut jamais l'oublier, serait sans aucun recours.

Le succès de la nouvelle organisation de la garde nationale, l'affermissement de cette institution, les services qu'elle est appelée à rendre, dépendent beaucoup des élections qu'elle va faire. Le gouvernement en suivra les progrès avec un vif intérêt.

Veuillez, non seulement m'accuser sur-le-champ réception de la présente instruction, mais encore m'adresser de fréquens rapports sur la succession des élections.

Agréez, monsieur le préfet, l'assurance de ma considération distinguée,

Le président du conseil, ministre secrétaire d'état de l'intérieur,

Signé Casimir PÉRIER.

SUR

LA GARDE NATIONALE.

TITRE Ier. *Dispositions générales.*

Art. 1er. La garde nationale est instituée pour défendre la royauté constitutionnelle, la charte et les droits qu'elle a consacrés, pour maintenir l'obéissance aux lois, conserver ou rétablir l'ordre et la paix publique, seconder l'armée de ligne dans la défense des frontières et des côtes, assurer l'indépendance de la France et l'intégrité de son territoire.

Toute délibération prise par la garde nationale sur les affaires de l'état, du département et de la commune, est une atteinte à la liberté publique et un délit contre la chose publique et la constitution.

2. La garde nationale est composée de tous les Français, sauf les exceptions ci-après.

3. Le service de la garde nationale consiste :

1° En service ordinaire dans l'intérieur de la commune;

2° En service de détachement hors du territoire de la commune;

3° En service de corps détachés pour seconder l'armée de ligne dans les limites fixées par l'art. 1er.

4. Les gardes nationales seront organisées dans tout le royaume; elles le seront par communes.

Les compagnies communales d'un canton seront formées en bataillons cantonnaux lorsqu'une ordonnance du roi l'aura prescrit.

5. Cette organisation sera permanente; toutefois, le roi pourra suspendre ou dissoudre la garde nationale en des lieux déterminés.

Dans ces deux cas, la garde nationale sera remise en activité ou réorganisée dans l'année qui s'écoulera, à compter du jour de la suspension ou de la dissolution, s'il n'est pas intervenu une loi qui prolonge ce délai.

Dans le cas où la garde nationale résisterait aux réquisitions légales des autorités, ou bien s'immiscerait dans les actes des autorités municipales, administratives ou judiciaires, le préfet pourra provisoirement la suspendre.

Cette suspension n'aura d'effet que pendant deux mois, si pendant cet espace de temps elle n'est pas maintenue, ou si la dissolution n'est pas prononcée par le Roi.

6. Les gardes nationales sont placées sous l'autorité des maires, des sous-préfets, des préfets et du ministre de l'intérieur.

Lorsque la garde nationale sera réunie, en tout ou en partie, au chef-lieu du canton, ou dans une autre commune que le chef-lieu du canton, elle sera sous l'autorité du maire de la commune où sa réunion aura lieu d'après les ordres du sous-préfet ou du préfet.

Sont exceptés les cas déterminés par les lois où les gardes nationales sont appelées à faire, dans leur commune ou leur canton, un service d'activité militaire, et sont mises, par l'autorité civile, sous les ordres de l'autorité militaire.

7. Les citoyens ne pourront ni prendre les armes, ni se rassembler en état de gardes nationales, sans l'ordre des chefs immédiats, ni ceux-ci donner un ordre sans une réquisition de l'autorité civile, dont il sera donné communication à la tête de la troupe.

8. Aucun officier ou commandant de poste de la garde nationale ne pourra faire distribuer des cartouches aux citoyens armés si ce n'est en cas de réquisition précise; autrement il demeurera responsable des événemens.

TITRE II.

Section Ire. — *De l'obligation du service.*

9. Tous les Français, âgés de vingt à soixante ans, sont appelés au service de la garde nationale, dans le lieu de leur domicile réel. Ce service est obligatoire et personnel, sauf les exceptions qui seront établies ci-après.

10. Pourront être appelés à faire le service les étrangers admis à la jouissance des droits civils, conformément à l'article 13 du Code civil, lorsqu'ils auront acquis en France une propriété, ou qu'ils y auront formé un établissement.

11. Le service de la garde nationale est incompatible avec les fonctions des magistrats qui ont le droit de requérir la force publique.

12. Ne seront pas appelés à ce service:

1° Les ecclésiastiques engagés dans les ordres, les ministres des différens cultes, les élèves des grands séminaires et des facultés de théologie.

2° Les militaires des armées de terre et de mer en activité de service; ceux qui auront reçu une destination des ministres de la guerre ou de la marine; les administrateurs ou agens commissionnés des services de terre et de mer également en activité; les ouvriers des ports, des arsenaux et des manufactures d'armes organisés militairement : ne sont pas compris dans cette dispense les commis et employés des bureaux de la marine au-dessous du grade de sous-commissaire;

3° Les officiers, sous-officiers et soldats des gardes municipales et autres corps soldés.

4° Les préposés des services actifs des douanes, des octrois, des administrations sanitaires, les gardes champêtres et forestiers.

13. Sont exemptés du service de la garde nationale les concierges des maisons d'arrêt ; les geôliers, les guichetiers et autres agens subalternes de justice ou de police.

Le service de la garde nationale est interdit aux individus privés de l'exercice des droits civils conformément aux lois.

Sont exclus de la garde nationale :

1° Les condamnés à des peines afflictives ou infamantes;

2° Les condamnés en police correctionnelle pour vol, pour escroquerie, pour banqueroute simple, abus de confiance, pour soustraction commise par des dépositaires publics, et pour attentats aux mœurs, prévus par les art. 331 et 334 du Code pénal;

3° Les vagabonds ou gens sans aveu déclarés tels par jugemens.

SECTION II. — *De l'inscription au registre matricule.*

14. Les Français appelés au service de la garde nationale seront inscrits sur un registre matricule établi dans chaque commune.

A cet effet, des listes de recensement seront dressées par le maire, et révisées par un conseil de recensement, comme il est dit ci-après.

Ces listes seront déposées au secrétariat de la

mairie; les citoyens seront avertis qu'ils peuvent en prendre connaissance.

15. Il y aura au moins un conseil de recensement par commune dans les communes rurales, et dans les villes qui ne forment pas plus d'un canton, le conseil municipal, présidé par le maire, remplira les fonctions du conseil de recensement.

Dans les villes qui renferment plusieurs cantons, le conseil municipal pourra s'adjoindre un certain nombre de personnes choisies à nombre égal, dans les divers quartiers, parmi les citoyens qui sont ou qui seront appelés à faire le service de la garde nationale.

Le conseil municipal et les membres adjoints pourront se subdiviser, suivant les besoins, en autant de conseils de recensement qu'il y aura d'arrondissemens.

Dans ce cas, l'un des conseils sera présidé par le maire: chacun des autres le sera par l'adjoint ou le membre du conseil municipal délégué par le maire.

Ces conseils seront composés de huit membres au moins.

A Paris, il y aura, par arrondissement, un conseil de recensement présidé par le maire de l'arrondissement, et composé de huit membres choisis par lui, comme il est dit au troisième paragraphe de cet article.

16. Le conseil de recensement procédera immédiatement à la révision des listes et à l'établissement du registre matricule.

17. Au mois de janvier de chaque année, le conseil de recensement inscrira au registre matricule les jeunes gens qui seront entrés dans leur vingtième année pendant le cours de l'année précédente, ainsi que les Français qui auront nouvellement acquis leur domicile dans la commune: il raiera dudit registre les Français qui seront entrés dans leur soixan

tième année pendant le cours de la même année, ceux qui auront changé de domicile et les décédés. Toutefois, le service ne sera pas exigé avant l'âge de 20 ans accomplis.

18. Dans le courant de chaque année, le maire notera, en marge du registre matricule, les mutations provenant : 1° des décès ; 2° des changemens de résidence ; 3° des actes en vertu desquels les personnes désignées dans les articles 11, 12 et 13 auraient cessé d'être soumises au service de la garde nationale ou en seraient exclues.

Le conseil de recensement, sur le vu des pièces justificatives, prononcera, s'il y a lieu, la radiation.

Le registre matricule, déposé au secrétariat de la mairie, sera communiqué à tout habitant de la commune qui en fera la demande au maire.

TITRE III. — *Du service ordinaire.*

SECTION Ire. — *De l'inscription au contrôle du service ordinaire et de réserve.*

19. Après avoir établi le registre matricule, le conseil de récensement procédera à la formation du contrôle du service ordinaire et du contrôle de réserve.

Le contrôle du service ordinaire comprendra tous les citoyens que le conseil de recensement jugera pouvoir concourir au service habituel.

Néanmoins, parmi les Français inscrits sur le registre matricule, ne pourront être portés sur le contrôle du service ordinaire que ceux qui sont imposés à la contribution personnelle, et leurs enfans lorsqu'ils auront atteint l'âge fixé par la loi, ou des gardes nationaux non imposés à la contribution personnelle, mais qui, ayant fait le service postérieurement au 1er août dernier, voudront le continuer.

Le contrôle de réserve comprendra tous les citoyens pour lesquels le service habituel serait une charge trop onéreuse, et qui ne devront être requis que dans les circonstances extraordinaires.

20. Ne seront pas portés sur les contrôles du service ordinaire les domestiques attachés au service de la personne.

21. Les compagnies et subdivisions de compagnies sont formées sur les contrôles du service ordinaire. Les citoyens inscrits sur les contrôles de réserve seront répartis à la suite desdites compagnies ou subdivisions de compagnies, de manière à pouvoir y être incorporés au besoin.

22. Les inscriptions et les radiations à faire sur les contrôles, auront lieu d'après les règles suivies pour les inscriptions et radiations opérées sur les registres matricules.

23. Il sera formé, à la diligence du juge de paix, dans chaque canton, un jury de révision, composé du juge de paix président, et de douze jurés désignés par le sort, sur la liste de tous les officiers, sous-officiers, caporaux, et gardes nationaux sachant lire et écrire, et âgés de plus de 25 ans.

Il sera dressé une liste, par commune, de tous les officiers, sous-officiers, caporaux et gardes nationaux ainsi désignés; le tirage définitif des jurés sera fait sur l'ensemble de ces listes pour tout le canton.

24. Le tirage des jurés sera fait par le juge de paix, en audience publique. Les fonctions de juré et celles de membre du conseil de recensement sont incompatibles.

Les jurés seront renouvelés tous les six mois.

25. Ce jury prononcera sur les réclamations relatives :

1° A l'inscription ou à la radiation sur les registres matricules, ainsi qu'il est dit art. 14;

2° A l'inscription ou à l'omission sur le contrôle du service ordinaire.

Seront admises les réclamations des tiers gardes nationaux, sur qui retomberait la charge du service.

Ce jury exercera en outre les attributions qui lui seront spécialement confiées par les dispositions subséquentes de la présente loi.

26. Le jury ne pourra prononcer qu'au nombre de sept membres au moins, y compris le président.

Ses décisions seront prises à la majorité absolue et ne seront susceptibles d'aucun recours.

Section II. — *Des remplacemens, des exemptions, des dispenses du service ordinaire.*

27. Le service de la garde nationale étant obligatoire et personnel, le remplacement est interdit pour le service ordinaire, si ce n'est entre les proches parens, savoir : du père par le fils, du frère par le frère, de l'oncle par le neveu, et réciproquement, ainsi qu'entre alliés aux mêmes degrés, à quelque compagnie ou bataillon qu'appartiennent les parens et alliés.

Les gardes nationaux de la même compagnie qui ne sont ni parens ni alliés aux degrés ci-dessus désignés pourront seulement échanger leur tour de service.

28. Peuvent se dispenser du service de la garde nationale, nonobstant leur inscription :

1° Les membres des deux chambres;

2° Les membres des cours et tribunaux;

3° Les anciens militaires qui ont cinquante ans d'âge et vingt années de service;

4° Les gardes nationaux ayant cinquante-cinq ans;

5° Les facteurs de postes aux lettres, les agens des lignes télégraphiques, et les postillons de l'administration des postes reconnus nécessaires au service.

29. Sont dispensées du service ordinaire les personnes qu'une infirmité met hors d'état de faire le service.

Toutes ces dispenses et toutes les autres dispenses temporaires demandées pour cause d'un service public, seront prononcées par le conseil de recensement, sur le vu des pièces qui en constateront la nécessité.

Les absences constatées seront un motif suffisant de dispense temporaire.

En cas d'appel, le jury de révision statuera.

Section III. — *Formation de la garde nationale, composition des cadres.*

30. La garde nationale sera formée, dans chaque commune, par subdivisions de compagnie, par compagnies, par bataillons et par légions.

La cavalerie de la garde nationale sera formée, dans chaque commune ou dans le canton, par subdivision d'escadron ou par escadrons.

Chaque bataillon aura son drapeau et chaque escadron son étendard.

31. Dans chaque commune, la formation en compagnies se fera de la manière suivante :

Dans les villes, chaque compagnie sera composée, autant que possible, des gardes nationaux du même quartier. Dans les communes rurales, les gardes nationaux de la même commune forment une ou plusieurs compagnies ou une subdivision de compagnie.

32. La répartition en compagnie ou subdivisions de compagnie des gardes nationaux inscrits sur le contrôle du service ordinaire, sera faite par le conseil de recensement.

§ Ier. *Formation des compagnies.*

33. Il y aura par subdivision de compagnie de gardes nationaux à pied de toutes armes :

NOMBRE TOTAL D'HOMMES.

	jusqu'à 14.	de 15 à 20.	de 20 à 30.	de 30 à 40.	de 40 à 50.
Lieutenant.....				1	1
Sous-lieutenant.		1	1	1	1
Sergens........	1	1	2	2	3
Caporaux.......	1	2	4	4	6
Tambour........				1	1

34. La force ordinaire des compagnies sera de 60 à 200 hommes; néanmoins, la commune qui n'aura que 50 à 60 gardes nationaux formera une compagnie.

35. Il y aura par compagnie de garde nationale à pied de toutes armes.

NOMBRE TOTAL D'HOMMES.

	de 50 à 80.	de 80 à 100.	de 100 à 140.	de 140 à 200.
Capitaine en premier.	1	1	1	1
Capitaine en second.				1
Lieutenans	1	1	2	2
Sous-lieutenans.....	1	2	2	2
Sergent-major	1	1	1	1
Sergent-fourrier.....	1	1	1	1
Sergens............	4	6	6	8
Caporaux	8	12	12	16
Tambours..........	1	2	2	2

36. Il pourra être formé une garde à cheval dans les cantons ou communes où cette formation serait jugée utile au service, et où se trouveraient au moins dix gardes nationaux qui s'engageraient à s'équiper à leurs frais et à entretenir chacun un cheval.

37. Il y aura par subdivision d'escadron et par escadron :

NOMBRE TOTAL D'HOMMES.

	Jusqu'à 17.	De 17 à 30.	De 30 à 40.	De 40 à 50.	De 50 à 70.	De 70 à 100.	De 100 à 120 et au-dessus.
Capitaine en premier..						1	1
Capitaine en second...							1
Lieutenans...........			1	1	1	2	2
Sous-lieutenans........		1	1	1	2	2	2
Maréchal-des-logis chef.						1	1
Fourrier.............						1	1
Maréchaux-des-logis...	1	2	2	3	4	4	8
Brigadiers...........	2	4	4	6	8	8	16
Trompettes...........			1	1	1	1	2

38. Dans toutes les places de guerre et dans les cantons voisins des côtes, il sera formé des compagnies ou des subdivisions de compagnie d'artillerie. A Paris, et dans les autres villes, une ordonnance du roi pourra prescrire la formation et l'armement de compagnies ou de subdivisions de compagnie d'artillerie. L'ordonnance réglera l'organisation, la réunion ou la répartition des compagnies.

39. Les artilleurs seront choisis, par le conseil de recensement, parmi les gardes nationaux qui se présenteraient volontairement, et qui réuniraient, autant que possible, les qualités exigées pour entrer dans l'artillerie.

40. Partout où il n'existe pas de corps soldés de sapeurs-pompiers, il sera, autant que possible, formé par le conseil de recensement des compagnies

ou des subdivisions de compagnie de sapeurs-pompiers volontaires, faisant partie de la garde nationale. Elles seront composées principalement d'anciens officiers et soldats du génie militaire, d'officiers et agens des ponts et chaussées et des mines, et d'ouvriers d'art.

41. Dans les ports de commerce et dans les cantons maritimes, il pourra être formé des compagnies spéciales de marins et d'ouvriers marins, ayant pour service ordinaire la protection des navires et du matériel maritime situé sur les côtes et dans les ports.

42. Toutes les compagnies spéciales concourront par armes et suivant leur force numérique au service ordinaire de la garde nationale.

§ II. — *Formation des bataillons.*

43. Le bataillon sera formé de quatre compagnies au moins et de huit au plus.

44. L'état-major du bataillon sera composé :

D'un chef de bataillon, d'un adjudant-major capitaine, d'un porte-drapeau sous-lieutenant, d'un chirurgien-aide-major, d'un adjudant-sous-officier, d'un tambour-maître.

A Paris, lorsque la force effective d'un bataillon sera de mille hommes et plus, il pourra y avoir un chef de bataillon en second et un deuxième adjudant-sous-officier.

45. Dans toutes les communes où le nombre des gardes nationaux inscrits sur le contrôle du service ordinaire s'élèvera à plus de 500 hommes, la garde nationale sera formée par bataillons.

Lorsque, dans le cas prévu par l'art. 4, une ordonnance du roi aura prescrit la formation en bataillons des gardes nationales de plusieurs communes, cette ordonnance indiquera les communes dont les gardes nationales doivent participer à la formation du même bataillon.

La compagnie ou les compagnies d'une commune ne pourront jamais être réparties dans des bataillons différens.

46. Les bataillons formés par les gardes nationales d'une même commune pourront seuls avoir chacun une compagnie de grenadiers et une de voltigeurs.

47. Les compagnies de sapeurs-pompiers et de canonniers volontaires ne seront pas comprises dans la formation des bataillons de la garde nationale ; elles seront cependant, ainsi que les compagnies de cavalerie, sous les ordres du commandant de la garde communale ou cantonnale.

§ III. — *Formation des légions.*

48. Dans les cantons et dans les villes où la garde nationale présente au moins deux bataillons de 500 hommes chacun, elle pourra, d'après une ordonnance du roi, être réunie par légions.

Dans aucun cas, la garde nationale ne pourra être formée par département ni par arrondissement de sous-préfecture.

49. L'état-major d'une légion sera composé :

D'un chef de légion colonel, d'un lieutenant-colonel, d'un major chef de bataillon, d'un chirurgien-major, d'un tambour-major.

A Paris, et dans les villes où la nécessité en sera reconnue, il pourra y avoir près des légions un officier-payeur et un capitaine d'armement.

SECTION IV. — *De la nomination aux grades.*

50. Dans chaque commune, les gardes nationaux appelés à former une compagnie ou subdivision de compagnie, se réuniront sans armes et sans uniforme pour procéder, en présence du président du conseil de recensement, assisté par les deux membres les plus âgés de ce conseil, à la nomination

de leurs officiers, sous-officiers et caporaux, suivant les tableaux des articles 33, 35 et 37.

Si plusieurs communes sont appelées à former une compagnie, les gardes nationaux de ces communes se réuniront dans la commune la plus populeuse pour nommer leur capitaine, leur sergent-major et leur fourrier.

51. L'élection des officiers aura lieu pour chaque grade successivement, en commençant par le plus élevé, au scrutin individuel et secret, à la majorité absolue des suffrages.

Les sous-officiers et caporaux seront nommés à la majorité relative.

Le scrutin sera dépouillé par le président du conseil de recensement, assisté, comme il est dit dans l'article précédent, par au moins deux membres de ce conseil, lesquels rempliront les fonctions de scrutateurs.

52. Dans les villes et communes qui ont plus d'une compagnie, chaque compagnie sera appelée séparément et tour à tour pour procéder à ses élections.

53. Pour nommer le chef de bataillon et le porte-drapeau, tous les officiers du bataillon, réunis à pareil nombre de sous-officiers, caporaux ou gardes nationaux, formeront une assemblée convoquée et présidée par le maire de la commune, si le bataillon est communal, et par le maire délégué du sous-préfet si le bataillon est cantonnal.

Les sous-officiers, caporaux et gardes nationaux chargés de concourir à l'élection, seront nommés dans chaque compagnie.

Tous les scrutins de l'élection seront individuels et secrets ; il faudra la majorité absolue des suffrages.

54. Les réclamations élevées relativement à l'inobservation des formes prescrites pour l'élection des officiers et sous-officiers, seront portées devant

le jury de révision qui décidera sans recours.

55. Si les officiers de tous grades, élus conformément à la loi, ne sont pas, au bout de deux mois, complètement armés, équipés et habillés suivant l'uniforme, ils seront considérés comme démissionnaires et remplacés sans délai.

56. Les chefs de légion et les lieutenans-colonels seront choisis par le Roi, sur une liste de dix candidats, présentés à la majorité relative, par la réunion : 1° de tous les officiers de la légion; 2° de tous les sous-officiers, caporaux et gardes nationaux désignés dans chacun des bataillons de la légion pour concourir au choix du chef de bataillon, comme il est dit art. 53.

57. Les majors, les adjudans majors, chirurgiens-majors et aides-majors seront nommés par le Roi.

L'adjudant sous-officier sera nommé par le chef de légion ou de bataillon.

Le capitaine d'armement et l'officier payeur seront nommés par le commandant supérieur ou le préfet, sur la présentation du chef de légion.

58. Il sera nommé aux emplois autres que ceux désignés ci-dessus, sur la présentation du chef de corps, savoir :

Par le maire, lorsque la garde nationale sera communale,

Et par le sous-préfet, pour les bataillons cantonnaux.

59. Dans chaque commune, le maire fera reconnaître à la garde nationale assemblée sous les armes le commandant de cette garde. Celui-ci, en présence du maire, fera reconnaître les officiers.

Les fonctions du maire seront remplies, à Paris, par le préfet.

Pour les compagnies et bataillons qui comprennent plusieurs communes, le sous-préfet ou son délégué fera reconnaître l'officier commandant, en présence de la compagnie ou du bataillon assemblé.

Dans le mois de la promulgation de la loi, les officiers de tout grade, actuellement en fonctions, et à l'avenir ceux nouvellement élus, au moment où ils seront reconnus, prêteront serment de fidélité au roi des Français et d'obéissance à la Charte constitutionnelle et aux lois du royaume.

60. Les officiers, sous-officiers et caporaux seront élus pour trois ans. Ils pourront être réélus.

61. Sur l'avis du maire et du sous-préfet, tout officier de la garde nationale pourra être suspendu de ses fonctions pendant deux mois, par arrêté motivé du préfet pris en conseil de préfecture, l'officier préalablement entendu dans ses observations.

L'arrêté du préfet sera transmis immédiatement par lui au ministre de l'intérieur.

Sur le rapport du ministre, la suspension pourra être prolongée par une ordonnance du Roi.

Si, dans le cours d'une année, ledit officier n'a pas été rendu à ses fonctions, il sera procédé à une nouvelle élection.

62. Aussitôt qu'un emploi quelconque deviendra vacant, il sera pourvu au remplacement, suivant les formes établies par la présente loi.

63. Les corps spéciaux suivront, pour leur formation et pour l'élection de leurs officiers, sous-officiers et caporaux, les règles prescrites par les articles 33 et suivans.

64. Dans les communes où la garde nationale formera plusieurs légions, le Roi pourra nommer un commandant supérieur; il ne pourra être nommé de commandant supérieur des gardes nationales de tout un département, ou d'un même arrondissement de sous-préfecture.

Cette disposition n'est pas applicable au département de la Seine.

65. Lorsque le Roi aura jugé à propos de nommer dans une commune un commandant supérieur, l'é-

tat-major sera fixé, quant au nombre et aux grades des officiers qui devront le composer, par une ordonnance du Roi.

Les officiers d'état-major seront nommés par le Roi, sur la présentation du commandant supérieur, qui ne pourra choisir les candidats que parmi les gardes nationaux de la commune.

66. Il ne pourra y avoir dans la garde nationale aucun grade sans emploi.

67. Aucun officier exerçant un emploi actif dans les armées de terre ou de mer, ne pourra être nommé officier ni commandant supérieur des gardes nationales en service ordinaire.

SECTION V. — *De l'uniforme, des armes et des préséances.*

68. L'uniforme des gardes nationales sera déterminé par une ordonnance du Roi : les signes distinctifs des grades seront les mêmes que ceux de l'armée.

69. Lorsque le gouvernement jugera nécessaire de délivrer des armes de guerre aux gardes nationales, le nombre d'armes reçu sera constaté dans chaque municipalité, au moyen d'états émargés par les gardes nationaux, à l'instant où les armes leur seront délivrées.

L'entretien de l'armement est à la charge du garde national, et les réparations, en cas d'accident causé par le service, sont à la charge de la commune.

Les gardes nationaux et les communes sont responsables des armes qui leur auront été délivrées ; ces armes restent la propriété de l'Etat.

Les armes seront poinçonnées et numérotées.

70. Les diverses armes dont se compose la garde nationale sont assimilées, pour le rang à conserver entre elles, aux armes correspondantes des forces régulières.

71. Toutes les fois que la garde nationale sera réunie, les différens corps prendront la place qui leur sera assignée par le commandant supérieur.

72. Dans tous les cas où les gardes nationales serviront avec les corps soldés, elles prendront le rang sur eux.

Le commandement dans les fêtes ou cérémonies civiles appartiendra à celui des officiers des divers corps qui aura la supériorité du grade, ou, à grade égal, à celui qui sera le plus ancien.

SECTION VI. — *Ordre du service ordinaire.*

73. Le réglement relatif au service ordinaire, aux revues et aux exercices, sera arrêté par le maire, sur la proposition du commandant de la garde nationale, et approuvé par le sous-préfet.

Les chefs pourront, en se conformant à ce réglement et sans réquisition particulière, mais après en avoir prévenu l'autorité municipale, faire toutes les dispositions et donner tous les ordres relatifs au service ordinaire, aux revues et aux exercices.

Dans les villes de guerre, la garde nationale ne pourra prendre les armes, ni sortir des barrières, qu'après que le maire en aura informé par écrit le commandant de la place.

74. Lorsque la garde nationale des communes sera organisée en bataillons cantonnaux, le réglement sur les exercices et revues sera arrêté par le sous-préfet, sur la proposition de l'officier le plus élevé en grade du canton, et sur l'avis des maires des communes.

75. Le préfet pourra suspendre les revues et exercices dans les communes et dans les cantons de son département, à la charge d'en rendre immédiatement compte au ministre de l'intérieur.

76. Pour l'ordre du service, il sera dressé par les sergens-majors un contrôle de chaque compa-

gnie, signé du capitaine, et indiquant les jours où chaque garde national aura fait un service.

77. Dans les communes où la garde nationale est organisée par bataillons, l'adjudant-major tiendra un état, par compagnie, des hommes commandés chaque jour dans son bataillon.

Cet état servira à contrôler le rôle de chaque compagnie.

78. Tout garde national commandé pour le service devra obéir, sauf à réclamer, s'il s'y croit fondé, devant le chef du corps.

Section VII. — *De l'administration.*

79. La garde nationale est placée, pour son administration et sa comptabilité, sous l'autorité administrative et municipale.

Les dépenses de la garde nationale sont votées, réglées et surveillées comme toutes les autres dépenses municipales.

80. Il y aura dans chaque légion ou dans chaque bataillon formé par les gardes nationaux d'une même commune, un conseil d'administration chargé de présenter annuellement au maire l'état des dépenses nécessaires, et de viser les pièces justificatives de l'emploi fait des fonds.

Le conseil sera composé du commandant de la garde nationale, qui présidera, et de six membres choisis parmi les officiers, sous-officiers et gardes nationaux.

Il y aura également, par bataillon cantonnal, un conseil d'administration chargé des mêmes fonctions, et qui devra présenter au sous-préfet l'état des dépenses résultant de la formation du bataillon.

Les membres du conseil d'administration seront nommés par le préfet, sur une liste triple de candidats présentés par le chef de légion ou par le chef de bataillon dans les communes où il n'est pas formé de légion.

Dans les communes où la garde nationale comprendra une ou plusieurs compagnies non réunies en bataillon, l'état des dépenses sera soumis au maire par le commandant de la garde nationale.

81. Les dépenses ordinaires de la garde nationale sont :

1° Les frais d'achat des drapeaux, des tambours et des trompettes;

2° La partie d'entretien des armes qui ne sera pas à la charge individuelle des gardes nationaux;

3° Les frais de registres, papiers, contrôles, billets de garde, et tous les menus frais de bureau qu'exigera le service de la garde nationale.

Les dépenses extraordinaires sont :

1° Dans les villes qui, d'après l'article 64, recevront un commandant supérieur, les frais d'indemnités pour dépenses indispensables de ce commandant et de son état-major;

2° Dans les communes et les cantons où seront formés des bataillons ou légions, les appointemens des majors, adjudans-majors et adjudans sous-officiers, si ces fonctions ne peuvent pas être exercées gratuitement;

3° L'habillement et la solde des tambours et trompettes.

Les conseils municipaux jugeront de la nécessité de ces dépenses.

Lorsqu'il sera créé des bataillons cantonnaux, la répartition de la portion afférente à chaque commune du canton, dans les dépenses du bataillon, autres que celles des compagnies, sera faite par le préfet en conseil de préfecture, après avoir pris l'avis des conseils municipaux.

Section VIII. — § Ier. *Des peines.*

82. Les chefs de poste pourront employer contre les gardes nationaux de service les moyens de répression qui suivent :

1° Une faction hors de tour contre tout garde national qui aura manqué à l'appel ou se sera absenté du poste sans autorisation :

2° La détention dans la prison du poste, jusqu'à la relevée de la garde, contre tout garde national de service en état d'ivresse, ou qui se sera rendu coupable de bruit, tapage, voies de fait, ou de provocation au désordre ou à la violence, sans préjudice du renvoi au conseil de discipline, si la faute emporte une punition plus grave.

83. Sur l'ordre du chef du corps, indépendamment du service régulièrement commandé, et que le garde national, le caporal ou le sous-officier doit accomplir, il sera tenu de monter une garde hors de tour lorsqu'il aura manqué pour la première fois au service.

84. Les conseils de discipline pourront, dans les cas énumérés ci-après, infliger les peines suivantes ;

1° La réprimande ;

2° Les arrêts pour trois jours au plus ;

3° La réprimande avec mise à l'ordre ;

4° La prison pour trois jours au plus ;

5° La privation du grade ;

6° Si, dans les communes où s'étend la juridiction du conseil de discipline, il n'existe ni prison, ni local pouvant en tenir lieu, ce conseil pourra commuer la peine de prison en une amende d'une journée à dix journées de travail.

85. Sera puni de la réprimande l'officier qui aura commis une infraction, même légère, aux règles du service.

86. Sera puni de la réprimande, avec mise à l'ordre, l'officier qui, étant de service ou en uniforme, tiendra une conduite propre à porter atteinte à la discipline de la garde nationale ou à l'ordre public.

87. Sera puni des arrêts ou de la prison, suivant la gravité des cas, tout officier qui, étant de service, se sera rendu coupable des fautes suivantes;

1° La désobéissance et l'insubordination;

2° Le manque de respect, les propos offensans et les insultes envers des officiers d'un grade supérieur;

3° Tout propos outrageant envers un subordonné, et tout abus d'autorité;

4° Tout manquement à un service commandé;

5° Toute infraction aux règles de service.

88. Les peines énoncées dans les art. 85 et 86 pourront, dans les mêmes cas, et suivant les circonstances, être appliquées aux sous-officiers, caporaux et gardes nationaux.

89. Pourra être puni de la prison, pendant un temps qui ne pourra excéder deux jours, et, en cas de récidive, trois jours;

1° Tout sous-officier, caporal et garde national coupable de désobéissance et d'insubordination, ou qui aura refusé, pour la seconde fois, un service d'ordre et de sûreté;

2° Tout sous-officier, caporal et garde national qui, étant de service, sera dans un état d'ivresse ou tiendra une conduite qui porte atteinte à la discipline de la garde nationale ou à l'ordre public;

3° Tout garde national qui, étant de service, aura abandonné ses armes ou son poste avant qu'il soit relevé.

90. Sera privé de son grade tout officier, sous-officier ou caporal, qui, après avoir subi une condamnation du conseil de discipline, se rendra coupable d'une faute qui entraîne l'emprisonnement, s'il s'est écoulé moins d'un an depuis la

première condamnation. Pourra également être privé de son grade tout officier, sous-officier et caporal qui aura abandonné son poste avant qu'il soit relevé.

Tout officier, sous-officier ou caporal privé de son grade par jugement ne pourra être réélu qu'aux élections générales.

91. Le garde national prévenu d'avoir vendu à son profit les armes de guerre ou les effets d'équipement qui lui ont été confiés par l'Etat ou par les communes, sera renvoyé devant le tribunal de police correctionnelle, pour y être poursuivi à la diligence du ministère public, et puni, s'il y a lieu, de la peine portée en l'art. 408 du Code pénal, sauf l'application, le cas échéant, de l'article 463 dudit Code. Le jugement de condamnation prononcera la restitution, au profit de l'Etat ou de la commune, du prix des armes ou effets vendus.

92. Tout garde national qui, dans l'espace d'une année, aura subi deux condamnations du conseil de discipline pour refus de service, sera, pour la troisième fois, traduit devant les tribunaux de police correctionnelle, et condamné à un emprisonnement qui ne pourra être moindre de cinq jours, ni excéder dix jours.

En cas de récidive, l'emprisonnement ne pourra être moindre de 10 jours, ni excéder 20 jours.

Il sera, en outre, condamné aux frais et à une amende qui ne pourra être moindre de 5 fr., ni excéder 15 fr., dans le premier cas; et dans le deuxième, être moindre de 15 fr., ni excéder 50 fr.

93. Tout chef de corps, poste ou détachement de la garde nationale qui refusera d'obtempérer à une réquisition des magistrats ou fonctionnaires investis du droit de requérir la force publique, ou qui aura agi sans réquisition et hors des cas prévus par la loi, sera poursuivi devant les tribunaux, et

puni conformément aux art. 234 et 258 du Code pénal.

La poursuite entraînera la suspension, et, s'il y a condamnation, la perte du grade.

§ II. — *Des conseils de discipline.*

94. Il y aura un conseil de discipline.

1° Par bataillon communal ou cantonnal;

2° Par commune ayant une ou plusieurs compagnies non réunies en bataillon;

3° Par compagnie formée de gardes nationaux de plusieurs communes.

95. Dans les villes qui comprendront une ou plusieurs légions, il y aura un conseil de discipline pour juger les officiers supérieurs de légion et officiers d'état-major non justiciables des conseils de discipline ci-dessus.

96. Le conseil de discipline de la garde nationale d'une commune ayant une ou plusieurs compagnies non réunies en bataillon, et celui d'une compagnie formée de gardes nationaux de plusieurs communes, seront composés de cinq juges, savoir :

Un capitaine président, un lieutenant ou un sous-lieutenant, un sergent, un caporal et un garde national.

97. Le conseil de discipline du bataillon sera composé de sept juges, savoir : le chef de bataillon président, un capitaine, un lieutenant ou un sous-lieutenant, un sergent, un caporal et deux gardes nationaux.

98. Le conseil de discipline, pour juger les officiers supérieurs et officiers d'état-major, sera composé de sept juges, savoir : d'un chef de légion président, de deux chefs de bataillon, deux capitaines et deux lieutenans ou sous-lieutenans.

99. Lorsqu'une compagnie sera formée des gardes nationaux de plusieurs communes, le conseil de

discipline siégera dans la commune la plus populeuse.

100. Dans le cas où le prévenu serait officier, deux officiers du grade du prévenu entreront dans le conseil de discipline, et remplaceront les deux derniers membres.

S'il n'y a pas dans la commune deux officiers du grade du prévenu, le sous-préfet les désignera par la voie du sort parmi ceux du canton; et s'il ne s'en trouve pas dans le canton, parmi ceux de l'arrondissement.

S'il s'agit de juger un chef de bataillon, le préfet désignera par la voie du sort deux chefs de bataillon des cantons ou des arrondissemens circonvoisins.

101. Il y aura, par conseil de discipline de bataillon ou de légion, un rapporteur ayant rang de capitaine ou de lieutenant, et un secrétaire ayant rang de lieutenant ou de sous-lieutenant.

Dans les villes où il se trouvera plusieurs légions, il y aura par conseil de discipline, un rapporteur adjoint et un secrétaire adjoint, du grade inférieur à celui du rapporteur et du secrétaire.

102. Lorsque la garde nationale d'une commune ne formera qu'une ou plusieurs compagnies non réunies en bataillon, un officier ou un sous-officier remplira les fonctions de rapporteur, et un sous-officier celles de secrétaire du conseil de discipline.

103. Le sous-préfet choisira l'officier ou les sous-officiers rapporteurs et secrétaires du conseil de discipline, sur des listes de trois candidats désignés par le chef de légion, ou, s'il n'y a pas de légion, par le chef de bataillon.

Dans les communes où il n'y a pas de bataillon, des listes de candidats seront dressées par le plus ancien capitaine.

Les rapporteurs, rapporteurs-adjoints, secrétaires et secrétaires-adjoints, seront nommés pour trois ans; ils pourront être réélus.

Le préfet, sur le rapport des maires et des chefs de corps, pourra les révoquer; il sera, dans ce cas, procédé immédiatement à leur remplacement par le mode de nomination ci-dessus indiqué.

104. Les conseils de discipline seront permanens; ils ne pourront juger que lorsque cinq membres au moins seront présens dans les conseils de bataillon et de légion, et trois membres au moins dans les conseils de compagnie. Les juges seront renouvelés tous les quatre mois. Néanmoins, lorsqu'il n'y aura pas d'officiers du même grade que le président ou les juges du conseil de discipline, ceux-ci ne seront pas remplacés.

105. Le président du conseil de recensement, assisté du chef de bataillon, ou du capitaine commandant, si les compagnies ne sont pas réunies en bataillon, formera, d'après le contrôle du service ordinaire, un tableau général, par grade et par rang d'âge, de tous les officiers, sous-officiers et caporaux, et d'un nombre double de gardes nationaux de chaque bataillon, ou des compagnies de la commune, ou de la compagnie formée de plusieurs communes.

Ils déposeront ce tableau, signé par eux, au lieu des séances des conseils de discipline, où chaque garde national pourra en prendre connaissance.

106. Lorsque la garde nationale d'une commune ou d'un canton n'aura qu'un seul conseil de discipline, les gardes nationaux faisant partie des corps d'artillerie, de sapeurs-pompiers et de cavalerie, seront justiciables de ce conseil.

S'il y a plusieurs bataillons dans le même canton, les gardes nationaux ci-dessus désignés seront justiciables du même conseil de discipline que les compagnies de leur commune.

S'il y a plusieurs bataillons dans la même commune, le préfet déterminera de quels conseils de discipline les mêmes gardes nationaux seront justiciables.

Dans ces trois cas, les officiers, sous-officiers, caporaux et gardes nationaux des corps ci-dessus désignés concourront pour la formation du tableau du conseil de discipline.

Lorsqu'en vertu d'une ordonnance du Roi les corps d'artillerie et de cavalerie seront réunis en légion, ils auront un conseil de discipline particulier.

107. Les juges de chaque grade ou gardes nationaux, seront pris successivement d'après l'ordre de leur inscription au tableau.

108. Tout garde national qui aura été condamné trois fois par le conseil de discipline, ou une fois par le tribunal de police correctionnelle, sera rayé pour une année du tableau servant à former le conseil de discipline.

109. Toute réclamation pour être réintégré sur le tableau, ou pour en faire rayer un garde national, sera portée devant le jury de révision.

§ III. — *De l'instruction et des jugemens.*

110. Le conseil de discipline sera saisi, par le renvoi que lui fera le chef de corps, de tous les rapports, ou procès-verbaux, ou plaintes constatant les faits qui peuvent donner lieu au jugement de ce conseil.

111. Les plaintes, rapports et procès-verbaux seront adressés à l'officier rapporteur, qui fera citer le prévenu à la plus prochaine des séances du conseil.

Le secrétaire enregistrera les pièces ci-dessus.

La citation sera portée à domicile par un agent de la force publique.

112. Les rapports, procès-verbaux ou plaintes constatant des faits qui donneraient lieu à la mise en jugement devant le conseil de discipline du commandant de la garde nationale d'une commune, seront adressés au maire, qui en référera au sous-préfet. Celui-ci procédera à la composition du conseil de discipline, conformément à l'art. 100.

113. Le président du conseil convoquera les membres sur la réquisition de l'officier rapporteur, toutes les fois que le nombre et l'urgence des affaires lui paraîtront l'exiger.

114. En cas d'absence, tout membre du conseil de discipline non valablement excusé sera condamné à une amende de 5 fr. par le conseil de discipline, et il sera remplacé par l'officier, sous-officier, caporal ou garde national qui devra être appelé immédiatement après lui.

Dans les conseils de discipline des bataillons cantonnaux, le juge absent sera remplacé par l'officier, sous-officier, caporal ou garde national du lieu où siége le conseil, qui devra être appelé d'après l'ordre du tableau.

115. Le garde national cité comparaîtra en personne ou par un fondé de pouvoirs.

Il pourra être assisté d'un conseil.

116. Si le prévenu ne comparaît pas au jour et à l'heure fixés par la citation, il sera jugé par défaut.

L'opposition au jugement par défaut devra être formée dans le délai de trois jours, à compter de la notification du jugement. Cette opposition pourra être faite par déclaration au bas de la signification. L'opposant sera cité pour comparaître à la plus prochaine séance du conseil de discipline.

S'il n'y a pas opposition, ou si l'opposant ne comparaît pas à la séance indiquée, le jugement par défaut sera définitif.

117. L'instruction de chaque affaire devant le conseil sera publique, à peine de nullité.

La police de l'audience appartiendra au président qui pourra faire expulser ou arrêter quiconque troublerait l'ordre.

Si le trouble est causé par un délit, il en sera dressé procès-verbal.

L'auteur du trouble sera jugé de suite par le conseil, si c'est un garde national, et si la faute n'emporte qu'une peine que le conseil puisse prononcer.

Dans tout autre cas, le prévenu sera renvoyé, et le procès-verbal transmis au procureur du Roi.

118. Les débats devant le conseil auront lieu dans l'ordre suivant :

Le secrétaire appellera l'affaire.

En cas de récusation, le conseil statuera. Si la récusation est admise, le président appellera, dans les formes indiquées par l'art. 114, les juges suppléans nécessaires pour compléter le conseil.

Si le prévenu décline la juridiction du conseil de discipline, le conseil statuera d'abord sur sa compétence; s'il se déclare incompétent, l'affaire sera renvoyée devant qui de droit.

Le secrétaire lira le rapport, le procès-verbal ou la plainte, et les pièces à l'appui.

Les témoins, s'il en a été appelé par le rapporteur et le prévenu, seront entendus.

Le prévenu ou son conseil sera entendu.

Le rapporteur résumera l'affaire et donnera ses conclusions.

L'inculpé ou son fondé de pouvoirs et son conseil pourront proposer leurs observations.

Ensuite le conseil délibérera en secret, et hors de la présence du rapporteur, et le président prononcera le jugement.

119. Les mandats d'exécution de jugement des

conseils de discipline seront délivrés dans la même forme que ceux des tribunaux de simple police.

120. Il n'y aura de recours contre les jugemens définitifs des conseils de discipline que devant la Cour de cassation, pour incompétence ou excès de pouvoirs, ou contravention à la loi.

Le pourvoi en cassation ne sera suspensif qu'à l'égard des jugemens prononçant emprisonnement, et sera dispensé de la mise en état.

Dans tous les cas, ce recours ne sera assujéti qu'au quart de l'amende établie par la loi.

121. Tous actes de poursuite devant les conseils de discipline, tous jugemens, recours et arrêts rendus en vertu de la présente loi, seront dispensés du timbre et enregistrés gratis.

122. Le garde national condamné aura trois jours francs, à partir du jour de la notification, pour se pourvoir en cassation.

TITRE IV. *Mesures exceptionnelles et transitoires pour la garde nationale en service ordinaire.*

123. Dans les trois mois qui suivront la promulgation de la présente loi, il sera procédé à une nouvelle élection d'officiers, sous-officiers et caporaux dans tous les corps de la garde nationale.

Néanmoins, le gouvernement pourra suspendre pendant un an la réélection des officiers dans les localités où il le jugera convenable.

124. Le Roi pourra suspendre l'organisation de la garde nationale pour une année dans les communes qui forment un ou plusieurs cantons, et dans les communes rurales pour un temps qui ne pourra excéder trois ans.

Les délais ne pourront être prorogés qu'en vertu d'une loi.

125. Les organisations actuelles de la garde nationale par compagnies, par bataillons et par légions

qui ne se trouveraient pas conformes aux dispositions de la présente loi, pourront être provisoirement maintenues par une ordonnance du Roi, sans toutefois que cette autorisation puisse dépasser l'époque du 1er janvier 1832.

126. Les compagnies qui dépassent le maximum fixé par la présente loi ne recevront pas de nouvelles incorporations jusqu'à ce qu'elles soient rentrées dans les limites voulues par cette loi, à moins que toutes les compagnies du bataillon ne soient au complet.

TITRE V. — *Des détachemens de la garde nationale.*

SECTION Ire. — *Appel et service des détachemens.*

127. La garde nationale doit fournir des détachemens dans les cas suivans :

1° Fournir par détachemens, en cas d'insuffisance de la gendarmerie et de la troupe de ligne, le nombre d'hommes nécessaire pour escorter d'une ville à l'autre les convois de fonds ou d'effets appartenant à l'État, et pour la conduite des accusés, des condamnés et autres prisonniers.

2° Fournir des détachemens pour porter secours aux communes, arrondissemens et départemens voisins qui seraient troublés ou menacés par des émeutes ou des séditions, ou par l'incursion de voleurs, brigands et autres malfaiteurs.

128. Lorsqu'il faudra porter secours d'un lieu dans un autre pour le maintien ou le rétablissement de l'ordre et de la paix publique, des détachemens de la garde nationale, en service ordinaire, seront fournis afin d'agir dans toute l'étendue de l'arrondissement, sur la réquisition du sous-préfet; dans toute l'étendue du département, sur la réquisition du préfet; enfin, s'il faut agir hors du département, en vertu d'une ordonnance du Roi.

En cas d'urgence et sur la demande écrite du maire d'une commune en danger, les maires des communes limitrophes, sans distinction de département, pourront néanmoins requérir un détachement de la garde nationale de marcher immédiatement sur le point menacé, sauf à rendre compte, dans le plus bref délai, du mouvement et de ses motifs à l'autorité supérieure.

Dans tous ces cas, les détachemens de la garde nationale ne cesseront pas d'être sous l'autorité civile. L'autorité militaire ne prendra le commandement des détachemens de la garde nationale pour le maintien de la paix publique que sur la réquisition de l'autorité administrative.

129. L'acte en vertu duquel, dans les cas déterminés par les deux articles précédens, la garde nationale est appelée à faire un service de détachement, fixera le nombre des hommes requis.

130. Lors de l'appel fait conformément aux articles précédens, le maire, assisté du commandant de la garde nationale de chaque commune, formera les détachemens parmi les hommes inscrits sur le contrôle du service ordinaire, en commençant par les célibataires et les moins âgés.

131. Lorsque les détachemens des gardes nationales s'éloigneront de leur commune pendant plus de vingt-quatre heures, ils seront assimilés à la troupe de ligne pour la solde, l'indemnité de route et les prestations en nature.

132. Les détachemens à l'intérieur ne pourront être requis de faire un service, hors de leurs foyers, de plus de dix jours, sur la réquisition du sous-préfet; de plus de vingt jours, sur la réquisition du préfet; et de plus de soixante jours, en vertu d'une ordonnance du Roi.

Section II. — *Discipline.*

133. Lorsque, conformément à l'article 127, la

garde nationale devra fournir des détachemens en service ordinaire, sur la réquisition du sous-préfet, du préfet, ou en vertu d'une ordonnance du Roi, les peines de discipline seront fixées ainsi qu'il suit :

Pour les officiers : 1° Les arrêts simples pour dix jours au plus; 2° La réprimande avec mise à l'ordre; 3° Les arrêts de rigueur pour six jours au plus; 4° La prison pour trois jours au plus. Pour les sous-officiers, caporaux et soldats : 1° La consigne pour dix jours au plus; 2° La réprimande avec mise à l'ordre; 3° La salle de discipline pour six jours au plus; 4° La prison pour quatre jours au plus.

134. Les peines des arrêts de rigueur, de la prison et de la réprimande avec mise à l'ordre, ne pourront être infligées que par le chef du corps; les autres peines pourront l'être par tout supérieur à son inférieur, à la charge d'en rendre compte dans les vingt-quatre heures, en observant la hiérarchie des grades.

135. La privation du grade pour les causes énoncées dans les art. 90 et 93, sera prononcée par un conseil de discipline, composé ainsi qu'il est dit à la section 8 du titre III.

Il n'y aura qu'un seul conseil de discipline pour tous les détachemens formés d'un même arrondissement de sous-préfecture.

136. Tout garde national désigné pour faire partie d'un détachement, qui refusera d'obtempérer à la réquisition, ou qui quittera le détachement sans autorisation, sera traduit en police correctionnelle, et puni d'un emprisonnement qui ne pourra excéder un mois; s'il est officier, sous-officier ou caporal, il sera en outre privé de son grade.

Disposition commune aux deux titres précédens.

137. Les gardes nationaux blessés pour cause de

service auront droit aux secours, pensions et récompenses que la loi accorde aux militaires en activité de service.

TITRE VI. — *Des corps détachés de la garde nationale pour le service de guerre.*

SECTION Ire. *Appel et service des corps détachés.*

138. La garde nationale doit fournir des corps détachés pour la défense des places fortes, des côtes et des frontières du royaume, comme auxiliaires de l'armée active.

Le service de guerre des corps détachés de la garde nationale, comme auxiliaires de l'armée, ne pourra pas durer plus d'une année.

139. Les corps détachés ne pourront être tirés de la garde nationale qu'en vertu d'une loi spéciale, ou, pendant l'absence des chambres, par une ordonnance du Roi, qui sera convertie en loi lors de la première session.

140. L'acte en vertu duquel la garde nationale est appelée à fournir des corps détachés pour le service de guerre, fixera le nombre des hommes requis.

SECTION II. — *Désignation des gardes nationaux pour la formation des corps détachés.*

141. Lors de l'appel fait en vertu d'une loi ou d'une ordonnance, conformément à l'art. 139, les corps détachés de la garde nationale se composeront :

1° Des gardes nationaux qui se présenteront volontairement, et qui seront trouvés propres au service actif ;

2° Des jeunes gens de dix-huit à vingt ans qui se présenteront volontairement et qui seront également reconnus propres au service actif ;

3° Si ces enrôlemens ne suffisaient pas pour compléter le contingent demandé, les hommes seront désignés dans l'ordre spécifié dans l'art. 143 ci-après.

142. Les jeunes gens de dix-huit à vingt ans, enrôlés volontaires ou remplaçans dans les corps détachés de la garde nationale, resteront soumis à la loi de recrutement.

Mais le temps que les volontaires auront servi dans les corps détachés de la garde nationale leur comptera en déduction de leur service dans l'armée régulière, si plus tard ils y sont appelés.

143. Les désignations des gardes nationaux pour les corps détachés seront faites par le conseil de recensement de chaque commune parmi tous les inscrits sur le contrôle du service ordinaire, et sur celui du service extraordinaire dans l'ordre qui suit :

Première classe, les célibataires.

Seront considérés comme célibataires tous ceux qui, postérieurement à la promulgation de la présente loi, se marieraient avant d'avoir atteint l'âge de vingt-trois ans;

2° Les veufs sans enfans; 3° les mariés sans enfans; 4° les mariés avec enfans.

144. Pour la classe des célibataires, les contingens seront répartis proportionnellement au nombre d'hommes appartenant à chaque année, depuis vingt jusqu'à trente-cinq ans.

Dans chaque année, la désignation se fera d'après l'âge.

Pour chaque année depuis vingt ans jusqu'à vingt-trois, les veufs et mariés seront considérés comme plus âgés que les célibataires de cette année, auxquels ils sont assimilés par l'art. 143, paragraphe premier.

Dans chacune des autres classes successives, les appels seront toujours faits en commençant par les moins âgés, jusqu'à l'âge de trente ans.

145. L'aîné d'orphelins mineurs de père et de mère, le fils unique ou l'aîné des fils, ou, à défaut de fils, le petit-fils ou l'aîné des petits-fils d'une femme actuellement veuve, d'un père aveugle ou d'un vieillard septuagénaire, prendront rang dans l'appel au service des corps détachés entre les mariés sans enfans et les mariés avec enfans.

146. En cas de réclamations pour les désignations faites par le conseil de recensement, il sera statué par le jury de révision.

147. Ne sont point aptes au service des corps détachés:

1° Les gardes nationaux qui n'auront pas la taille fixée par la loi du recrutement (1);

2° Ceux que des infirmités constatées rendront impropres au service militaire.

148. L'aptitude au service sera jugée par un conseil de révision, qui se réunira dans le lieu où devra se former le bataillon.

Le conseil se composera de sept membres, savoir:

Le préfet, président, et à son défaut le conseiller de préfecture qu'il aura délégué;

Trois membres du conseil de recensement, désignés par le préfet parmi les membres des conseils de recensement des communes qui concourront à la formation du bataillon;

Le chef de bataillon;

Et deux des capitaines dudit bataillon, nommés par le général commandant la subdivision militaire ou le département.

149. Les conseils de révision apprécieront les motifs d'exemption relatifs au nombre des enfans.

150. Les gardes nationaux qui ont des remplaçans à l'armée ne sont pas dispensés du service de la garde nationale dans les corps détachés; toutefois

(1) 1 mètre 54 centimètres (4 pieds 9 pouces).

ils ne prendront rang dans l'appel qu'après les veufs sans enfans.

151. Le garde national désigné pour faire partie d'un corps détaché pourra se faire remplacer par un Français âgé de 18 ans à 40 ans.

Le remplaçant devra être agréé par le conseil de révision.

152. Si le remplaçant est appelé à servir pour son compte dans un corps détaché de la garde nationale, le remplacé sera tenu d'en fournir un autre ou de marcher lui-même.

153. Le remplacé sera, pour le cas de désertion, responsable de son remplaçant.

154. Lorsqu'un garde national porté sur le rôle du service ordinaire se sera fait remplacer dans un corps détaché de la garde nationale, il ne cessera pas pour cela de concourir au service ordinaire de la garde nationale.

Section III. — *Formation, nomination aux emplois, et administration des corps détachés de la garde nationale.*

155. Les corps détachés de la garde nationale, en vertu des articles 138 et 139, seront organisés par bataillon d'infanterie, et par escadron ou compagnie pour les autres armes. Le Roi pourra ordonner la réunion de ces bataillons ou escadrons en légions.

156. Des ordonnances du Roi détermineront l'organisation des bataillons, escadrons et compagnies; le nombre, le grade des officiers; la composition et l'installation des conseils d'administration.

157. Pour la première organisation, les caporaux et sous-officiers, les sous-lieutenans et lieutenans seront élus par les gardes nationaux. Néanmoins, les fourriers, sergens-majors, maréchaux-des-logis

chefs, et adjudans sous-officiers, seront désignés par les capitaines et nommés par les chefs de corps.

Les officiers comptables, les adjudans-majors, les capitaines et les officiers supérieurs seront à la nomination du Roi.

158. Les officiers à la nomination du Roi pourront être pris indistinctement dans la garde nationale, dans l'armée ou parmi les militaires en retraite.

159. Les corps détachés de la garde nationale, comme auxiliaires de l'armée, sont assimilés, pour la solde et les prestations en nature, à la troupe de ligne.

Une ordonnance du Roi déterminera les premières mises, les masses et les accessoires de la solde.

Les officiers, sous-officiers et soldats jouissant d'une pension de retraite, cumuleront, pendant la durée du service, avec la solde d'activité des grades qu'ils auront obtenus dans les corps détachés de la garde nationale.

160. L'uniforme et les marques distinctives des corps détachés seront les mêmes que ceux de la garde nationale en service ordinaire.

Le gouvernement fournira l'habillement, l'armement et l'équipement aux gardes nationaux qui n'en seraient pas pourvus, ou qui n'auraient pas le moyen de s'équiper et de s'armer à leurs frais.

SECTION IV. — *Discipline des corps détachés.*

161. Lorsque les corps détachés de la garde nationale seront organisés, ils seront soumis à la discipline militaire.

Néanmoins, lorsque les gardes nationaux refuseront d'obtempérer à la réquisition, ils seront punis d'un emprisonnement qui ne pourra excéder deux ans; et lorsqu'ils quitteront leur corps sans autorisation, hors de la présence de l'ennemi, ils seront punis d'un emprisonnement qui ne pourra excéder trois ans.

Dispositions générales.

162. Sont et demeurent abrogées toutes les dispositions des lois, décrets et ordonnances, relatives à l'organisation et à la discipline des gardes nationales.

Sont et demeurent abrogées les dispositions relatives au service et à l'administration des gardes nationales, qui seraient contraires à la présente loi.

INSTRUCTION

SUR

LES CONSEILS DE DISCIPLINE.

PREMIÈRE PARTIE.

TITRE PREMIER.

Organisation des conseils de discipline.

(§ II de la sect. VIII de la loi.)

I. Il doit exister un conseil de discipline,

1° Par bataillon isolé, communal ou cantonnal, et par bataillon compris dans une légion;

2° Par commune ayant une ou plusieurs compagnies non réunies en bataillon;

3° Par compagnie formée des gardes nationaux de plusieurs communes, et non comprise dans un bataillon. (*Art.* 94 *de la loi.*)

II. Le conseil de discipline d'un bataillon se compose de sept juges, savoir :

Le chef de bataillon, président;
Un capitaine;
Un lieutenant ou sous-lieutenant;
Un sergent;
Un caporal;
Deux gardes nationaux (97).

Le conseil de discipline de la garde nationale

d'une commune ayant une ou plusieurs compagnies non réunies en bataillon, ou d'une compagnie formée des gardes nationaux de plusieurs communes, se compose de cinq juges, savoir :

Un capitaine, président ;
Un lieutenant ou un sous-lieutenant ;
Un sergent ;
Un caporal ;
Un garde national (96).

III. Lorsqu'il s'agit de juger un officier, la composition du conseil doit éprouver certaines modifications, qui donnent à l'inculpé de nouvelles garanties.

Dans ce cas, les deux membres du grade le moins élevé, c'est-à-dire les deux gardes nationaux dans le conseil de sept juges, le garde et le caporal dans le conseil de cinq juges, sont remplacés par deux officiers du grade du prévenu.

Ces deux officiers sont pris à leur rang, sur le tableau dressé pour la formation du conseil de discipline, et dont je parlerai plus tard (n° XI).

S'il ne se trouve point, dans le ressort du conseil de discipline, deux officiers du grade de l'inculpé, le sous-préfet doit les désigner par la voie du sort parmi ceux du canton, ou, à défaut, parmi ceux de l'arrondissement.

Enfin, dans le cas où un chef de bataillon doit être jugé, MM. les préfets sont appelés à désigner, par la voie du sort, deux chefs de bataillon des cantons ou des arrondissemens circonvoisins (100).

Si l'officier qu'il s'agit de juger est un des membres du conseil, il doit être remplacé par celui qui le suit immédiatement dans l'ordre du tableau. Mais il peut arriver que le tableau ne présente aucun officier du même grade ; la loi n'ayant point prévu ce cas, il est naturel de penser que l'officier qui doit remplacer le prévenu doit être désigné comme il est dit ci-dessus pour les deux officiers qui doivent aussi entrer au conseil.

IV. Outre les membres du conseil appelés à remplir les fonctions de juges, il est attaché à chaque conseil un rapporteur et un secrétaire. (101, 102.)

Lorsque la Garde nationale d'une commune forme plusieurs légions, il est nommé, auprès de chaque conseil, un rapporteur-adjoint et un secrétaire-adjoint. (101.)

V. Les rapporteurs et secrétaires sont choisis par le sous-préfet, sur une liste de trois candidats présentée par le chef de légion, par le chef de bataillon s'il n'y a pas de légion, et par le capitaine commandant pour une ou plusieurs compagnies non-réunies en bataillon.

Ils sont nommés pour trois ans, et peuvent être, après ce temps, continués dans leurs fonctions. (103.)

VI. Les termes des trois articles 101, 102 et 103, combinés entre eux, ne présentant point une parfaite concordance, il s'est élevé, sur cette partie de la loi, de sérieuses difficultés d'interprétation.

Les uns ont pensé que les rapporteurs et secrétaires devaient être choisis exclusivement parmi les gardes nationaux déjà portés par l'élection aux grades correspondans à ces fonctions; les autres, qu'ils pouvaient être pris indistinctement parmi tous les gardes nationaux.

Le doute qui a été soulevé est un motif suffisant de ne pas donner de décision obligatoire sur ce point, et de laisser toute latitude pour adopter celle des deux opinions qui sera jugée préférable.

C'est à la cour de cassation seule qu'il appartient de prononcer sur une question de compétence judiciaire; et si des pourvois sont formés à cette occasion, par suite de la diversité d'interprétation qu'auraient adoptée quelques localités, des arrêts auront bientôt fixé la jurisprudence.

VII. Lorsque les rapporteurs et secrétaires ne sont pas choisis parmi les gardes nationaux déjà portés par l'élection aux grades correspondans à leurs fonctions, leur nomination doit leur conférer un rang qu'ils n'avaient point antérieurement.

La loi a laissé à cet égard une latitude qui permet de varier ce rang selon l'effectif du corps soumis à la juridiction de chaque conseil.

Ainsi, le rapporteur d'un conseil de bataillon devant avoir le rang de capitaine ou de lieutenant (101), il y aurait lieu de lui conférer le rang de capitaine, si le bataillon se compose de six compagnies; et de lieutenant, si le bataillon a moins de six compagnies.

Le rapporteur d'un conseil formé pour une ou plusieurs compagnies non réunies en bataillon, pouvant être officier ou sous-officier (102), il aurait rang de sous-lieutenant, si le conseil a 150 hommes au moins sous sa juridiction; et de sergent-major, si les justiciables du conseil sont en moindre nombre.

Il doit être conféré au secrétaire le rang immédiatement inférieur à celui du rapporteur (101, 102); et au rapporteur-adjoint et au secrétaire-adjoint, le rang inférieur à celui du rapporteur et du secrétaire (101).

VIII. Les fonctions de rapporteur et de secrétaire exigent une instruction et une aptitude spéciales; celles des rapporteurs, surtout, sont d'une grande importance : chargés de provoquer les condamnations, c'est à eux qu'il appartient de donner une bonne direction à l'action disciplinaire, et de prévenir tout relâchement dans l'application des peines.

Les chefs de corps doivent consulter ces nécessités, pour le choix des candidats qu'ils ont à présenter aux sous-préfets.

IX. La loi confère aux préfets le droit de révoquer, sur l'avis du maire et du chef de corps, les rapporteurs et secrétaires (103), et place ainsi ces derniers sous la surveillance de l'autorité administrative.

MM. les préfets devront donc se faire fréquemment rendre compte de la manière dont ils remplissent leurs fonctions, et veiller à ce qu'aucun d'eux ne nuise, par sa négligence, à la régularité du service.

Dans le cas de révocation, comme dans tous ceux où les fonctions de rapporteur et de secrétaire deviennent vacantes, il est procédé au remplacement par le mode indiqué pour la nomination (103).

X. Sont appelés à faire partie des conseils,

1° Tous les officiers, sous-officiers, caporaux ou brigadiers;

2° Un nombre de gardes nationaux portés au contrôle du service ordinaire, double de celui des officiers, sous-officiers, et caporaux ou brigadiers.

L'autorité locale étant chargée de la désignation de ces gardes nationaux (105), elle usera, sans doute, de ce pouvoir discrétionnaire pour la meilleure composition du conseil.

XI. Le président du conseil de recensement, assisté, savoir : du chef de bataillon, pour un conseil de discipline de bataillon, et du capitaine-commandant, là où il n'y a pas de bataillon, dressera un tableau formé d'autant de colonnes qu'il y a de grades. Chacun de ceux qui doivent faire partie du conseil sera placé, par rang d'âge, dans la colonne qui lui est relative.

Ce tableau sera signé du président du conseil de recensement et de l'officier qui l'aura assisté (105).

XII. Il peut arriver qu'il y ait plusieurs conseils de recensement dans le ressort d'un même conseil de discipline; ce qui a lieu lorsque ce conseil est établi pour une compagnie ou pour un bataillon formés des gardes nationales de plusieurs communes.

Dans ce cas, il convient que les diverses communes qui ressortissent d'un même conseil de discipline, concourent pour sa composition, proportionnellement à la force numérique de leurs gardes nationales.

Le président du conseil de recensement de chacune des communes dont les gardes nationales sont justiciables d'un même conseil de discipline, doivent, en se faisant assister du commandant de la garde communale, former un tableau de tous les officiers, sous-officiers et caporaux de la localité, et d'un nombre double de gardes nationaux.

Le tableau de chaque commune, signé du maire et du commandant qui l'aura assisté, sera transmis au sous-préfet, qui devra fondre tous ces tableaux en un tableau général, par conseil, et y classer, par rang de grade et d'âge, tous les officiers, sous-officiers, caporaux et gardes compris dans les tableaux partiels.

Les signatures du sous-préfet et du chef de corps devront être apposées au bas du tableau général.

XIII. Le tableau sera affiché dans la salle des séances du conseil, afin que chaque garde national en puisse prendre connaissance. (105).

Le président du conseil de recensement, ou le sous-préfet qui aura dressé le tableau, fera connaître, par lettre, à chacun de ceux qui y sont portés, qu'il est inscrit sur le tableau des juges, à la colonne de tel grade, et à tel rang.

Ceux qui doivent les premiers faire partie du conseil seront avertis, aussi par lettre, qu'ils sont appelés à y siéger, en qualité de président ou de juges, pendant quatre mois, à dater de telle époque,

XIV. Il y aura lieu de modifier le tableau des membres du conseil en plusieurs cas, par exemple:

1° Lorsque, par décès, incompatibilité, raison d'âge, exemption, etc., un de ceux qui y seront portés cessera de faire partie de la garde nationale;

2° Lorsque, par réélection ou privation de grade, un officier, sous-officier ou garde national, aura changé de position;

3° Lorsque, après trois condamnations disciplinaires, ou une condamnation correctionnelle, un des inscrits au tableau aura dû en être rayé pour une année, aux termes de l'article 108, etc., etc.

Dans tous les cas de modifications, il sera procédé aux radiations et remplacemens dans la forme indiquée pour la formation du tableau, et par les mêmes autorités.

Toute réclamation pour être réintégré au tableau, ou pour en faire rayer un garde national, en vertu de l'article 108, doit être portée devant le jury de révision. (109.)

XV. Les juges sont pris successivement (1) d'après leur ordre d'inscription au tableau (107), et renouvelés tous les quatre mois, toujours d'après l'ordre du tableau. Néanmoins, s'il n'y a point d'officier du même grade que le président ou quelqu'un des juges, ils ne sont pas remplacés (104).

Le juge qui, ayant été appelé à en remplacer un autre, aurait siégé moins de quatre mois, n'en devra pas moins sortir du conseil à l'époque du renouvellement.

Les juges appelés, dans l'ordre du tableau, à remplacer les juges sortans, sont prévenus de leur

(1) La loi désignant, comme juge, un lieutenant *ou* sous-lieutenant (art. 96 et 97), la colonne des lieutenans devra être épuisée, avant que les sous-lieutenans soient appelés à siéger au conseil.

entrée en fonctions, de la même manière que ci-dessus, et par les mêmes autorités (nº XII).

XVI. Dans les communes qui n'ont qu'un seul conseil de discipline, les gardes nationaux faisant partie des corps spéciaux (artillerie, sapeurs-pompiers, cavalerie, etc.), sont justiciables de ce conseil.

S'il y a plusieurs bataillons dans un canton, les gardes nationaux des corps spéciaux seront justiciables du même conseil que les compagnies d'infanterie de leurs communes.

S'il y a plusieurs bataillons dans la commune, c'est au préfet qu'il appartient de désigner le conseil dont les corps spéciaux seront justiciables.

Dans ces trois cas, les corps spéciaux, par leurs officiers, sous-officiers, et gardes en nombre proportionnel, concourront à la formation du tableau du conseil de discipline dont ils doivent ressortir.

Lorsqu'en vertu d'une ordonnance royale, les corps spéciaux sont réunis en légion, ils doivent alors avoir un conseil de discipline particulier (106).

Ce conseil sera composé sur les mêmes bases que les conseils d'infanterie (nº X).

Le tableau des membres qui doivent y siéger sera dressé par le président du conseil de recensement, si ces corps spéciaux sont formés dans une commune; par le sous-préfet, s'ils sont formés des gardes nationaux de plusieurs communes, sur des tableaux partiels transmis par les présidens des conseils de recensement, ainsi qu'il est dit ci-dessus, (nº XI et XII.)

XVII. Le conseil de discipline institué pour une compagnie formée des gardes nationales de plusieurs communes, doit siéger dans la commune la plus populeuse (99).

XVIII. Les conseils sont permanens; ils ne peuvent juger que lorsque cinq juges, au moins, sont présens dans les conseils de sept juges, et trois dans ceux de cinq juges (104).

XIX. Les conseils de discipline, comme tous les autres tribunaux, ne pouvant entrer en fonctions avant d'avoir été constitués, le maire de chacune des communes où siége un conseil, devra procéder à l'installation de ce conseil, en séance publique, indiquée à cet effet quelques jours à l'avance, soit par la voie du journal du lieu, s'il y en a, soit, à défaut, par affiche.

L'installation des conseils formés pour des bataillons compris dans une légion aura lieu en présence du colonel et du lieutenant-colonel.

A l'ouverture de la séance, il sera dit, par le maire, qu'en vertu de l'article 96 ou de l'art. 97 de la loi du 22 mars, et d'après le tableau dressé et déposé conformément à l'article 105, sont appelés à composer le conseil de tel bataillon communal ou cantonnal, ou de la compagnie, ou des compagnies d'une ou plusieurs communes, M..., chef de bataillon ou capitaine, en qualité de président, MM....., capitaine, lieutenant, etc., en qualité de juges;

Que, conformément à l'article 101 ou à l'article 102, par décision du préfet ou du sous-préfet, en date de tel jour, MM..... sont appelés à remplir, auprès du conseil, les fonctions de rapporteur, secrétaire, rapporteur-adjoint, secrétaire-adjoint, avec tel rang.

Les membres composant le conseil, les rapporteurs et secrétaires, et leurs adjoints, prêteront ensuite, entre les mains du maire, le serment de *fidélité au Roi des Français, d'obéissance à la charte constitutionnelle et aux lois du royaume*, imposé par la loi du 31 août 1830 à tous les fonctionnaires de l'ordre judiciaire. Cette formalité remplie, le maire déclarera le conseil de discipline institué, en vertu de l'article 94 de la loi du 22 mars, pour exercer la juridiction qui lui est attribuée par cette même loi.

Il sera dressé procès-verbal de cette séance, et il y sera fait mention expresse de la prestation de serment.

Il sera donné connaissance aux gardes nationaux, par la voie de l'ordre du jour, de l'installation du conseil et de son entrée en exercice.

Le président du conseil pourra alors le convoquer, sur la réquisition du rapporteur, conformément à l'article 113.

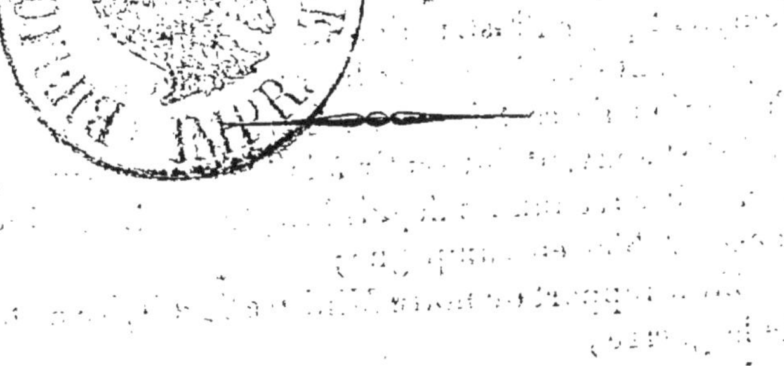

ORDONNANCE.

LOUIS-PHILIPPE, Roi des Français,

A tous présens et à venir, salut :

Considérant que l'expérience a fait reconnaître que l'ordonnance du 1er août 1791, portant règlement sur l'exercice et les manœuvres de l'infanterie, avait besoin d'être revue dans quelques-unes de ses parties;

Qu'elle présentait d'ailleurs des lacunes, notamment pour l'instruction des tirailleurs;

Voulant établir sur des bases fixes et uniformes l'adoption de certaines manœuvres dont la nécessité s'est souvent fait sentir à la guerre, et supprimer celles reconnues depuis long-temps inutiles ou inexécutables en campagne;

Sur le rapport de notre Ministre Secrétaire d'état de la guerre,

Nous avons ordonné et ordonnons ce qui suit :

TITRE PREMIER.

ARTICLE PREMIER.

FORMATION D'UN RÉGIMENT EN BATAILLE.

1. Quelle que soit la place d'une brigade dans l'ordre de bataille, les régimens dont elle se com-

posera seront placés de la droite à la gauche, dans l'ordre de leurs numéros. Si la brigade se compose d'infanterie légère et d'infanterie de ligne, l'infanterie légère prendra la droite.

2. (Pl. Ire, *fig.* 1re *et* 2.) Quelle que soit la place d'un régiment dans une brigade, les bataillons qui le composent seront placés de la droite à la gauche, dans l'ordre de leurs numéros. L'intervalle entre les bataillons sera de seize mètres [vingt-quatre pas].

3. Dans les régimens de deux bataillons, les compagnies seront placées de la droite à la gauche dans chaque bataillon, de la manière suivante : dans le premier bataillon, la première compagnie de grenadiers ou de carabiniers, les compagnies des septième, premier, neuvième, troisième, onzième et cinquième capitaines de fusiliers ou de chasseurs, et la première compagnie de voltigeurs; dans le second bataillon, la deuxième compagnie de grenadiers ou de carabiniers, les compagnies des huitième, deuxième, dixième, quatrième, douzième et sixième capitaines de fusiliers ou de chasseurs, et la seconde compagnie de voltigeurs.

4. Dans les régimens de trois bataillons, les compagnies seront placées de la droite à la gauche, dans l'ordre suivant : dans le premier bataillon, la première compagnie de grenadiers ou de carabiniers, les compagnies des dixième, premier, treizième, quatrième, seizième et septième capitaines de fusiliers ou de chasseurs, et la première

compagnie de voltigeurs; dans le second bataillon, la deuxième compagnie de grenadiers ou de carabiniers, les compagnies des onzième, deuxième, quatorzième, cinquième, dix-septième et huitième capitaines de fusiliers ou de chasseurs, et la deuxième compagnie de voltigeurs; dans le troisième bataillon, la troisième compagnie de grenadiers ou de carabiniers, les compagnies des douzième, troisième, quinzième, sixième, dix-huitième et neuvième capitaines de fusiliers ou de chasseurs, et la troisième compagnie de voltigeurs.

5. Chaque compagnie formera un peloton. Les pelotons seront désignés par les noms de *grenadiers, carabiniers*, ou *premier peloton*, *second*, *troisième*, *quatrième*, *cinquième*, *sixième*, *septième peloton*, et *voltigeurs*, ou *huitième peloton*, en commençant par la droite et finissant par la gauche de chaque bataillon.

6. Le premier et le second peloton de chaque bataillon formeront la première division; le troisième et le quatrième peloton, la seconde; le cinquième et le sixième peloton, la troisième; enfin, le septième et le huitième peloton formeront la quatrième division.

7. Les quatre premiers pelotons de chaque bataillon formeront le *demi-bataillon de droite*; les quatre derniers pelotons, *le demi-bataillon de gauche*.

8. Chaque peloton sera partagé en deux parties égales, qui seront désignées par le nom de *section*.

Celle de droite sera appelée *première section*; celle de gauche, *seconde section*.

9. Chaque compagnie sera habituellement formée sur trois rangs de la manière suivante : les trois hommes les plus grands formeront la première file ; les trois plus grands après ceux-ci, la seconde file, et ainsi de suite jusqu'à la dernière file, qui sera composée des trois hommes les plus petits.

10. La distance d'un rang à l'autre sera de trente-trois centimètres (un pied), qui seront mesurés de la poitrine des hommes du second et du troisième rang au dos de l'homme qui les précède respectivement dans leur file, ou à son havre-sac, quand le soldat sera chargé.

11. Lorsqu'on devra manœuvrer, les pelotons seront égalisés dans chaque bataillon, en reversant, s'il y a lieu, des hommes d'une compagnie dans l'autre.

12. Les régimens étant sur le pied de paix, lorsqu'ils devront manœuvrer, les pelotons seront formés sur deux rangs, afin d'occuper à peu près la même étendue qu'ils occuperaient sur trois rangs, s'ils étaient sur le pied de guerre.

Places de bataille des Officiers, Sous-officiers et Caporaux.

13. Le capitaine à la droite de son peloton, au premier rang.

14. Le lieutenant en serre-file, à deux pas derrière le centre de la seconde section.

15. Le sous-lieutenant en serre-file, à deux pas derrière le centre de la première section.

16. Le sergent-major, derrière la seconde section, à la gauche du lieutenant.

17. Le premier sergent derrière le capitaine, au troisième rang. Ce sergent, désigné par le nom de *sous-officier de remplacement*, sera guide de droite de son peloton dans les manœuvres.

18. Le second sergent derrière la gauche de la seconde section, en serre-file. Ce sergent sera guide de gauche de son peloton dans les manœuvres.

19. Le troisième sergent derrière la droite de la seconde section, en serre-file.

20. Le quatrième sergent derrière la gauche de la première section, en serre-file.

21. Le fourrier derrière la première section, à la droite du sous-lieutenant, en serre-file.

22. Dans le huitième peloton de chaque bataillon, le second sergent sera placé à la gauche du premier rang du bataillon, ayant derrière lui un caporal au troisième rang.

23. Les caporaux seront placés au premier et au troisième rang, à la droite et à la gauche de chaque section, suivant leur taille.

24. Le remplacement des officiers et des sous-officiers, lorsqu'il sera nécessaire pour manœuvrer, se fera de grade en grade dans chaque compagnie; mais en l'absence du capitaine et du lieutenant d'une compagnie, le commandant du régiment enverra pour la commander, s'il le juge

convenable, un lieutenant d'une autre compagnie.

Places de bataille des Officiers Supérieurs, Adjudans-majors et Adjudans.

25. Le colonel et tous les officiers supérieurs seront à cheval; les adjudans-majors et les adjudans seront à pied.

26. Le colonel, ayant à sa droite le lieutenant-colonel et à sa gauche le major, sera placé à cinquante pas en arrière des serre-files, vis-à-vis le centre de son régiment. Lorsque le major sera absent, le lieutenant-colonel se placera à la gauche du colonel.

27. Chaque chef de bataillon sera placé à trente pas des serre-files, derrière le centre de son bataillon.

28. L'adjudant-major de chaque bataillon sera placé à huit pas des serre-files, derrière le centre du demi-bataillon de droite.

29. L'adjudant de chaque bataillon sera placé à huit pas des serre-files, derrière le centre du demi-bataillon de gauche.

Places des Sapeurs, Tambours, Clairons et Musiciens.

30. Les sapeurs, formés sur deux rangs, seront placés à la droite du régiment, ayant leur gauche à quatre pas du premier peloton.

31. Les tambours et les clairons de chaque ba-

taillon, formés sur deux rangs, seront placés à vingt pas des serre-files derrière le cinquième peloton de leur bataillon, le tambour-major à la tête des tambours du premier bataillon, les caporaux-tambours à la tête des tambours de leurs bataillons. Les musiciens, formés sur trois rangs, seront placés à deux pas derrière les tambours du premier bataillon.

Garde du Drapeau.

32. Dans les régimens de deux bataillons, le drapeau sera placé au premier bataillon; dans les régimens de trois bataillons, il sera placé au second. Dans les autres bataillons, le drapeau sera remplacé par un *fanion*, qui aura dans les manœuvres la dénomination de *drapeau*.

33. Dans chaque bataillon, la garde du drapeau sera composée de huit caporaux: elle sera placée à la gauche de la seconde section du quatrième peloton, et fera partie de cette section.

34. Il sera choisi, dans chacune des compagnies du bataillon, un caporal pour faire partie de cette garde.

35. Le premier rang de la garde du drapeau sera composé du porte-drapeau, ayant à sa droite le caporal de grenadiers, et à sa gauche celui de voltigeurs.

36. Les deux autres rangs seront formés chacun de trois caporaux de fusiliers.

37. On placera de préférence au second rang de la garde du drapeau les trois caporaux de fusi-

liers qui auront le plus de régularité et de précision, tant pour la position sous les armes que pour la marche.

38. Les caporaux de la garde du drapeau porteront l'arme dans le bras droit, et auront toujours la baïonnette au canon.

39. Le commandant du régiment désignera, dans les bataillons qui n'auront pas de drapeau, un sergent-major ou un sergent pour porter le fanion.

Guides généraux.

40. Il y aura deux guides généraux dans chaque bataillon; ils seront choisis parmi les sergens qui auront le plus de régularité, tant pour la position sous les armes que pour la marche.

41. Les guides généraux seront désignés par les noms de *guide général de droite* et de *guide général de gauche;* ils seront placés sur le rang des serre-files, le premier derrière la droite du premier peloton, le second derrière la gauche du huitième.

ARTICLE II.

INSTRUCTION DES RÉGIMENS.

42. Le colonel, et, en son absence, l'officier supérieur qui commandera le régiment, sera responsable de l'instruction générale des officiers, des sous-officiers et des soldats.

43. Les chefs de bataillon seront responsables,

envers le colonel, de l'instruction de leurs bataillons.

44. L'instruction des régimens sera dirigée de manière qu'à l'époque des inspections ils aient successivement parcouru tout ce que renferme la présente ordonnance.

45. Chaque année, à l'époque où l'on commencera l'instruction générale, l'école du soldat et l'école de peloton seront faites dans chaque compagnie, sous la direction et la responsabilité du capitaine.

Instruction des Officiers.

46. L'instruction des officiers ne pouvant être solidement établie qu'en joignant la théorie à la pratique, il y aura dans chaque régiment une instruction de théorie indépendamment des exercices sur le terrain.

47. En conséquence le commandant du régiment assemblera les officiers aussi souvent qu'il le jugera nécessaire, soit chez lui, soit chez l'officier supérieur de chaque bataillon, pour leur expliquer ou faire expliquer tous les principes relatifs aux différentes écoles.

48. L'instruction des officiers supérieurs et des capitaines embrassera tout ce que renferme la présente ordonnance; celle des lieutenans et des sous-lieutenans embrassera tout ce qui est compris dans les trois écoles du soldat, de peloton et de bataillon, ainsi que dans l'instruction pour les tirailleurs.

49. Nul officier ne sera réputé instruit qu'autant qu'il sera en état de commander et d'expliquer parfaitement tout ce qui est compris dans les différentes parties de l'ordonnance qu'il doit connaître.

50. On ne s'attachera, dans cette instruction, qu'aux principes et à l'esprit des évolutions, sans jamais exiger que les officiers en apprennent littéralement le texte.

51. Les officiers seront exercés quelquefois à la marche par un des officiers supérieurs, qui s'attachera, avec le plus grand soin, à leur faire contracter l'habitude de former des pas égaux en longueur et en vitesse.

Instruction des Sous-officiers.

52. L'instruction des sous-officiers embrassera l'école du soldat et celle de peloton; ils seront tenus de savoir exécuter eux-mêmes avec précision, outre le maniement des armes qui leur est particulier, tout ce qui a rapport au maniement des armes du soldat, aux feux et à la marche.

53. Les adjudans-majors et les adjudans seront spécialement chargés de l'instruction des sous-officiers; ils commenceront par les exercer avec le plus grand soin à l'école du soldat et au maniement des armes qui leur est particulier.

54. Cette première instruction étant assurée, on réunira les sous-officiers de chaque bataillon pour en former un peloton sur trois rangs, auquel on attachera un chef de peloton, un sous-officier de remplacement et des serre-files. Ce peloton sera

exercé par l'adjudant-major et l'adjudant, dans la progression indiquée à l'école de peloton. Tous les sous-officiers rempliront alternativement, dans ce peloton, les fonctions de chef de peloton, de chef de section et de guides.

55. Cette instruction ayant principalement pour objet de mettre les sous-officiers en état de bien instruire les soldats, on leur expliquera tous les principes des deux premières écoles, d'abord sur le terrain, et ensuite dans des théories particulières. Ces théories et ces exercices devront comprendre les diverses fonctions des guides dans les manœuvres du bataillon.

56. Les commandans des régimens feront exercer fréquemment les porte-drapeau avec leur garde, et les guides généraux, à la marche en bataille. On s'attachera, avec une attention scrupuleuse, à faire contracter aux porte-drapeau et aux guides généraux l'habitude de se prolonger, sans varier, sur une direction donnée, et d'observer avec la plus grande précision la longueur ainsi que la cadence du pas.

Instruction des Caporaux.

57. L'instruction des caporaux embrassera l'école du soldat et le maniement des armes particulier aux sous-officiers. Ils feront partie du peloton qui doit être formé par bataillon pour l'instruction des sous-officiers, et seront, comme eux, exercés aux fonctions de guides.

58. Cette instruction ayant également pour ob-

jet de mettre les caporaux en état d'instruire les recrues, on leur expliquera fréquemment les différentes parties de l'école du soldat sur le terrain et dans les théories.

59. Les adjudans seront chargés de l'instruction pratique et théorique des caporaux, sous la surveillance des adjudans-majors.

TITRE II.

ÉCOLE DU SOLDAT.

RÈGLES GÉNÉRALES ET DIVISION DE L'ÉCOLE DU SOLDAT.

1. Cette école, qui a pour objet l'instruction des recrues, devant influer d'une manière sensible sur l'instruction des compagnies, dont dépend celle des bataillons et des régimens, doit être établie avec le plus grand soin. Elle sera dirigée par un officier supérieur. On y attachera le nombre d'officiers, de sous-officiers et de caporaux nécessaire, choisis parmi ceux qui auront le plus d'aptitude, et pris, autant que possible, en nombre égal dans chaque compagnie.

2. Les nouveaux officiers seront toujours employés, pendant six mois au moins, à l'école des recrues, et ne cesseront d'y être attachés que sur l'ordre du commandant du régiment.

3. Lorsqu'il y aura un certain nombre de re-

crues en état de passer à l'école de peloton, l'officier supérieur donnera l'ordre de les réunir; il désignera les officiers et les sous-officiers qui devront être chargés de cette instruction, et y fera observer la progession prescrite dans l'école de peloton.

4. Lorsqu'un ou plusieurs des hommes de recrue qui composent ce peloton seront en état de passer au bataillon, ils y seront admis sur l'ordre de l'officier supérieur, qui en fera prévenir les chefs de leurs compagnies.

5. L'école du soldat sera divisée en trois parties : la première partie comprendra ce qu'on doit enseigner à l'homme de recrue avant de lui faire porter l'arme; la seconde, le maniement des armes, les charges et les feux; la troisième, les principes d'alignement, la marche de front, les différens pas, la marche de flanc, les principes des conversions et ceux des changemens de direction.

6. Chaque partie sera divisée en quatre leçons, ainsi qu'il suit :

PREMIÈRE PARTIE.

1re *leçon.*	Position du soldat sans arme.
	Mouvement de tête à droite et à gauche.
2e *leçon.*	A droite, à gauche, demi-tour à droite.
3e *leçon.*	Principes du pas ordinaire direct.
4e *leçon.*	Principes du pas ordinaire oblique.

DEUXIÈME PARTIE.

1re *leçon.*	Principes du port d'armes.
2e *leçon.*	Maniement des armes.

3e *leçon*. Charges en quatre temps et à volonté.
4e *leçon*. Feux directs, obliques et de deux rangs.

TROISIÈME PARTIE.

1re *leçon*. Réunion de six à neuf hommes pour les principes d'alignement.
2e *leçon*. Marche de front et les différens pas.
3e *leçon*. Marche de flanc.
4e *leçon*. Principes des conversions et des changemens de direction.

7. Chaque leçon sera suivie d'observations qui auront pour objet de démontrer l'utilité des principes qu'on y aura prescrits. Les instructeurs ne sauraient trop s'attacher à les étudier, et à en faire l'application lorsqu'ils instruiront des recrues.

8. Le ton du commandement sera toujours animé, et d'une étendue de voix proportionnée au nombre des hommes qu'on exercera.

9. Il y aura deux sortes de commandement : les commandemens d'avertissement, et ceux d'exécution.

10. Les commandemens d'avertissement, qui seront distingués dans l'ordonnance par des lettres italiques, seront prononcés distinctement et dans le haut de la voix, en alongeant un peu la dernière syllabe.

11. Les commandemens d'exécution seront distingués dans l'ordonnance par des majuscules, et seront prononcés d'un ton ferme et bref.

12. Les commandemens dont l'énonciation sera

séparée dans l'ordonnance par des tirets seront coupés de même en les prononçant.

13. Les instructeurs expliqueront toujours ce qu'ils enseigneront en peu de paroles, claires et précises; ils exécuteront toujours eux-mêmes ce qu'ils commanderont, afin de donner ainsi l'exemple en même temps qu'ils expliqueront le principe. Ils s'attacheront à accoutumer l'homme de recrue à prendre lui-même la position qu'il devra avoir, et ne le toucheront, pour le placer, que lorsque son défaut d'intelligence les y obligera.

PREMIÈRE PARTIE.

14. La première partie de l'école du soldat sera enseignée, autant que possible, homme par homme; on pourra réunir deux ou trois hommes au plus, lorsque le nombre des recrues à dresser et celui des instructeurs qu'on pourra employer y forceront. On placera alors ces hommes sur un rang, à un pas de distance l'un de l'autre. Le soldat sera sans armes.

PREMIÈRE LEÇON.

Position du Soldat.

15. (Pl. III, *fig.* 1re *et* 2.) Les talons sur la même ligne et rapprochés autant que la conformation de l'homme le permettra, les pieds un peu moins ouverts que l'équerre et également tournés en dehors, les genoux tendus sans les raidir, le corps d'aplomb sur les hanches et penché en avant,

les épaules effacées et également tombantes, les bras pendans naturellement, les coudes près du corps, la paume de la main un peu tournée en dehors, le petit doigt en arrière de la couture du pantalon, la tête droite sans être gênée, le menton rapproché du col sans le couvrir, les yeux fixés à terre à environ quinze pas devant soi.

Observations relatives à la position du Soldat.

Les talons sur la même ligne.

16. Parce que, s'il y en avait un qui fût plus en arrière que l'autre, l'épaule du même côté s'effacerait, ou bien la position du soldat serait gênée.

Les talons plus ou moins rapprochés.

Parce que les hommes cagneux et ceux qui ont la jambe forte ne peuvent pas les joindre.

Les pieds également tournés en dehors et point trop ouverts.

Parce que si un pied était plus tourné en dehors que l'autre, il entraînerait l'épaule, et que si les pieds étaient trop ouverts, il ne serait plus possible de faire porter le haut du corps en avant sans que la position devînt chancelante.

Les genoux tendus, mais sans raideur.

Parce que si l'homme les raidissait, il en résulterait pour lui de la gêne et de la fatigue.

Le corps d'aplomb sur les hanches.

Parce que c'est le moyen de donner à l'homme

un parfait équilibre. L'instructeur observera que la plupart des recrues ont la mauvaise habitude de baisser une épaule, de creuser un côté ou d'avancer une hanche, surtout la hanche gauche, lorsqu'on leur fait porter l'arme ; il s'attachera à corriger ces défauts.

Le haut du corps penché en avant.

Parce que les hommes de recrue sont ordinairement disposés à faire le contraire, à avancer le ventre, à creuser les reins, et à renverser les épaules, quand ils veulent se tenir droits, ce qui a de grands inconvéniens dans la marche, ainsi qu'il sera expliqué dans les observations sur les principes du pas. L'habitude de pencher le haut du corps en avant est si importante à faire contracter, que l'instructeur doit, dans les commencemens, rendre cette position même forcée, surtout pour les hommes dont la position naturelle présenterait la disposition contraire.

Les épaules effacées.

Parce que si l'homme avait les épaules en avant et le dos voûté, ce qui est le défaut ordinaire des hommes de la campagne, il ne pourrait ni s'aligner, ni manier son arme avec adresse ; il est donc très important de corriger ce défaut : en conséquence l'habillement des recrues devra avoir l'ampleur nécessaire pour ne pas gêner la position qu'on voudra leur donner, et l'instructeur, en faisant effacer les épaules, aura soin de ne pas les jeter en arrière, pour ne pas faire creuser les reins, ce qu'il faut éviter avec soin.

> Les bras pendans naturellement, les coudes près du corps, la paume de la main un peu tournée en dehors, le petit doigt en arrière de la couture du pantalon.

Parce qu'il est important, soit pour la perfection du port d'armes, soit pour n'occuper dans le rang que l'espace nécessaire pour pouvoir manier ses armes avec facilité, que le soldat ait les coudes bien placés. Cette position des bras, des coudes et des mains remplit ces divers objets, et a de plus l'avantage de faire effacer les épaules.

> La tête droite sans être gênée.

Parce que s'il y avait de la raideur dans la tête, elle se communiquerait à toute la partie supérieure du corps, dont elle gênerait les mouvemens, ce qui rendrait cette attitude pénible et fatigante.

> Les yeux fixés droit devant soi.

Parce que la position de la tête directe est le plus sûr moyen d'accoutumer les soldats à maintenir les épaules carrément, principe essentiel, auquel il faut les habituer avec le plus grand soin.

17. L'instructeur, ayant donné à l'homme de recrue la position du soldat sans armes, lui apprendra à tourner la tête à droite et à gauche : à cet effet il commandera :

1. *Tête* = A DROITE.
2. FIXE.

18. A la fin de la seconde partie du *premier* commandement, le soldat tournera la tête à droite, sans brusquer le mouvement, de manière que le coin de l'œil gauche du côté du nez réponde à la ligne des boutons de l'habit, les yeux fixés sur la ligne des yeux des hommes du même rang.

19. Au deuxième commandement, il replacera de même la tête dans la position directe, qui doit être la position habituelle du soldat.

20. Le mouvement de *Tête à gauche* s'exécutera par les moyens inverses.

21. L'instructeur veillera à ce que le mouvement de la tête n'entraîne pas les épaules, ce qui pourrait arriver si on le brusquait.

22. Lorsque l'instructeur voudra faire passer le soldat de l'état d'attention à celui de repos, il commandera :

REPOS.

23. A ce commandement, le soldat ne sera plus tenu à garder l'immobilité ni la position.

24. L'instructeur, voulant lui faire reprendre la position et l'immobilité, fera les commandemens suivans :

1. *Garde à vous.*

2. PELOTON.

25. Au premier commandement, le soldat fixera son attention : au deuxième, il reprendra la position prescrite, ainsi que l'immobilité.

DEUXIÈME LEÇON.

A droite, à gauche, demi-tour à droite.

26. Les à-droite et les à-gauche s'exécuteront en un temps. L'instructeur commandera :

1. *Peloton, par le flanc droit* (ou *gauche*).
2. A DROITE (OU A GAUCHE).

27. Au deuxième commandement, le soldat tournera sur le talon gauche, élevant un peu la pointe du pied gauche, et rapportera en même temps le talon droit à côté du gauche, et sur la même ligne.

28. Le demi-tour à droite s'exécutera en deux temps. L'instructeur commandera :

1. *Peloton.*
2. *Demi*-TOUR = A DROITE.

Premier temps.

29. Au commandement de *demi-tour*, le soldat fera un demi-à-droite, portera le pied droit en arrière, le milieu du pied vis-à-vis, et à huit centimètres (trois pouces) du talon gauche, saisira en même temps la giberne par le coin du coffret avec la main droite.

Second temps.

30. Au commandement de *à droite*, le soldat tournera sur les deux talons, en élevant un peu les pointes des pieds, les jarrets tendus; fera face en

arrière, rapportera en même temps le talon droit à côté du gauche, et lâchera la giberne.

31. Lorsque le soldat portera l'arme, il la tournera de la main gauche au premier temps du demi-tour à droite, comme il sera expliqué au premier mouvement de *présentez vos armes*, et la replacera dans la position du port d'armes, à l'instant où il rapportera le talon droit à côté du gauche.

32. L'instructeur veillera à ce que ces mouvemens ne dérangent pas la position du corps.

TROISIÈME LEÇON.

Principes du pas ordinaire direct.

33. La longueur du pas ordinaire direct sera de soixante-cinq centimètres (deux pieds) à compter d'un talon à l'autre; et sa vitesse de soixante-seize par minute.

34. L'instructeur, voyant l'homme de recrue affermi dans la position, lui expliquera le principe et le mécanisme du pas, en se plaçant à sept ou huit pas du soldat, et lui faisant face; il exécutera lui-même lentement le pas, afin de joindre ainsi l'exemple en même temps qu'il expliquera le principe; il commandera ensuite :

1. *Peloton, en avant.*
2. MARCHE.

35. Au premier commandement, le soldat portera le poids du corps sur la jambe droite.

36. (Pl. III, *fig.* 3.) Au deuxième commande-

ment, il portera vivement, mais sans secousse, le pied gauche en avant à soixante-cinq centimètres (deux pieds) du droit, le jarret tendu, la pointe du pied un peu baissée et légèrement tournée en dehors, ainsi que le genou; il portera en même temps le poids du corps en avant, et posera, sans frapper, le pied gauche à plat, précisément à la distance où il se trouve du droit, tout le poids du corps se portant sur le pied qui pose à terre. Le soldat passera ensuite vivement, mais sans secousse, la jambe droite en avant, le pied passant près de terre, le posera à la même distance et de la même manière qu'il vient d'être expliqué pour le pied gauche, et continuera de marcher ainsi, sans que les jambes se croisent, sans que les épaules tournent, et la tête restant toujours dans la position directe.

37. Lorsque l'instructeur voudra arrêter la marche, il commandera :

1. *Peloton.*

2. HALTE.

38. Au deuxième commandement, qui sera fait à l'instant où l'un ou l'autre pied indifféremment va poser à terre, le soldat rapportera le pied qui est en arrière à côté de l'autre, sans frapper.

Observations relatives aux principes du pas.

39. Porter le poids du corps sur la jambe droite au commandement de *peloton en avant.*

Pour disposer l'homme à former plus vivement son premier pas, ce qui est essentiel en troupe.

La pointe du pied baissée, mais sans affectation.

Parce que la pointe du pied baissée fait tendre le jarret, et dispose le pied à poser à plat.

La pointe du pied légèrement tournée en dehors.

Parce que si l'on tournait les pieds trop en dehors, le corps serait sujet à chanceler.

Le haut du corps en avant.

Afin que le poids du corps se porte sur le pied qui pose à terre, que le pied qui est en arrière puisse se lever aisément, et que le pas ne soit pas raccourci.

Marcher le jarret tendu.

Parce qu'une troupe ne pouvant, sans se gêner et se découdre, marcher comme si chaque homme était isolé; puisqu'il n'en existe pas deux qui marchent absolument de la même manière, il est nécessaire que les recrues apprennent à marcher un pas uniforme, qui soit marqué et cadencé, sans quoi il n'y aurait point d'ensemble.

Passer le pied près de terre.

Parce que si les soldats levaient la jambe plus qu'il ne faut, ils perdraient du temps et se fatigueraient inutilement. D'ailleurs, si, n'ayant pas un principe déterminé, ils levaient la jambe en ployant les genoux, les uns plus, les autres moins, les pieds ne poseraient pas en même temps à terre, et il n'y aurait ni cadence, ni ensemble.

Poser le pied à plat sans frapper.

Afin d'éviter le balancement du corps et le raccourcissement du pas qui auraient lieu nécessairement si le talon posait à terre le premier, ou si l'on frappait en posant le pied; ce dernier mouvement aurait encore l'inconvénient de fatiguer inutilement les soldats et de rompre la cadence, parce que les uns lèveraient le pied plus, les autres moins.

La tête directe.

Parce que la position de la tête directe empêche que les épaules ne tournent, et fait que le soldat marche carrément.

40. L'instructeur indiquera de temps en temps à l'homme de recrue la cadence du pas, en faisant le commandement de *un* à l'instant où il lève le pied, et celui de *deux* à l'instant où il doit le poser, et en observant la cadence de soixante-seize à la minute. Cette méthode contribuera infiniment à habituer les soldats à bien faire les deux temps dont le pas est naturellement composé.

QUATRIÈME LEÇON.

Principes du pas oblique.

41. La vitesse du pas ordinaire oblique sera, comme celle du pas ordinaire direct, de soixante-seize par minute: sa longueur va être indiquée ci-après.

42. Lorsque les hommes de recrue auront acquis l'habitude de bien former le pas direct, de faire les pas égaux en longueur et en vitesse, l'instructeur leur apprendra à marcher le pas oblique, et, pour en faire mieux comprendre le mécanisme, il le décomposera ainsi qu'il suit :

43. (Pl. II.) L'homme de recrue étant de pied ferme, l'instructeur lui fera porter le pied droit obliquement à droite en avant, à soixante-cinq centimètres (vingt-quatre pouces) du gauche, et à quarante-six centimètres (dix-sept pouces) sur le côté, observant de faire tourner un peu la pointe du pied droit en dedans, pour empêcher l'épaule gauche d'avancer : le soldat restera dans cette position.

44. Au commandement de *deux* fait par l'instructeur, l'homme de recrue portera le pied gauche, par la ligne la plus courte, à quarante-six centimètres (dix-sept pouces) en avant du talon droit, et restera dans cette position.

45. Il continuera à marcher de cette manière aux commandemens de *un* et de *deux*, en s'arrêtant à chaque pas, et en ayant la plus grande attention à maintenir les épaules carrément et la tête directe.

46. Le pas oblique à gauche s'exécutera d'après les mêmes principes ; mais le soldat partira d'abord du pied gauche.

47. Après quelques leçons de cette espèce, on fera marcher à l'homme de recrue le pas oblique à

droite et à gauche sans le décomposer, ce qui s'exécutera ainsi qu'il suit.

48. Le soldat étant en marche directe au pas ordinaire, l'instructeur commandera :

1. *Oblique à droite.*

2. MARCHE.

49. Au deuxième commandement, qui sera fait à l'instant où le pied gauche pose à terre, l'homme de recrue commencera le pas oblique à droite, en ayant soin de se conformer à ce qui a été prescrit ci-dessus relativement à la formation, à la longueur des pas, et à la carrure des épaules ; mais sans s'arrêter sur chaque pas, et en observant d'en faire soixante-seize par minute.

50. Le pas oblique à gauche s'exécutera d'après les mêmes principes. L'instructeur fera le commandement de *marche* à l'instant où le pied droit pose à terre.

51. Pour reprendre la marche directe, l'instructeur commandera :

1. *En avant.*

2. MARCHE.

52. Au second commandement, qui sera fait à l'instant où l'un ou l'autre pied indifféremment pose à terre, le soldat reprendra la marche directe et le pas de soixante-cinq centimètres (deux pieds).

Observations relatives au pas oblique.

53. L'instructeur veillera, comme dans la leçon

précédente, à ce que le soldat marche le jarret tendu, que le poids du corps porte sur le pied qui pose à terre, que les pieds se portent toujours par la ligne la plus courte à la place où ils doivent poser, que la tête reste toujours directe, et que les épaules ne tournent pas.

54. On exercera beaucoup les hommes de recrue à marcher ce pas, qui est difficile dans les commencemens, mais très utile dans les mouvemens de ligne; c'est d'ailleurs un moyen excellent de leur donner de l'aplomb et de les habituer à maintenir carrément la direction des épaules. Ainsi on les fera marcher obliquement cinquante ou soixante pas de suite, avant de leur faire reprendre la marche directe.

55. Lorsque l'homme de recrue saura bien former le pas oblique, l'instructeur ne s'attachera pas avec une précision rigoureuse à faire observer les mesures prescrites pour ce pas; il donnera pour principe essentiel au soldat de gagner le plus de terrain possible de côté, en en gagnant proportionnellement moins en avant, sans déranger la ligne des épaules, qui doit toujours être la même que dans la marche directe.

Observations générales relatives au pas direct et oblique.

56. Pour juger si la position du corps est conforme aux principes qui ont été prescrits, si le pas se forme régulièrement, et si le poids du corps se porte sur le pied qui pose à terre, l'in-

structeur se placera souvent à dix ou douze pas en avant, et face à l'homme de recrue; si, alors, il n'aperçoit pas la semelle des souliers lorsque le soldat lève et pose les pieds, s'il ne remarque ni mouvement dans les épaules ni balancement dans le haut du corps, il pourra être assuré que les principes sont bien observés.

57. Lorsqu'on montrera les principes du pas à deux ou trois hommes à la fois, on n'exigera point qu'ils s'occupent de l'alignement, pour ne pas trop partager leur attention. D'ailleurs, lorsqu'ils auront contracté l'habitude de faire des pas égaux en longueur et en vitesse, ils auront acquis le vrai moyen de conserver l'alignement.

58. L'instructeur doit observer aussi, dans le même cas de la réunion de deux ou trois hommes, de les placer à un pas l'un de l'autre, pour empêcher qu'ils ne prennent la mauvaise habitude d'écarter les coudes ou de s'appuyer sur l'homme qui est à côté d'eux.

SECONDE PARTIE.

RÈGLES GÉNÉRALES.

59. L'instructeur ne fera passer les hommes de recrue à cette seconde partie que lorsqu'ils seront bien affermis dans la position du corps et la formation du pas direct et oblique.

60. L'instructeur réunira alors trois hommes, qu'il placera sur un rang, coude à coude; et il leur montrera le port d'armes ainsi qu'il suit.

*

PREMIÈRE LEÇON.

Principes du port d'armes.

61. L'homme de recrue étant placé comme il a été prescrit dans la première leçon de la première partie, l'instructeur lui fera relever la main gauche sans plier le poignet, et ne faisant agir que l'avant-bras gauche. L'instructeur élèvera le fusil perpendiculairement, et le placera de la manière suivante :

62. (Pl. III, *fig.* 1re *et* 2.) L'arme dans la main gauche, le bras très peu ployé, le coude en arrière et joint au corps sans le serrer, la paume de la main serrée contre le plat extérieur de la crosse, son tranchant extérieur dans la première articulation des doigts, le talon de la crosse entre le premier et le second doigt, le pouce sur la vis, les deux derniers doigts sous la crosse, qui sera appuyée plus ou moins en arrière, suivant la conformation de l'homme, de manière que l'arme vue de face reste toujours perpendiculaire, et que le mouvement de la cuisse en marchant ne puisse pas la faire lever ni vaciller ; la baguette au défaut de l'épaule ; le bras droit pendant naturellement, comme il a été prescrit dans la première leçon de la première partie.

Observations relatives au port d'armes.

63. On rencontre souvent des hommes de recrue qui ont des défauts naturels dans la conformation des épaules, de la poitrine et des hanches : l'instructeur doit s'efforcer de corriger autant que

possible ces défauts, avant de faire porter l'arme au soldat, et doit avoir ensuite une attention suivie à régler le port d'armes suivant ces défauts de conformation, de manière que le coup d'œil général en soit uniforme, sans que les hommes soient gênés dans leurs positions.

64. Il observera que les hommes de recrue, lorsqu'ils commencent à porter l'arme, sont sujets à déranger la position du corps et surtout à renverser les épaules; ce qui fait que, l'arme manquant de point d'appui, ils descendent la main gauche pour empêcher que l'arme ne tombe, baissent l'épaule gauche, creusent le flanc, ouvrent les coudes, afin de reprendre l'équilibre, etc.

65. L'instructeur aura attention de corriger tous ces défauts et de rectifier continuellement la position des hommes; il leur ôtera quelquefois l'arme pour la replacer ensuite, évitera de les fatiguer dans les commencemens, et s'attachera à leur rendre peu à peu cette position si naturelle et si facile, qu'ils puissent la conserver long-temps sans fatigue.

66. Enfin, l'instructeur doit apporter beaucoup d'attention à ce que le port d'armes ne soit ni trop haut, ni trop bas : s'il était trop haut, il ferait ouvrir le coude gauche, le soldat occuperait par là trop d'espace dans le rang, et l'arme serait chancelante; s'il était trop bas, les files se trouveraient trop serrées, le soldat n'aurait pas l'espace nécessaire pour manier son arme avec facilité, le bras gauche fatiguerait trop, entraînerait l'épaule, etc.

67. L'instructeur, avant de passer à la seconde

leçon, fera répéter les mouvemens de *tête à droite* et de *tête à gauche*, ainsi que les *à-droite*, les *à-gauche* et les *demi-tours à droite*.

DEUXIÈME LEÇON.

Maniement des armes.

68. Le maniement des armes sera montré aux trois hommes placés d'abord sur un rang, coude à coude, et ensuite sur une file.

69. L'exécution de chaque commandement ne formera qu'un temps; mais ce temps sera divisé en mouvemens, afin d'en mieux faire connaître le mécanisme aux soldats.

70. La vitesse de chacun des mouvemens du maniement des armes, sauf les exceptions indiquées ci-après, est fixée à un quatre-vingt-dixième de minute; mais, afin de ne pas fatiguer l'attention des hommes de recrue, on ne s'attachera d'abord qu'à l'exécution des mouvemens, sans exiger qu'ils s'occupent de la cadence, à laquelle on ne les astreindra que progressivement, et lorsqu'ils seront familiarisés avec le maniement de leur arme.

71. Les mouvemens relatifs à la cartouche, à la baguette, et au placement et au déplacement de la baïonnette, ne peuvent pas être exécutés avec la vitesse qui vient d'être prescrite, ni même avec une vitesse uniforme. Ils ne seront donc point soumis à cette cadence. L'instructeur s'attachera à faire exécuter ces mouvemens avec promptitude, et surtout avec régularité.

72. Dans tous les autres temps du maniement des armes qui se composent de trois ou de quatre mouvemens, on précipitera les deux premiers.

73. La dernière syllabe du commandement décidera l'exécution brusque et vive du premier mouvement de chaque temps; les commandemens de *deux*, de *trois* et de *quatre* décideront celle des autres mouvemens. Dès que le soldat connaîtra bien la position des divers mouvemens d'un temps, on lui montrera à l'exécuter sans s'arrêter sur ces mouvemens; mais il en observera le mécanisme, afin d'assurer l'arme, et d'éviter les inconvéniens qui résultent de ce qu'on appelle *escamoter l'arme*.

74. Le maniement des armes sera montré dans la progression suivante. L'instructeur commandera :

L'arme = AU BRAS.

UN TEMPS ET TROIS MOUVEMENS.

Premier mouvement.

75. (Pl. IV, *fig.* 1re.) Empoigner brusquement l'arme à onze centimètres (quatre pouces) au dessous de la platine, sans tourner l'arme et en l'élevant un peu.

Deuxième mouvement.

76. Quitter la crosse de la main gauche, placer l'avant-bras gauche étendu sur la poitrine contre le chien, la main sur le téton droit.

Troisième mouvement.

77. Laisser tomber vivement la main droite à sa position.

78. Les soldats étant l'arme au bras, si l'instructeur veut les faire reposer, il commandera :

REPOS.

79. A ce commandement, les soldats porteront vivement la main droite à la poignée de l'arme, et ne seront plus tenus à garder l'immobilité ni la position.

80. Lorsque l'instructeur voudra faire passer les soldats de l'état de repos à celui d'immobilité, il commandera :

1. *Garde à vous.*

2. PELOTON.

81. Au second commandement, les soldats reprendront la position du troisième mouvement de l'*arme au bras.*

Portez = VOS ARMES.

UN TEMPS ET TROIS MOUVEMENS.

Premier mouvement.

82. Porter brusquement la main droite à la poignée de l'arme.

Deuxième mouvement.

83. Placer brusquement la main gauche sous la crosse.

Troisième mouvement.

84. Laisser tomber vivement la main droite à sa position, descendre en même temps l'arme avec la main gauche à la position du port d'armes.

Présentez = VOS ARMES.

UN TEMPS ET DEUX MOUVEMENS.

Premier mouvement.

85. (Pl. IV, *fig.* 2.) Tourner l'arme avec la main gauche, la platine en-dessus, et saisir en même temps la poignée du fusil avec la main droite, l'arme d'aplomb et détachée de l'épaule; laisser la main gauche sous la crosse.

Deuxième mouvement.

86. Achever de tourner l'arme avec la main droite pour l'apporter d'aplomb vis-à-vis le milieu du corps, la baguette en avant, la main droite restant au-dessous et contre la sous-garde; l'empoigner en même temps brusquement avec la main gauche, le petit doigt contre le ressort de la batterie, le pouce alongé le long du canon contre la monture, l'avant-bras collé au corps sans être gêné, la main à hauteur du coude.

Portez = VOS ARMES.

UN TEMPS ET DEUX MOUVEMENS.

Premier mouvement.

87. Tourner l'arme avec la main droite le canon en dehors, l'élever et la placer contre l'épaule gauche avec la main droite, descendre la main

gauche sous la crosse, la main droite restant libre à la poignée.

Deuxième mouvement.

88. Laisser tomber vivement la main droite à sa position.

Reposez-vous = SUR VOS ARMES:

UN TEMPS ET DEUX MOUVEMENS.

Premier mouvement.

89. Descendre l'arme en alongeant vivement le bras gauche, la saisir en même temps avec la main droite au-dessus et près de la capucine, lâcher l'arme de la main gauche, et la porter vivement vis-à-vis l'épaule droite, la baguette en avant, le petit doigt derrière le canon, la main droite appuyée à la hanche, la crosse à environ huit centimètres (trois pouces) de terre, l'arme d'aplomb, la main gauche pendant sur le côté.

Deuxième mouvement.

90. Laisser glisser l'arme dans la main, la laisser tomber sans frapper, et prendre la position qui va être indiquée.

Position du Soldat reposé sur l'arme.

91. (Pl. IV; *fig.* 3.) La main basse, le canon entre le pouce et le premier doigt alongé le long de la monture, les trois autres doigts alongés et joints, le bout du canon à environ cinq centimètres (deux pouces) de l'épaule droite, la baguette

en avant, le talon de la crosse à côté et contre la pointe du pied droit, l'arme d'aplomb.

92. Lorsque l'instructeur voudra faire reposer dans cette position, il commandera :

REPOS.

93. A ce commandement, les soldats passeront la main droite étendue sur la baguette, et appuieront le bout du canon contre l'épaule droite.

94. Lorsque l'instructeur voudra faire passer les soldats de l'état de repos à celui d'immobilité, il commandera :

1. *Garde à vous.*

2. PELOTON.

95. Au second commandement, les hommes reprendront la position du soldat reposé sur l'arme.

Portez = VOS ARMES.

UN TEMPS ET DEUX MOUVEMENS.

Premier mouvement.

96. Elever vivement l'arme de la main droite, la porter contre l'épaule gauche, en la faisant tourner, pour que le canon se trouve en dehors; placer en même temps la main gauche sous la crosse, et descendre la main droite contre la batterie.

Deuxième mouvement.

97. Laisser tomber vivement la main droite à sa position.

Croisez = LA BAÏONNETTE.

UN TEMPS ET DEUX MOUVEMENS.

Premier mouvement.

98. (Pl. V.) Faire un demi-à-droite sur le talon gauche, placer en même temps le pied droit en équerre derrière le talon gauche, le milieu du pied vis-à-vis et à huit centimètres (trois pouces) du talon; tourner l'arme avec la main gauche, la platine en dessus, et la saisir en même temps à la poignée avec la main droite, l'arme d'aplomb et détachée de l'épaule; laisser la main gauche sous la crosse.

Deuxième mouvement.

99. Abattre l'arme avec la main droite dans la main gauche, qui la saisira un peu en avant de la capucine, le canon en dessus, le coude gauche près du corps, la main droite appuyée contre la hanche droite, la pointe de la baïonnette à hauteur de l'œil. Les hommes du second et du troisième rang auront attention que la pointe de leurs baïonnettes ne touche pas leurs chefs de file.

Portez = VOS ARMES.

UN TEMPS ET DEUX MOUVEMENS.

Premier mouvement.

100. Tourner sur le talon gauche pour se remettre face en tête, rapporter le talon droit à côté du gauche, redresser en même temps l'arme de la

main droite, la porter à l'épaule gauche, et placer la main gauche sous la crosse.

Deuxième mouvement.

101. Laisser tomber vivement la main droite à sa position.

Charge en douze temps.

1. *Chargez* = VOS ARMES.

UN TEMPS ET DEUX MOUVEMENS.

Premier mouvement.

102. Comme le premier mouvement de *croisez la baïonnette*, excepté que le milieu du pied droit appuiera contre le talon gauche.

Deuxième mouvement.

103. Abattre l'arme avec la main droite dans la main gauche, qui viendra en même temps la saisir à la capucine, le pouce alongé le long du bois, la crosse sous l'avant-bras droit, la poignée du fusil contre le corps à environ cinq centimètres (deux pouces) au-dessous du téton droit, le bout du canon à hauteur de l'œil, la sous-garde un peu en dehors, le coude gauche appuyé sur le côté ; en même temps que l'arme tombera dans la main gauche, le pouce de la main droite se placera contre la batterie au-dessus de la pierre, les quatre autres doigts fermés, l'avant-bras droit le long de la crosse.

2. *Ouvrez* = LE BASSINET.

UN TEMPS ET UN MOUVEMENT.

104. Découvrir le bassinet en poussant forte-

ment la batterie avec le pouce de la main droite, la main gauche résistant et contenant l'arme ; retirer aussitôt le coude droit en arrière, porter la main à la giberne, en la passant entre la crosse et le corps, et ouvrir la giberne.

3. *Prenez* = LA CARTOUCHE.

UN TEMPS ET UN MOUVEMENT.

105. Prendre la cartouche entre le pouce et les deux premiers doigts, et la porter entre les dents, la main droite passant entre la crosse et le corps.

4. *Déchirez* = LA CARTOUCHE.

UN TEMPS ET UN MOUVEMENT.

106. Déchirer la cartouche jusqu'à la poudre, la tenant près de l'ouverture entre le pouce et les deux premiers doigts ; la descendre et la placer perpendiculairement contre le bassinet, la paume de la main droite tournée vers le corps, le coude droit appuyé sur la crosse.

5. AMORCEZ.

UN TEMPS ET UN MOUVEMENT.

107. Baisser la tête, fixer les yeux sur le bassinet, le remplir de poudre, resserrer la cartouche près de l'ouverture avec le pouce et le premier doigt, relever la tête et porter la main droite derrière la batterie, en appuyant les deux derniers doigts contre.

6. *Fermez* = LE BASSINET.

UN TEMPS ET UN MOUVEMENT.

108. Résister de la main gauche, fermer fortement le bassinet avec les deux derniers doigts, tenant toujours la cartouche entre les deux premiers et le pouce; saisir aussitôt la poignée du fusil avec les deux derniers doigts et la paume de la main droite, le poignet droit joint au corps, le coude en arrière et un peu détaché du corps.

7. *L'arme* = A GAUCHE.

UN TEMPS ET DEUX MOUVEMENS.

Premier mouvement.

109. Passer l'arme le long de la cuisse gauche, en la redressant près du corps; à cet effet, appuyer fortement sur la crosse en étendant vivement le bras droit, sans baisser l'épaule droite; tourner en même temps la baguette vers le corps, ouvrir la main gauche et laisser glisser l'arme dans cette main jusqu'au-dessous de la grenadière, le coude restant près du corps, le chien portant sur le pouce de la main droite; faire en même temps face en tête, en tournant sur le talon gauche, et porter le pied droit en avant, le talon contre le milieu du pied gauche.

Deuxième mouvement.

110. Lâcher le fusil de la main droite, descendre l'arme avec la main gauche le long et près

du corps, remonter en même temps la main droite à hauteur et près du bout du canon, poser la crosse à terre sans frapper, la main gauche appuyée au corps, l'arme touchant la cuisse gauche, le bout du canon vis-à-vis le milieu du corps.

8. *Cartouche* = DANS LE CANON.

UN TEMPS ET UN MOUVEMENT.

111. Porter l'œil sur le bout du canon, tourner brusquement le dessus de la main droite vers le corps, pour renverser la poudre dans le canon, en élevant le coude à hauteur du poignet; secouer la cartouche, l'enfoncer dans le canon, et laisser la main renversée, les doigts fermés sans les serrer.

9. *Tirez* = LA BAGUETTE.

UN TEMPS ET TROIS MOUVEMENS.

Premier mouvement.

112. Baisser vivement le coude droit, et saisir la baguette entre le pouce et le premier doigt ployé, les autres fermés; la tirer vivement en alongeant le bras, la ressaisir par le milieu entre le pouce et le premier doigt, la main renversée, la paume de la main en avant, les ongles en l'air, les yeux suivant le mouvement de la main; dégager la baguette du tenon en alongeant de nouveau le bras.

Deuxième mouvement.

113. Tourner rapidement la baguette entre la

baïonnette et le visage, en fermant les doigts, les baguettes des hommes du second et du troisième rang rasant l'épaule droite de l'homme qui est immédiatement devant eux dans leur file, la baguette droite et parallèle à la baïonnette, le bras tendu, le gros bout de la baguette vis-à-vis l'embouchure du canon sans y être engagé, les yeux fixés sur cette embouchure.

Troisième mouvement.

114. Mettre le gros bout de la baguette dans le canon, et l'y enfoncer jusqu'à la main.

10. BOURREZ.

UN TEMPS ET UN MOUVEMENT.

115. Etendre le bras de toute sa longueur, en remontant la main droite pour saisir la baguette avec le pouce alongé, le premier doigt ployé et les autres fermés; la chasser avec force dans le canon deux fois de suite, et la ressaisir par le petit bout entre le pouce et le premier doigt ployé, les autres fermés, le coude droit joint au corps.

11. *Remettez* = LA BAGUETTE.

UN TEMPS ET TROIS MOUVEMENS.

Premier mouvement.

116. Tirer vivement la baguette, la ressaisir par le milieu entre le pouce et le premier doigt, la main renversée, la paume de la main en avant, les ongles en l'air, les yeux suivant le mouvement de

la main ; dégager la baguette du canon en alongeant le bras.

Deuxième mouvement.

117. Tourner rapidement la baguette entre la baïonnette et le visage en fermant les doigts ; les baguettes des hommes du second et du troisième rang rasant l'épaule droite de l'homme qui est immédiatement devant eux dans leur file, la baguette droite et parallèle à la baïonnette, le bras tendu, le petit bout de la baguette vis-à-vis l'entrée du tenon sans y être engagé, les yeux fixés sur cette entrée.

Troisième mouvement.

118. Engager le petit bout dans le tenon, et faire glisser la baguette avec le pouce qui l'accompagnera jusqu'à la grenadière ; remonter vivement la main un peu ployée, mettre le petit doigt sur le gros bout de la baguette, afin d'achever de l'enfoncer ; descendre la main gauche le long du canon, en alongeant le bras de toute sa longueur, sans baisser l'épaule.

12. *Portez* = VOS ARMES.

UN TEMPS ET TROIS MOUVEMENS.

Premier mouvement.

119. Élever l'arme avec la main gauche le long du corps, la main à la hauteur du menton, l'avant-bras joint à l'arme, le canon en dehors ; descendre en même temps la main droite pour saisir l'ar-

me au-dessus de la poignée, le premier doigt touchant le chien, et le pouce sur la contre-platine.

Deuxième mouvement.

120. Élever l'arme de la main droite, descendre la main gauche et la porter sous la crosse, rapporter le talon droit à côté du gauche et sur le même alignement, appuyer l'arme avec la main droite contre l'épaule dans la position indiquée pour le port d'armes, la main droite restant à l'arme sans la serrer.

Troisième mouvement.

121. Laisser tomber vivement la main droite le long de la cuisse dans la position prescrite.

Apprêtez = VOS ARMES.

UN TEMPS ET QUATRE MOUVEMENS.

Position du premier rang.

Premier mouvement.

122. (Pl. VII, fig. 1re.) Tourner l'arme avec la main gauche, la platine en dessus, la saisir à la poignée avec la main droite, et tourner un peu la pointe du pied gauche en dedans.

Deuxième mouvement.

123. Porter vivement le pied droit en arrière, la pointe du pied à environ soixante-seize centimètres (vingt-huit pouces) du talon gauche, et à seize centimètres (six pouces) sur la droite, sui-

vant la taille de l'homme, de manière que le genou posant à terre, comme il sera expliqué au troisième mouvement, se trouve à environ vingt-sept centimètres (dix-pouces) en arrière du talon gauche, et à seize centimètres (six pouces) sur la droite; les genoux un peu ployés, le corps d'aplomb et portant également sur les deux jambes; descendre en même temps l'arme avec la main droite, vis-à-vis la cuisse droite, en achevant de la tourner la baguette en avant; la saisir avec la main gauche à la capucine, la main à hauteur du coude.

Troisième mouvement.

124. Poser le genou droit à terre, en observant de ne pas tomber brusquement; poser la crosse à terre sans frapper, de manière qu'elle soit devant la cuisse droite, son bec sur l'alignement du talon gauche; saisir le chien avec le pouce et le premier doigt de la main droite.

Quatrième mouvement.

125. Armer, en appuyant fortement sur la tête du chien, et l'accompagnant avec le pouce et le premier doigt jusqu'au cran d'arrêt.

Position du second rang.

Premier mouvement.

126. (Pl. VII, *fig.* 2.) Comme le premier mouvement du premier temps de la charge.

Deuxième mouvement.

127. Apporter l'arme avec la main droite au milieu du corps, placer la main gauche, le petit doigt joignant le ressort de la batterie, le pouce alongé le long du bois, à hauteur du menton, la contre-platine tournée presque vers le corps, la baguette vers le front du bataillon.

Troisième mouvement.

128. Porter le pouce de la main sur la tête du chien, le premier doigt au-dessous et contre la sous-garde, les trois autres doigts joints au premier, le coude à hauteur de la main.

Quatrième mouvement.

129. Fermer vivement le coude droit en armant, saisir l'arme à la poignée, la descendre le long du corps, en la laissant glisser jusqu'à la capucine dans la main gauche, qui restera à la hauteur de l'épaule.

Position du troisième rang.

130. (Pl. VII, fig. 2.) Premier, second, troisième et quatrième mouvemens comme ceux du second rang.

JOUE.

UN TEMPS ET UN MOUVEMENT.

131. (Pl. VIII, *fig.* 1re, 2 et 3) Abaisser vivement le bout du canon, la main gauche restant à

la capucine ; appuyer la crosse contre l'épaule, les coudes abattus sans être serrés au corps ; fermer l'œil gauche, diriger l'œil droit le long du canon, abaisser la tête sur la crosse pour ajuster, et placer le premier doigt sur la détente.

132. (Pl. VIII, *fig.* 3.) Les hommes du troisième rang, seulement, porteront en même temps le pied droit à vingt-deux centimètres (huit pouces) sur la droite, vers le talon gauche de l'homme qui est à côté d'eux.

FEU.

UN TEMPS ET UN MOUVEMENT.

133. Appuyer avec force le premier doigt sur la détente, sans baisser davantage la tête ni la détourner, et rester dans cette position.

CHARGEZ.

UN TEMPS ET DEUX MOUVEMENS.

Premier mouvement.

134. Retirer brusquement l'arme, et prendre la position du deuxième mouvement du premier temps de la charge, excepté que le pouce de la main droite, au lieu de se placer contre la batterie, saisira la tête du chien avec le premier doigt ployé et les autres fermés. Le premier rang se relèvera vivement, sans pencher le corps en avant, mais en effaçant l'épaule droite, afin de ne pas rencontrer l'arme du deuxième rang ; le troisième rang rapportera le pied droit derrière le gauche.

Deuxième mouvement.

135. Relever le chien jusqu'au cran du repos, en évitant d'armer; porter aussitôt la main à la giberne, en la passant entre la crosse et le corps, et ouvrir la giberne.

136. Lorsqu'après avoir tiré, l'instructeur, au lieu de faire charger les armes, voudra les faire porter, il commandera :

Portez = VOS ARMES.

UN TEMPS ET UN MOUVEMENT.

137. Au commandement de *portez*, prendre la position du deuxième mouvement du premier temps de la charge, mettre le chien au repos comme il vient d'être expliqué; fermer le bassinet et saisir le fusil à la poignée; au commandement de *vos armes*, porter les armes vivement, en se remettant face en tête.

138. Les soldats étant dans la position de *joue*, lorsque l'instructeur voudra leur faire redresser les armes, il commandera :

Redressez = VOS ARMES.

UN TEMPS ET UN MOUVEMENT.

139. Retirer le doigt de dessus la détente, redresser fortement l'arme, et reprendre la position du quatrième mouvement du temps d'*apprêtez vos armes*.

140. Les soldats étant dans la position du quatrième mouvement d'*apprêtez vos armes*, si l'instruc-

teur veut leur faire porter l'arme, il commandera :

Portez = VOS ARMES.

141. Au commandement de *portez*, le premier rang se relèvera, et les deux autres reviendront face en tête; les trois rangs rapporteront l'arme au milieu du corps, le pouce de la main gauche à hauteur du menton et le petit doigt touchant le ressort de la batterie; placer ensuite le pouce de la main droite sur la tête du chien, appuyer le premier doigt sur la détente, soutenir en même temps le chien en le laissant descendre près de la face de la batterie, le relever jusqu'à ce que le bec de la gâchette tombe dans le cran du repos, ce dont on sera averti par un léger bruit, et saisir l'arme à la poignée avec la main droite. Au commandement de *vos armes*, porter vivement l'arme à l'épaule, et reprendre la position du port d'armes.

142. Les soldats étant au port d'armes, lorsque l'instructeur voudra leur faire remettre la baïonnette, il commandera :

Remettez = LA BAÏONNETTE.

UN TEMPS ET TROIS MOUVEMENS.

Premier mouvement.

143. Descendre l'arme en alongeant vivement le bras gauche, la saisir avec la main droite au-dessus et près de la capucine.

Deuxième mouvement.

144. Descendre l'arme de la main droite le

long de la cuisse gauche, la saisir de la main gauche au-dessus de la droite, alonger le bras gauche, poser la crosse à terre sans frapper, et porter en même temps la main droite à la baïonnette, la saisir par la douille et la branche, de manière que l'extrémité de la douille dépasse le talon de la main de deux centimètres (un pouce), et qu'en la tirant le pouce s'alonge sur la lame.

Troisième mouvement.

145. Oter la baïonnette, la remettre dans le fourreau, porter ensuite le petit doigt de la main droite sur le gros bout de la baguette, descendre la main gauche le long du canon, en alongeant le bras sans baisser l'épaule.

Portez = VOS ARMES.

146. Comme au douzième temps de la charge.

L'arme sous le bras = GAUCHE.

UN TEMPS ET DEUX MOUVEMENS.

Premier mouvement.

147. Saisir brusquement l'arme avec la main droite, le pouce sur la contre-platine et le premier doigt contre le chien; détacher en même temps l'arme de l'épaule, le canon en dehors, sans que le bec de la crosse change de place, la saisir avec la main gauche à la capucine, le pouce alongé sur la baguette, l'arme d'aplomb vis-à-vis l'épaule, le coude gauche joint à l'arme.

Deuxième mouvement.

148. Renverser l'arme, la passer sous le bras gauche, la main gauche restant à la capucine, le pouce appuyé sur la baguette pour l'empêcher de glisser, le petit doigt appuyé à la hanche; la main droite tombant en même temps à sa position.

Portez = VOS ARMES.

UN TEMPS ET DEUX MOUVEMENS.

Premier mouvement.

149. Relever l'arme de la main gauche, sans trop brusquer ce mouvement, pour empêcher que la baguette ne s'échappe des tenons; la saisir de la main droite à la poignée pour l'appuyer contre l'épaule; quitter en même temps l'arme de la main gauche, et placer brusquement cette main sous la crosse.

Deuxième mouvement.

150. Laisser tomber vivement la main droite à sa position; descendre en même temps l'arme avec la main gauche à la position du port d'armes.

Baïonnette = AU CANON.

UN TEMPS ET TROIS MOUVEMENS.

Premier et second mouvement.

151. Comme le premier et le second mouvement de *remettez la baïonnette*, excepté qu'à la fin du second mouvement la main droite ira saisir la

baïonnette par la douille et la branche, de manière que l'extrémité de la douille dépasse de deux centimètres (un pouce) le talon de la main.

Troisième mouvement.

152. Arracher la baïonnette du fourreau, la porter et la fixer au bout du canon, mettre le petit doigt de la main droite sur le gros bout de la baguette, descendre la main gauche le long du canon en alongeant le bras, sans baisser l'épaule.

Portez = VOS ARMES.

153. Comme au douzième temps de la charge.

Descendez = VOS ARMES.

UN TEMPS ET DEUX MOUVEMENS.

Premier mouvement.

154. (Pl. IX, *fig.* 1re.) Comme le premier mouvement de *reposez-vous sur vos armes.*

Deuxième mouvement.

155. Incliner un peu le bout du canon en avant, la crosse en arrière et à environ huit centimètres (trois pouces) de terre; la main droite, appuyée à la hanche, contiendra l'arme de manière que les hommes du second et du troisième rang ne touchent pas avec leurs baïonnettes ceux qui sont devant eux.

Portez = VOS ARMES.

156. Au commandement de *portez*, redresser

l'arme perpendiculairement dans la main droite; au commandement de *vos armes*, exécuter ce qui a été prescrit pour les porter, en partant de la position du soldat reposé sur l'arme.

L'arme sur l'épaule = DROITE.

UN TEMPS ET UN MOUVEMENT.

157. (Pl. IX, *fig.* 2.) Tourner l'arme avec la main gauche, la platine en dessus; la saisir en même temps avec la main droite à la poignée, la porter sur l'épaule droite, la main gauche ne quittant pas la crosse, le chien en dessus, le bout du canon en l'air; contenir l'arme dans cette position, en plaçant la main droite sur le plat de la crosse, de manière que le bec se trouve entre les deux premiers doigts, et que les autres doigts soient sous la crosse, laisser tomber la main gauche dans le rang.

Portez = VOS ARMES.

158. Redresser l'arme en alongeant le bras droit, la saisir avec la main gauche, au-dessus de la batterie, la rapporter contre l'épaule gauche, en tournant le canon en dehors; la main droite étant à la poignée, placer la main gauche sous la crosse, et laisser tomber la main droite dans le rang.

L'arme = À VOLONTÉ.

UN TEMPS ET UN MOUVEMENT.

159. Porter l'arme indifféremment sur l'une ou l'autre épaule, d'une ou de deux mains, l'extrémité du canon en l'air.

Portez = VOS ARMES.

160. Reprendre vivement la position du port d'armes.

161. Les soldats étant reposés sur les armes, lorsque l'instructeur voudra faire mettre les armes à terre, il commandera :

Vos armes = A TERRE.

UN TEMPS ET DEUX MOUVEMENS.

Premier mouvement.

162. Tourner l'arme de la main droite la contre-platine en avant, saisir en même temps la giberne par le coin du coffret avec la main gauche, courber le corps brusquement, avancer le pied gauche, le talon vis-à-vis la capucine; poser l'arme à terre droit devant soi avec la main droite, le talon de la crosse restant toujours à hauteur de la pointe du pied droit, le jarret droit un peu ployé, le talon droit élevé.

Deuxième mouvement.

163. Se relever, rapporter le pied gauche à côté du droit, lâcher la giberne, et laisser tomber les deux mains à leur position.

Relevez = VOS ARMES.

UN TEMPS ET DEUX MOUVEMENS.

Premier mouvement.

164. Saisir le coin de la giberne avec la main gauche, courber le corps brusquement, avancer le

pied gauche, le talon vis-à-vis la capucine, le jarret droit un peu ployé, le talon droit élevé, et saisir l'arme avec la main droite.

Deuxième mouvement.

165. Relever l'arme, rapporter le pied gauche à côté du droit, retourner aussitôt l'arme avec la main droite, la baguette en avant; lâcher en même temps la giberne, et laisser tomber la main gauche à sa position.

Inspection des armes.

166. Les soldats étant reposés sur les armes, et ayant la baïonnette dans le fourreau, si l'instructeur veut faire l'inspection des armes, il commandera :

Inspection = DES ARMES.

UN TEMPS ET TROIS MOUVEMENS.

Premier mouvement.

167. Faire un à-droite et demi sur le talon gauche, en posant le pied droit à seize centimètres (six pouces) du gauche perpendiculairement en arrière de l'alignement, les pieds en équerre; saisir brusquement l'arme de la main gauche un peu au-dessus de la grenadière, incliner le bout du canon en arrière sans que la crosse bouge, la baguette tournée vers le corps; porter en même temps la main droite à la baïonnette, et la saisir comme il est prescrit au n° 144.

Deuxième mouvement.

168. Arracher la baïonnette du fourreau, la

porter et la fixer au bout du canon; saisir ensuite la baguette, la tirer, comme il est expliqué à la charge en douze temps, et la laisser glisser dans le canon.

Troisième mouvement.

169. Se remettre vivement face en tête, en saisissant l'arme avec la main droite, et prendre la position du soldat reposé sur l'arme.

170. L'instructeur inspectera ensuite successivement l'arme de chaque soldat, en passant devant le rang. Chaque soldat, à mesure que l'instructeur passera devant lui, élèvera vivement son arme de la main droite, la saisira avec la main gauche entre la capucine et le ressort de la batterie, la platine en dehors, la main gauche à hauteur du menton, l'arme vis-à-vis l'œil gauche; l'instructeur la prendra, et la lui rendra après l'avoir examinée; le soldat la reprendra de la main droite, et la replacera à la position du *soldat reposé sur l'arme.*

171. Lorsque l'instructeur l'aura dépassé, chaque soldat reprendra la position prescrite au commandement d'*inspection des armes*, et remettra la baguette; après quoi il reviendra face en tête.

172. Si au lieu de faire l'inspection des armes, l'instructeur veut seulement faire mettre la baïonnette au canon, il commandera :

Baïonnette = AU CANON.

173. Prendre la position indiquée ci-dessus, n° 167, mettre la baïonnette au bout du canon,

comme il a été expliqué, et revenir aussitôt face en tête.

174. La baïonnette étant au bout du canon, si l'instructeur veut faire mettre la baguette dans le canon, pour faire l'inspection des armes après avoir tiré, il commandera :

Baguette = DANS LE CANON.

175. Mettre la baguette dans le canon, comme il a été expliqué ci-dessus, et faire aussitôt face en tête.

176. L'instructeur, voulant seulement examiner si l'arme n'est pas chargée, pourra, pour s'en assurer, prendre la baguette par le petit bout, et la faire sauter dans le canon.

177. Chaque soldat, à mesure que l'instructeur l'aura dépassé, reprendra la position prescrite au commandement de *baguette dans le canon*, remettra la baguette, et reviendra face en tête.

Observations relatives au maniement des armes.

178. Le maniement des armes déforme souvent, chez les hommes de recrue, la position du corps, quand elle n'est pas encore parfaitement assurée. Il est donc nécessaire que l'instructeur les ramène souvent à la régularité de la position et du port d'armes dans le cours des leçons.

179. Les hommes de recrue sont ausi fort sujets à creuser les reins et à renverser le corps, surtout au premier temps de la charge, lorsqu'on les y tient trop long-temps. Ainsi l'instructeur doit éviter de trop les arrêter dans cette position.

TROISIÈME LEÇON.

Charge en quatre temps.

180. L'objet de cette charge est de préparer les soldats à la charge à volonté, et de leur faire distinguer les temps qui exigent le plus de régularité et d'attention, tels que ceux d'*amorcer, mettre la cartouche dans le canon* et *bourrer;* cette charge sera divisée ainsi qu'il suit.

181. Le premier temps s'exécutera à la fin du commandement, le trois autres aux commandemens de *deux, trois* et *quatre.*

182. L'instructeur commandera :

1. *Charge en quatre temps.*
2. *Chargez* = VOS ARMES.

183. (Pl. VI, *fig.* 1re.) Exécuter le premier temps de la charge, ouvrir le bassinet, prendre la cartouche, la déchirer, la descendre près du bassinet et amorcer.

DEUX.

184. (Pl. VI, *fig.* 2.) Fermer le bassinet, passer l'arme à gauche, mettre la cartouche dans le canon, la secouer et l'enfoncer.

TROIS.

185. (Pl. VI, *fig.* 3.) Tirer la baguette, la faire entrer dans le canon jusqu'à la main, et bourrer deux coups.

QUATRE.

186. Remettre la baguette, et porter l'arme.

Charge à volonté.

187. L'instructeur enseignera ensuite la charge à volonté, qui s'exécutera comme la charge en quatre temps, mais de suite et sans s'arrêter sur aucun temps. L'instructeur commandera :

1. *Charge à volonté.*
2. *Chargez* = VOS ARMES.

Observations relatives aux charges.

188. L'instructeur observera que les soldats qui, sans se presser en apparence, chargent avec calme et sang-froid, sont ceux qui chargent le mieux et le plus promptement; parce qu'ils tournent la baguette sans accrocher celle des hommes qui sont à côté d'eux ou devant eux ; qu'ils ne manquent ni l'embouchure du canon, ni celle du tenon, qu'ils bourrent mieux, qu'ils ne répandent point la poudre en amorçant, et ne laissent pas tomber les cartouches en les prenant dans la giberne; objets essentiels, auxquels l'instructeur obligera les soldats à donner la plus grande attention.

189. L'instructeur exigera de la régularité dans l'exécution des temps et dans les positions, sans quoi les soldats se gêneraient et s'embarrasseraient réciproquement; il les habituera progressivement à charger leurs armes le plus promptement possible, sans se régler sur leurs voisins, et surtout sans les attendre.

190. La cadence prescrite au n° 70 n'est point

applicable aux mouvemens dont se compose la charge en quatre temps et la charge à volonté.

QUATRIÈME LEÇON.

Feux.

191. Les feux seront directs ou obliques, et s'exécuteront ainsi qu'il va être expliqué.

Feu direct.

192. (Pl. X, *fig.* 1re.) L'instructeur fera les commandemens suivans :

1. *Feu de peloton.*
2. *Peloton.*
3. ARMES.
4. JOUE.
5. FEU.
6. CHARGEZ.

193. Ces divers commandemens seront exécutés comme il a été prescrit au maniement des armes. Au troisième, les trois hommes prendront la position qui a été indiquée, suivant le rang dans lequel ils se trouvent placés ; après le sixième commandement, ils chargeront leurs armes et les porteront.

Feux obliques.

194. Les feux obliques s'exécuteront à droite et à gauche, et par les mêmes commandemens que le feu direct, avec cette seule différence que le commandement de *joue* sera précédé chaque fois par

le commandement de *oblique à droite* ou *oblique à gauche*, qui sera fait après celui d'*armes*.

Position des trois rangs dans les feux obliques à droite.

195. (Pl. X, *fig.* 2.) Au commandement d'*armes*, les trois rangs exécuteront ce qui leur a été prescrit pour le feu direct.

196. Au commandement d'avertissement de *oblique à droite*, les trois rangs effaceront l'épaule droite, et regarderont fixement l'objet sur lequel ils doivent tirer; dans cette position, les deux derniers rangs seront prêts à mettre en joue dans le même créneau que dans le feu direct, quoique dans une direction oblique.

197. Au commandement de *joue*, le premier rang dirigera le bout du canon à droite, en inclinant le genou gauche en dedans sans déranger les pieds. Le second rang dirigera de même le bout du canon à droite sans bouger les pieds. Le troisième rang avancera le pied gauche d'environ seize centimètres (six pouces) vers la pointe du pied droit de l'homme du second rang de sa file, portera le haut du corps en avant, en pliant un peu le genou gauche, et dirigera le bout du canon à droite.

198. Au commandement de *chargez*, les trois rangs reprendront la position qui leur a été prescrite dans le feu direct; le troisième rang rapportera le talon gauche vis-à-vis le milieu du pied droit en retirant l'arme.

Position des trois rangs dans les feux obliques à gauche.

199. (Pl. X, *fig.* 3.) Au commandement d'*armes*, les trois rangs exécuteront ce qui leur a été prescrit pour le feu direct.

200. Au commandement d'avertissement de *oblique à gauche*, les trois rangs effaceront l'épaule gauche, et regarderont fixement l'objet sur lequel ils doivent tirer : dans cette position, les hommes des deuxième et troisième rangs seront prêts à mettre en joue dans le créneau à gauche de leur chef de file et dans une direction oblique.

201. Au commandement de *joue*, le premier rang dirigera le bout du canon à gauche sans incliner le genou, ni bouger les pieds. Le deuxième rang mettra en joue dans le créneau à gauche de son chef de file, sans bouger les pieds. Le troisième rang avancera le pied gauche d'environ seize centimètres (six pouces) vers le talon droit de l'homme du second rang de sa file; il avancera aussi le haut du corps en ployant un peu le genou gauche, et mettra en joue dans le créneau à gauche de son chef de file.

202. Au commandement de *chargez*, les trois rangs retireront leurs armes dans la position oblique où elles se trouvent, et amorceront dans cette position; le troisième rang rapportera le talon gauche vis-à-vis le milieu du pied droit. En passant l'arme à gauche, les trois rangs prendront la même position que dans le feu direct.

Observations relatives aux feux obliques.

Effacer une épaule en mettant en joue.

203. Afin de pouvoir diriger le bout du canon plus ou moins obliquement, selon la position de l'objet auquel on visera.

L'instructeur rendra ce principe sensible aux hommes de recrue, en plaçant un homme en avant, plus ou moins vers la droite ou vers la gauche, pour figurer cet objet, lorsqu'ils connaîtront bien l'emboitement des feux obliques.

Porter le pied gauche à seize centimètres (six pouces) en avant, et faire avancer le haut du corps au troisième rang.

Afin d'éviter les accidens, parce que, sans cette précaution, les armes du troisième rang ne déborderaient pas suffisamment le premier rang dans la position oblique où elles se trouvent.

Dans le feu oblique à gauche, retirer les armes, et amorcer dans la position oblique où elles se trouvent.

Parce que, si l'on voulait reprendre la même position que dans les feux directs, en retirant l'arme pour amorcer, il faudrait la faire passer par-dessus la tête de l'homme qui est devant soi.

Feu de deux rangs.

204. Le feu de deux rangs s'exécutera par les deux premiers rangs; le troisième, ne faisant que charger et passer l'arme au second rang, ne tirera point; au moyen de cette disposition le premier rang tirera debout.

205. L'instructeur fera les commandemens suivans.

1. *Feu de deux rangs.*

2. *Peloton.*

3. ARMES.

4. COMMENCEZ LE FEU.

206. Au troisième commandement, les trois rangs prendront la position prescrite pour les deuxième et troisième rangs dans les feux directs, excepté que le troisième rang n'armera pas.

207. Au quatrième commandement, l'homme du premier rang et celui du second mettront en joue ensemble et feront feu; celui du second rang, en mettant en joue, portera le pied droit à vingt-deux centimètres (huit pouces) sur la droite, vers le talon gauche de l'homme qui est à côté de lui, et fera feu dans cette position. L'homme du troisième rang ne devant pas tirer, ne fera que charger et passer son arme à celui du second rang.

208. L'homme du premier rang chargera vivement son arme, et tirera de nouveau; puis rechargera son arme, fera feu de nouveau; et ainsi de suite.

209. L'homme du second rang, après avoir fait feu, passera son arme de la main droite, au soldat du troisième rang de sa file; celui-ci la prendra de la main gauche, et passera la sienne, de la main droite, au soldat du second rang, qui la recevra de la main gauche; l'homme du second rang tirera avec l'arme de celui du troisième, la

chargera ensuite, et tirera un second coup avec la même arme, qu'il repassera aussitôt à l'homme du troisième rang, et ainsi de suite; en sorte que l'homme du deuxième rang tire toujours deux coups de suite avec la même arme, avant de la repasser à celui du troisième rang, excepté la première fois.

210. Après le premier feu, l'homme du premier rang et celui du second ne s'astreindront plus à tirer ensemble.

211. Les trois rangs feront toujours face en tête en passant l'arme à gauche, et, après avoir chargé, ils prendront la position indiquée ci-dessus, n° 126 et suivans : à cet effet, chaque soldat ayant remis la baguette, élèvera son arme de la main gauche, la faisant glisser dans cette main, qui se placera contre le ressort de la batterie à hauteur du menton, en même temps qu'il fera un demi à-droite pour revenir à la position prescrite, et que le pouce de la main droite se placera sur la tête du chien pour armer, le premier doigt au-dessous et contre la sous-garde. Le premier et le second rang, après avoir armé, prendront la position prescrite au n° 129; l'homme du troisième rang passera toujours son fusil à celui du second rang sans être armé.

212. Lorsque l'instructeur voudra faire cesser le feu, il commandera :

Roulement.

213. A ce commandement, le soldat ne tirera plus; chaque homme mettra son arme au repos,

la chargera ou achèvera de la charger, si elle ne l'est pas, et la portera; les hommes du second et du troisième rang, ayant attention de reprendre l'arme qui leur appartient.

Observations générales relatives aux feux.

214. Les feux seront exécutés dans les commencemens sans cartouches, et ensuite avec des cartouches de son ou de sciure de bois, afin d'accoutumer le soldat à amorcer et à mettre la cartouche dans le canon promptement, mais régulièrement, et sans verser la poudre, ainsi qu'à bien bourrer. On finira cette instruction par faire exécuter les feux à poudre.

215. Lorsqu'on exécutera les feux à poudre, on recommandera aux soldats d'être attentifs à observer, en mettant le chien au repos, si la fumée sort par la lumière, ce qui est une indication sûre que le coup est parti : si la fumée ne sortait pas, le soldat, au lieu de recharger, épinglerait et amorcerait de nouveau. Si le soldat, croyant le coup parti, avait mis une seconde charge, il devrait du moins s'en apercevoir en bourrant, par la hauteur de la charge, et il serait très punissable s'il en mettait une troisième. L'instructeur fera donc toujours l'inspection des armes après les feux à poudre, afin de vérifier si quelque soldat a commis la faute de mettre trois charges dans son fusil.

216. L'instructeur doit apporter aussi beaucoup d'attention à ce que le soldat, en mettant le

chien au repos, ne réarme pas son fusil par trop de précipitation, faute dont il pourrait résulter des accidens.

Observations relatives à la seconde partie de l'école du soldat.

217. Lorsqu'après quelques jours d'exercice de la leçon du maniement des armes, les trois hommes seront affermis dans le port d'armes, l'instructeur terminera toujours la leçon par les faire marcher pendant quelque temps sur un rang, et à un pas l'un de l'autre, afin de les affermir de plus en plus dans le mécanisme du pas direct et du pas oblique; il leur montrera aussi à marquer et à changer le pas, ce qui s'exécutera de la manière suivante :

Marquer le pas.

218. Les trois hommes étant en marche au pas ordinaire, l'instructeur commandera :

1. *Marquez le pas.*

2. MARCHE.

219. Au second commandement, qui sera fait à l'instant où le pied va poser à terre, les soldats simuleront le pas, en rapportant les talons à côté l'un de l'autre sans avancer, et en observant la cadence du pas.

220. Lorsque l'instructeur voudra faire reprendre le pas ordinaire, il commandera :

1. *En avant.*

2. MARCHE.

221. Au second commandement, qui sera fait comme il est prescrit ci-dessus, les soldats reprendront le pas de deux pieds.

Changer le pas.

222. Les soldats étant en marche au pas ordinaire, l'instructeur commandera :

1. *Changez le pas.*

2. MARCHE.

223. Au second commandement, qui sera fait à l'instant où le pied va poser à terre, les soldats rapporteront vivement le pied qui est derrière à côté de celui qui vient de poser à terre, et repartiront de ce dernier pied.

TROISIÈME PARTIE.

RÈGLES GÉNÉRALES.

224. Lorsque les hommes de recrue seront bien affermis dans les principes et le mécanisme du pas, la position du corps et le port d'armes, l'instructeur réunira six hommes au moins et neuf au plus, pour leur apprendre les principes d'alignement, celui du tact des coudes en marchant de front, le pas accéléré, le pas en arrière, les principes de la marche de flanc, les conversions de pied ferme, les conversions en marchant, et les changemens de direction du côté du guide; il les placera sur un rang coude à coude, et les numérotera de la droite à la gauche.

PREMIÈRE LEÇON.

Alignemens.

225. L'instructeur exercera d'abord les soldats de recrue à s'aligner homme par homme, afin de leur mieux faire comprendre les principes de l'alignement; à cette effet, il commandera aux deux premiers hommes de l'aile droite de marcher deux pas en avant, et les ayant alignés, il avertira successivement chaque homme, en le désignant par son numéro, de se porter sur l'alignement des deux premiers.

226. Chaque soldat, à l'avertissement qui lui sera fait par l'instructeur de se porter sur l'alignement, tournera la tête et les yeux à droite dans la position prescrite à la première leçon de la première partie, marchera, dans la cadence du pas ordinaire, deux pas en avant, en raccourcissant le dernier de manière à se trouver à environ seize centimètres (six pouces) en arrière du nouvel alignement, qu'il ne doit jamais dépasser; il se portera ensuite par de petits pas, les jarrets tendus, tranquillement et sans saccade, à côté de l'homme auquel il doit appuyer, de manière que, sans déranger la position de sa tête, la ligne de ses yeux, ainsi que celle de ses épaules, se trouve dans la direction de celle de son voisin, et qu'il sente légèrement le coude de ce dernier, sans ouvrir le sien.

227. L'instructeur, voyant les soldats alignés, commandera:

FIXE.

228. A ce commandement les soldats replaceront le tête dans la position directe.

229. L'alignement à gauche se prendra d'après les mêmes principes.

230. Lorsque les hommes de recrue auront ainsi appris à s'aligner, homme par homme, correctement et sans tâtonner, l'instructeur fera aligner le rang entier à la fois, par le commandement suivant :

A droite (ou *à gauche*) = ALIGNEMENT.

231. A ce commandement, le rang, à l'exception des deux hommes placés d'avance pour servir de base d'alignement, se portera au pas ordinaire sur la nouvelle ligne, et s'y placera d'après les principes prescrits ci-dessus, n° 226.

232. L'instructeur, placé à cinq ou six pas en avant et faisant face au rang, veillera à l'observation des principes, et se portera ensuite à l'aile qui a servi de base à l'alignement pour le vérifier.

233. L'instructeur, voyant le plus grand nombre des soldats alignés, commandera :

FIXE.

234. L'instructeur commandera ensuite aux hommes qui ne seraient pas alignés, *telle file* ou *telles files*, *rentrez* ou *sortez*, en les désignant par leurs numéros : la file ou les files désignées tourneront légèrement la tête du côté de l'alignement, pour juger de combien elles doivent avancer ou reculer, se porteront tranquillement sur la ligne,

et replaceront ensuite la tête dans la position directe.

235. Les alignemens en arrière se prendront d'après les mêmes principes : les soldats se porteront un peu en arrière de la ligne, et s'y replaceront ensuite par de petits mouvemens en avant, conformément à ce qui a été prescrit n° 226 ; l'instructeur commandera :

En arrière à droite (ou *à gauche*)

= ALIGNEMENT.

Observations relatives aux principes d'alignement.

236. L'instructeur s'attachera à faire observer les principes suivans :

Que le soldat arrive tranquillement sur la ligne.

Parce que la précipitation est contraire au bon ordre et même à la promptitude dans l'exécution, qu'on n'obtient qu'en habituant le soldat à faire tous les mouvemens avec calme, sang-froid et précision.

Qu'il ne penche pas le corps en arrière, ni la tête en avant.

Parce que ce n'est que par la régularité de la position qu'on apprend à s'aligner.

Qu'il ne tourne la tête que le moins possible, seulement de manière à voir la ligne des yeux et à apercevoir légèrement la poitrine du deuxième homme du côté de l'alignement.

Afin d'éviter que la tête n'entraîne l'épaule hors du rang, et que la fausse position d'un seul homme n'induise en erreur tous ceux qui sont au-delà.

Qu'il ne dépasse jamais l'alignement.

Parce que, si un soldat dépassait l'alignement, il serait ensuite obligé de reculer pour se replacer sur la véritable ligne ; sa faute se propagerait; les hommes qui sont au-delà seraient obligés de reculer à leur tour, ce qu'il faut éviter avec d'autant plus de soin, qu'outre la perte de temps qui en résulterait, il est plus difficile de s'aligner en arrière qu'en avant.

Qu'au commandement de *fixe*, le soldat cesse tout mouvement, quand même il ne serait pas aligné.

Afin de lui faire contracter l'habitude de juger son alignement promptement, et de s'y placer sans tâtonner.

Qu'au commandement de *telle file* ou *telles files*, *rentrez* ou *sortez*, celles qui n'auront pas été désignées, ne bougent.

Afin de ne pas déranger les files qui sont alignées.

Que, dans les alignemens en arrière, le soldat dépasse un peu la ligne en reculant.

Afin de se placer sur la ligne par un petit mouvement en avant, parce que ce n'est que de cette manière qu'il peut bien juger de l'alignement.

Observation relative à la première leçon.

237. Après chaque alignement, l'instructeur examinera la position des hommes, et fera ensuite reposer le rang sur les armes, pour empêcher que

les soldats ne se fatiguent et ne se négligent sur le port d'armes qui, dans les commencemens surtout, doit toujours être régulier.

DEUXIÈME LEÇON.

Marche de front.

238. Le rang étant correctement aligné, lorsque l'instructeur voudra le faire marcher en avant, il placera un homme bien dressé à la droite ou à la gauche, selon le côté où il voudra que soit le guide, et commandera :

1. *Peloton en avant.*
2. *Guide à droite* (ou *à gauche*).
3. MARCHE.

239. Au commandement de *marche*, le rang partira vivement du pied gauche; le guide aura soin de marcher droit devant lui et de maintenir toujours ses épaules carrément.

240. L'instructeur fera observer les règles suivantes :

Tenir légèrement au coude de son voisin du côté du guide.

Parce qu'en tenant ainsi coude à coude à son voisin, on sera à peu près aligné, et qu'il ne se formera pas d'ouvertures entre les files; si, au lieu de tenir légèrement au coude de son voisin, on s'appuyait sur lui, on l'obligerait à appuyer à son tour du côté du guide, et on repousserait par là ce dernier hors de la direction.

Ne point ouvrir le coude gauche ni le bras droit.

Afin que le soldat ne pousse pas son voisin, et n'occupe dans le rang que l'espace qu'il doit y tenir.

Céder à la pression qui vient du côté du guide, et résister à celle qui vient du côté opposé.

Pour éviter de rejeter le guide en dehors de la direction.

Ne rejoindre qu'insensiblement le coude de son voisin du côté du guide, s'il venait à s'éloigner, ou si l'on s'en était soi-même écarté.

Parce qu'il peut arriver que le voisin se jette mal à propos à droite ou à gauche. Si, dans ce cas, l'homme qui est à côté de lui, et successivement ceux qui suivent, se conformaient brusquement à ce faux mouvement, il en résulterait que la faute d'un seul homme se propagerait; et lorsque ensuite l'homme, où la faute aurait commencé, voudrait la réparer, il serait obligé de repousser son voisin, celui-ci l'homme suivant, et ainsi de suite; ce qui occasionerait un flottement continuel dans la marche. Si, au contraire, chaque homme observe le principe de ne se conformer que peu à peu aux mouvemens de son voisin, ce dernier aura le temps de réparer sa faute, s'il en a fait une; son erreur ne se propagera pas, et le flottement n'aura pas lieu.

Conserver toujours la tête directe, de quelque côté que le guide soit indiqué.

Parce que, si les soldats tournaient la tête du côté du guide, elle entraînerait l'épaule opposée, ce qui donnerait une fausse direction au rang, causerait une pression continuelle vers le guide, et par conséquent du flottement.

Si l'on s'aperçoit qu'on est soi-même trop en avant ou trop en arrière, ne se remettre que peu à peu sur l'alignement, en alongeant ou raccourcissant son pas d'une manière presque insensible.

Parce que les mouvemens brusques, en marchant, tendent toujours à désunir une troupe, à y causer du flottement, et font perdre la cadence; car un homme ne saurait faire un pas de deux pieds et demi dans le même espace de temps que son voisin en fait un de deux pieds, sans que le mouvement du premier ne fût plus vif que celui du second; au lieu qu'on peut alonger le pas d'un ou de deux pouces, sans qu'il en résulte une accélération sensible dans le mouvement.

241. L'instructeur s'attachera à faire comprendre aux hommes de recrue que l'alignement ne peut se conserver, en marchant, que par la régularité du pas, par le tact des coudes et qu'autant que les épaules seront maintenues carrément; que si, par exemple, ils faisaient des pas plus grands les uns que les autres, où s'ils marchaient les uns plus vite, les autres plus lentement, ils se désuniraient nécessairement; que si, devant avoir la tête directe, ils n'observaient pas le tact des coudes, il leur serait impossible de juger s'ils marchent à même hauteur que leur voisin, et s'il ne se forme pas entre eux des ouvertures.

242. Les soldats étant affermis dans les prin-

cipes de la marche directe, l'instructeur les exercera à marcher obliquement, d'abord du côté du guide, et ensuite du côté opposé au guide, en se conformant à ce qui est prescrit n° 48 et suivans.

243. Dans la marche oblique comme dans la marche directe, le tact des coudes doit toujours se prendre du côté du guide : ainsi chaque homme doit tenir légèrement au coude de son voisin de ce côté.

244. La marche oblique du côté opposé au guide étant beaucoup plus difficile que du côté du guide, l'instructeur recommandera de redoubler d'attention toutes les fois qu'on obliquera ainsi.

245. Lorsque ces divers principes seront devenus familiers aux hommes de recrue, et qu'ils seront bien affermis dans la position du corps, le port d'armes, le mécanisme, la longueur et la vitesse du pas ordinaire, l'instructeur les fera passer du pas ordinaire au pas accéléré, et du pas accéléré au pas ordinaire, en observant de ne les faire marcher obliquement au pas accéléré que quand ils seront bien affermis dans la cadence de ce pas.

246. La longueur du pas accéléré, soit direct, soit oblique, sera la même que celle du pas ordinaire ; mais sa vitesse sera de cent par minute.

247. Le rang étant en marche au pas ordinaire, l'instructeur commandera :

1. *Pas accéléré.*

2. MARCHE.

248. Au commandement de *marche*, qui sera fait sur l'un ou l'autre pied indistinctement, le rang prendra le pas accéléré.

249. Lorsque l'instructeur voudra faire reprendre le pas ordinaire, il commandera :

1. *Pas ordinaire.*

2. MARCHE.

250. Au commandement de *marche*, qui sera fait indistinctement sur l'un ou l'autre pied, le rang reprendra le pas ordinaire.

251. Le rang étant en marche, l'instructeur l'arrêtera par les commandemens et moyens prescrits n° 37 et 38.

252. Si le rang marche au pas accéléré, le commandement de *halte* sera fait un instant avant que le pied soit prêt à poser à terre.

253. Le rang étant en marche au pas accéléré, l'instructeur lui fera quelquefois *marquer* et *changer le pas*; il le fera également passer du pas direct au pas oblique et réciproquement, en se conformant à ce qui a été prescrit n° 243 et suivans.

254. La marche au pas accéléré s'exécutera d'après les mêmes principes qu'au pas ordinaire; mais, l'impulsion du pas accéléré disposant le soldat à s'abandonner, l'instructeur s'attachera à bien régler la cadence de ce pas et à habituer le soldat à conserver toujours l'aplomb du corps ainsi que la régularité du pas.

255. Le rang étant de pied ferme, l'instructeur

lui fera marcher le pas en arrière ; à cet effet, il commandera :

1. *Peloton en arrière.*

2. *Guide à gauche* (ou *à droite*).

3. MARCHE.

256. Au commandement de *marche*, les soldats retireront vivement le pied gauche en arrière, et le porteront à la distance de trente-trois centimètres (un pied), à compter d'un talon à l'autre, et ainsi de suite jusqu'au commandement de *halte*, qui sera toujours précédé de celui de *peloton*. Les soldats s'arrêteront à ce commandement, en rapportant le pied qui est en avant à côté de l'autre.

257. L'instructeur veillera à ce que les hommes ne s'appuient pas sur leurs voisins, qu'ils se portent droit en arrière, et que l'aplomb ainsi que la position du corps et de l'arme soient toujours conservés.

Observation relative à la seconde leçon.

258. Cette leçon devant être exécutée au port d'armes, l'instructeur, afin de ne pas trop fatiguer les soldats et pour les empêcher de se négliger sur la position, fera arrêter le rang de temps à autre, et le fera reposer sur les armes.

TROISIÈME LEÇON.

Marche de flanc.

259. Le rang étant de pied ferme et correcte-

ment aligné, l'instructeur fera les commandemens suivans :

1. *Peloton par le flanc droit* (ou *gauche*).
2. A DROITE (OU A GAUCHE).
3. *Peloton en avant.*
4. MARCHE.

260. Au second commandement, le rang fera à-droite ou à-gauche.

261. Au commandement de *marche*, il partira vivement du pied gauche au pas ordinaire.

262. L'instructeur placera un homme bien dressé à côté du soldat qui est en tête du rang, pour régler son pas et le conduire, et il sera recommandé à ce soldat de marcher toujours coude à coude avec l'homme qui doit le diriger.

263. L'instructeur fera observer dans la marche de flanc les règles suivantes :

Que le pas s'exécute d'après les principes prescrits;

Parce que ces principes, sans lesquels les hommes placés à côté les uns des autres sur un même rang ne sauraient conserver de l'ensemble en marchant, sont encore plus indispensables à observer lorsqu'on marche en file.

Qu'à chaque pas, le pied de l'homme qui précède soit remplacé par celui de l'homme qui le suit.

Afin que les files ne puissent pas s'ouvrir.

Que le soldat ne ploie pas les genoux, pour éviter de marcher sur les talons de l'homme qui le précède.

Parce que, s'il ployait les genoux, la cadence du pas et la distance entre les files se perdraient.

Que la tête de l'homme qui précède immédiatement chaque soldat lui cache celles de tous ceux qui sont devant lui.

Parce que c'est la règle la plus sûre qu'on puisse donner pour se maintenir exactement derrière son chef de file.

264. L'instructeur se placera habituellement à cinq ou six pas sur le flanc des hommes qu'il instruit, pour veiller à l'observation des principes prescrits ci-dessus ; il se portera aussi quelquefois derrière le rang, s'arrêtera et lui laissera parcourir quinze ou vingt pas, afin d'observer si les hommes se maintiennent exactement derrière leurs chefs de file.

265. Lorsque l'instructeur voudra arrêter le rang marchant par le flanc et le remettre face en tête, il commandera :

1.e *Peloton.*

2. HALTE.

3. FRONT.

266. Au second commandement, le rang s'arrêtera, et aucun homme ne bougera plus, quand même il aurait perdu sa distance ; cette attention est nécessaire pour habituer les soldats à conserver toujours leurs distances.

267. Au troisième commandement, chaque homme se remettra face en tête par un à-gauche,

si l'on a marché par le flanc droit, et par un à-droite, si l'on a marché par le flanc gauche.

268. Lorsque les hommes auront acquis l'habitude de la marche de flanc, l'instructeur les exercera à changer de direction par file; à cet effet il commandera :

1. *Par file à gauche* (ou *à droite*).

2. MARCHE.

269. Au second commandement, le premier homme du rang changera de direction à gauche ou à droite, et marchera ensuite droit devant lui; chaque homme viendra successivement changer de direction à la même place que le premier.

270. L'instructeur fera aussi exécuter les à-droite et les à-gauche en marchant; à cet effet, il commandera :

1. *Peleton*, *par le flanc gauche* (ou *droit*).

2. MARCHE.

271. Au second commandement, qui sera fait un peu avant que l'un ou l'autre pied indifféremment soit près de poser à terre; les soldats tourneront le corps, poseront le pied qui est levé dans la nouvelle direction, et partiront de l'autre pied sans altérer la cadence du pas.

272. Lorsque les hommes auront acquis de l'aisance et de la facilité dans la marche de flanc, l'instructeur les exercera à la marche de flanc au pas accéléré : cette leçon leur rendra plus sensible la nécessité qu'il y a de bien emboîter le pas en

marchant par le flanc, et de conserver la cadence ainsi que l'aplomb du corps.

Observation relative à la troisième leçon.

273. Cette leçon sera, comme celle qui précède, exécutée au port d'armes; mais lorsque l'instructeur voudra reposer les soldats, il leur fera porter l'arme au bras, et il exigera d'eux que, dans cette position, ils marchent avec autant de régularité qu'au port d'armes.

QUATRIÈME LEÇON.

Conversions.

PRINCIPES GÉNÉRAUX DES CONVERSIONS.

274. Les conversions sont de deux espèces: les conversions de pied ferme, et les conversions en marchant.

275. Les conversions de pied ferme ont lieu pour faire passer une troupe de l'ordre en bataille à l'ordre en colonne, ou de l'ordre en colonne à l'ordre en bataille.

276. Les conversions en marchant ont lieu dans les changemens de direction en colonne, toutes les fois que ce mouvement s'exécute du côté opposé au guide.

277. Dans les conversions de pied ferme, l'homme qui est au pivot de la conversion ne fait que tourner sur place, sans avancer ni reculer.

278. Dans les conversions en marchant,

l'homme qui est au pivot, fait le pas de vingt-deux centimètres (huit pouces), afin de dégager le point de la conversion; ce qui est nécessaire pour que les subdivisions d'une colonne puissent changer de direction sans perdre leurs distances, ainsi qu'il sera expliqué à l'école de peloton.

279. Dans l'un et l'autre cas, l'homme, qui est à l'aile marchante, doit toujours faire le pas de deux pieds.

280. Le mouvement de tourner à droite ou à gauche n'a lieu que dans les changemens de direction en colonne du côté du guide, et il faut bien se garder de confondre ce mouvement avec les conversions en marchant.

Conversion de pied ferme.

281. Le rang étant de pied ferme, l'instructeur placera un homme bien dressé à l'aile qui devra marcher, pour la conduire, et commandera :

1. *Par peloton à droite.*

2. MARCHE.

282. Au second commandement, les soldats partiront du pied gauche, et tourneront en même temps la tête un peu à gauche, les yeux fixés sur la ligne des yeux des hommes qui sont à leur gauche : l'homme, qui est au pivot, ne fera que marquer le pas, en se conformant au mouvement de l'aile marchante; l'homme qui conduit cette aile marchera le pas de deux pieds, avancera un peu l'épaule gauche dès le premier pas, jettera de

temps en temps les yeux sur le rang, et sentira toujours le coude de l'homme qui est à côté de lui, mais légèrement et sans jamais le pousser.

283. Les autres soldats sentiront légèrement le coude de leur voisin du côté du pivot, résisteront à la pression qui vient du côté opposé, et se conformeront au mouvement de l'aile marchante, en faisant le pas d'autant plus petit qu'ils seront plus près du pivot.

284. L'instructeur fera parcourir une ou deux fois le tour du cercle avant d'arrêter le rang, afin de faire mieux sentir les principes; il veillera avec soin à ce que le centre ne crève pas.

285. Il fera converser à gauche d'après les mêmes principes.

286. Lorsque l'instructeur voudra arrêter la conversion, il fera les commandemens suivans :

1. *Peloton.*

2. HALTE.

287. Au commandement de *halte*, le rang s'arrêtera, et aucun homme ne bougera plus. L'instructeur, se portant à l'aile opposée au pivot, placera les deux premiers hommes de cette aile dans la direction qu'il voudra donner au rang, ayant soin de ne laisser entre eux et le pivot que l'espace nécessaire pour y encadrer tous les autres; il commandera ensuite :

3. *A gauche* (ou *à droite*) — ALIGNEMENT.

288. A ce commandement, le rang se placera

sur l'alignement des deux hommes qui doivent servir de base, en se conformant aux principes prescrits.

289. L'instructeur commandera ensuite FIXE, ce qui sera exécuté comme il a été prescrit au n° 228.

Observations relatives aux principes des conversions de pied ferme.

290. Tourner un peu la tête du côté de l'aile marchante, et fixer les yeux sur la ligne des yeux des hommes qui sont de ce côté.

Parce que, sans cette attention, il serait impossible au soldat de régler la longueur de son pas de manière à se conformer au mouvement de l'aile marchante.

Tenir légèrement au coude de son voisin du côté du pivot.

Afin que les files ne s'ouvrent pas en conversant.

Résister à la pression qui vient du côté de l'aile marchante.

Parce que, si l'on négligeait ce principe, le pivot, qui doit être un point fixe dans les conversions de pied ferme, pourrait être rejeté hors de sa place par la pression.

Conversion en marchant.

291. Lorsque les hommes de recrue exécuteront bien les conversions de pied ferme, on les exercera à converser en marchant.

292. A cet effet, le rang étant en marche, lorsque l'instructeur voudra lui faire changer de direc-

tion du côté opposé au guide, il fera les commandemens suivans :

1. *A droite* (ou *à gauche*) *conversion.*

2. MARCHE.

293. Le premier commandement sera fait lorsque le rang sera à quatre pas du point de conversion.

294. Au second commandement, la conversion s'exécutera de la même manière que de pied ferme, excepté que le tact des coudes restera du côté du guide, au lieu de se prendre du côté du pivot ; que l'homme qui est au pivot, au lieu de tourner sur place, se conformera au mouvement de l'aile marchante, sentira légèrement le coude de son voisin, fera le pas de vingt-deux centimètres (huit pouces), et gagnera ainsi du terrain en avant, en décrivant une petite courbe de manière à dégager le point de la conversion ; le milieu du rang cintrera un peu en arrière. Aussitôt que le mouvement commencera, l'homme qui conduit l'aile marchante jettera les yeux sur le terrain qu'il doit parcourir.

295. La conversion étant achevée, l'instructeur commandera :

1. *En avant.*

2. MARCHE.

296. Le premier commandement sera prononcé lorsqu'il restera quatre pas à faire pour que la conversion soit achevée.

297. Au commandement de *marche*, qui sera fait à l'instant où la conversion sera achevée,

l'homme qui conduit l'aile marchante, se dirigera droit en avant; l'homme qui est au pivot et tout le rang reprendront le pas de deux pieds et replaceront la tête directe.

Changer de direction du côté du guide.

298. Les changemens de direction du côté du guide s'exécuteront ainsi qu'il suit; l'instructeur commandera :

1. *Tournez à gauche* (ou *à droite*).
2. MARCHE.

299. Le premier commandement sera fait lorsque le rang sera à quatre pas du point où il doit changer de direction.

300. Au commandement de *marche*, qui sera prononcé à l'instant où le rang devra tourner, le guide fera à-gauche ou à-droite en marchant, et se prolongera dans la nouvelle direction, sans ralentir ni accélérer la cadence, sans alonger ni raccourcir la mesure du pas. Tout le rang se conformera promptement, mais sans courir, à la nouvelle direction; à cet effet, chaque homme avancera l'épaule opposée au guide, prendra le pas accéléré pour se porter dans la nouvelle direction, tournera la tête et les yeux du côté du guide et joindra le coude de son voisin du même côté, en se plaçant sur l'alignement du guide, dont il prendra le pas; il replacera ensuite la tête et les yeux dans la position directe. Chaque homme arrivera ainsi successivement sur l'alignement du guide.

Observation relative à la quatrième leçon.

301. On ne fera usage dans cette leçon que du pas ordinaire. L'instructeur, afin de ne pas fatiguer les soldats et de ne pas diviser leur attention, leur fera exécuter sans armes les divers mouvemens dont cette leçon se compose, jusqu'à ce qu'ils en connaissent bien le mécanisme.

FORMER LES FAISCEAUX.

302. Les hommes étant formés sur trois rangs, l'instructeur les fera reposer sur les armes, puis il commandera :

Formez = LES FAISCEAUX.

303. A ce commandement, l'homme du premier rang de chaque file passera son arme devant lui, la saisissant avec la main gauche au-dessus de la grenadière, et la placera la crosse en arrière et près du pied droit de l'homme qui est à sa gauche, le canon tourné en avant. En même temps, l'homme du second rang passera son arme à celui du premier rang; celui-ci la saisira avec la main droite à cinq centimètres (deux pouces) au-dessus de la grenadière, portera la crosse à quatre-vingt-deux centimètres (deux pieds six pouces) en avant du premier rang, vis-à-vis son épaule droite, inclinant vers soi le bout du fusil, et croisera les baïonnettes des deux armes. L'homme du troisième rang passera son arme à celui du second rang, qui la recevra de la main droite au-dessus de la capucine, la penchera en avant, la placera en dehors, et introduira la baïonnette, en s'aidant de la main

gauche, entre et sous les branches des baïonnettes des deux autres armes. Il l'abandonnera alors à l'homme du premier rang, qui la saisira, avec la main droite, au-dessous de la grenadière, la passera en avant du rang en soulevant son arme et le faisceau avec la main gauche, et placera la crosse entre les pieds de l'homme qui est à sa droite.

304. Les hommes des trois rangs ayant pris la position du soldat sans arme, l'instructeur commandera :

1. *Rompez vos rangs.*

2. MARCHE.

Rompre les faisceaux.

305. Les trois rangs s'étant reformés en arrière de leurs faisceaux, l'instructeur commandera :

Rompez = LES FAISCEAUX.

306. A ce commandement, l'homme du premier rang de chaque file saisira son arme avec la main gauche, et celle de l'homme du second rang avec la main droite, toutes deux au-dessus de la grenadière; l'homme du second rang portera le pied droit en avant, le milieu du pied à hauteur du talon droit de l'homme du premier rang, et saisira l'arme du troisième rang avec la main droite au-dessus de la grenadière; au même instant ces deux hommes soulèveront le faisceau pour le rompre, l'homme du second rang passera l'arme de

l'homme du troisième rang à ce dernier; celui du premier rang en fera de même à l'égard de l'homme du second rang; et les trois rangs prendront la position du soldat reposé sur l'arme.

OBSERVATIONS.

307. Si les hommes sont sur deux rangs, on formera les faisceaux de la manière suivante :

308. L'homme du premier rang de chaque file paire exécutera ce qui a été indiqué n° 303, pour celui du premier rang d'une file sur trois rangs. L'homme du premier rang de chaque file impaire passera son arme à l'homme qui est à sa gauche, qui la placera comme il a été dit pour l'arme du second rang. L'homme du second rang de la file paire penchera son arme en avant, et introduira la baïonnette entre celles des deux autres armes. L'homme du premier rang la placera comme il a été prescrit pour l'arme du troisième rang d'une file sur trois rangs. Le faisceau formé, l'homme du second rang de la file impaire passera son arme dans la main gauche, le canon en avant, et la placera sur le faisceau, en l'inclinant.

309. Lorsqu'on voudra faire rompre les faisceaux, l'homme du second rang de chaque file impaire retirera son arme du faisceau; celui du premier rang de la file paire saisira la sienne avec la main gauche; et celle de l'homme du premier rang de la file impaire, avec la main droite; l'homme du second rang de la file paire saisira

son arme de la main droite à la grenadière : ces deux hommes soulèveront le faisceau pour le rompre ; l'homme du premier rang de la file impaire reprendra son arme de la main de son voisin de gauche, et les quatre hommes prendront la position du soldat reposé sur l'arme.

TITRE III.

ÉCOLE DE PELOTON.

RÈGLES GÉNÉRALES ET DIVISION DE L'ÉCOLE DE PELOTON.

1. L'instruction par peloton devant toujours précéder celle par bataillon, et ayant pour objet d'y préparer les soldats, on se conformera, dans les exercices de détail des compagnies, à la progression et aux principes qui vont être prescrits ci-après.

2. On se conformera de même à ces principes pour le peloton de l'école des recrues. On y attachera un chef de peloton, un sous-officier de remplacement et des serre-files, qui seront placés comme il a été prescrit dans la formation en bataille.

3. Il y aura en outre un officier chargé d'exercer ce peloton. Il sera désigné sous le nom d'*instructeur*.

4. L'école de peloton sera divisée en six leçons,

et chaque leçon comprendra cinq articles, ainsi qu'il suit :

Première Leçon.

1° Ouvrir les rangs.
2° Alignemens à rangs ouverts.
3° Maniement des armes.
4° Serrer les rangs.
5° Alignemens et maniement des armes à rangs serrés.

Deuxième Leçon.

1° Charge en quatre temps.
2° Charge à volonté.
3° Feu de peloton.
4° Feu de deux rangs.
5° Feu par le troisième rang.

Troisième Leçon.

1° Marche en bataille, en avant.
2° Arrêter le peloton marchant en bataille, et l'aligner.
3° Marche oblique en bataille.
4° Marquer le pas, marcher le pas accéléré et le pas en arrière.
5° Marcher en bataille en retraite.

Quatrième Leçon.

1° Marcher par le flanc.
2° Changer de direction par file.
3° Arrêter le peloton marchant par le flanc, et le remettre face en tête.
4° Le peloton étant en marche par le flanc, le former sur la droite ou sur la gauche par file en bataille.
5° Le peloton étant en marche par le flanc, le former par peloton ou par section en ligne, et lui faire exécuter les à-droite et les à-gauche en marchant.

Cinquième Leçon.

1° Rompre en colonne par section.
2° Marcher en colonne.

3° Changer de direction.
4° Arrêter la colonne.
5° Étant en colonne par section, se former à gauche ou à droite en bataille.

Sixième Leçon.

1° Rompre et former le peloton.
2° Mettre des files en arrière, et les faire rentrer en ligne.
3° Marcher en colonne de route, et exécuter les divers mouvemens qui en dépendent.
4° Contre-marche.
5° Étant en colonne par section, se former sur la droite ou sur la gauche en bataille.

5. De quelque nombre de files que le peloton soit composé, il sera formé sur trois rangs, lorsqu'il devra exécuter la première et la deuxième leçon; mais si le nombre des files est au-dessous de seize, le peloton sera formé sur deux rangs, quand il devra exécuter les troisième, quatrième, cinquième et sixième leçons.

6. Dans l'un et l'autre cas, l'instructeur numérotera les files de la droite à la gauche, de manière que chaque homme connaisse son numéro dans son rang.

7. L'instructeur sera le plus clair et le plus concis qu'il lui sera possible dans ses explications; il fera rectifier les fautes de détail qui concernent les soldats par le chef de peloton, à qui il les indiquera, s'il ne les avait pas remarquées, et ne les rectifiera lui-même que lorsque le chef de peloton n'aura pas bien compris ou qu'il aura mal rempli ses intentions.

8. Le calme et le sang-froid de celui qui com-

mande et de ceux qui exécutent étant le premier moyen d'ordre dans une troupe, l'instructeur s'attachera à y habituer celle qu'il exerce, et en donnera lui-même l'exemple.

PREMIÈRE LEÇON.

ARTICLE PREMIER.

Ouvrir les rangs.

9. Le peloton étant reposé sur les armes et aligné, ainsi que les serre-files, lorsque l'instructeur voudra faire ouvrir les rangs, il fera placer les deux serre-files les plus près de la gauche à la gauche du premier et du troisième rang; ce qui étant exécuté, il commandera :

1. *Garde à vous.*
2. *Peloton.*
3. *Portez* = VOS ARMES.
4. *En arrière, ouvrez vos rangs.*

10. Au quatrième commandement, le chef de peloton, le sous-officier de remplacement et les deux serre-files, placés à la gauche du premier et du troisième rang, se porteront légèrement en arrière pour aller tracer l'alignement où devront se placer les deux derniers rangs.

11. Le chef de peloton et le serre-file placé à la gauche du premier rang, se porteront sur la ligne des serre-files, et s'aligneront sur eux.

12. Le sous-officier de remplacement et le serre-file, placé à la gauche du troisième rang, se porteront à quatre pas en arrière du rang des serre-files, et jugeront cette distance à l'œil sans compter les pas.

13. L'instructeur, se portant en même temps sur le flanc droit, vérifiera successivement la position des uns et des autres, pour s'assurer qu'ils soient placés parallèlement au premier rang ; il la rectifiera promptement, s'il est nécessaire, et commandera ensuite :

5. MARCHE.

14. A ce commandement, le premier rang du peloton ne bougera.

15. Les deux derniers rangs marcheront en arrière au pas ordinaire sans compter les pas, et se placeront sur l'alignement déterminé pour chaque rang, en se conformant à ce qui a été prescrit à l'école du soldat, nº 226.

16. Le chef de peloton alignera le second rang, et le sous-officier de remplacement le troisième, sur le serre-file qui ferme la gauche de chacun de ces rangs.

17. Les serre-files marcheront en arrière en même temps que le troisième rang, et se placeront à deux pas de ce rang lorsqu'il aura été aligné.

18. Le chef de peloton et le sous-officier de remplacement ayant aligné leurs rangs respectifs, l'instructeur commandera :

6. FIXE.

19. A ce commandement, le chef de peloton et le serre-file, placés à la gauche du second rang, reprendront leurs places au premier rang.

20. L'instructeur, voyant les rangs alignés, examinera la position et le port d'armes des hommes du premier rang, et chargera le chef de peloton et le sous-officier de remplacement, d'examiner de même le second et le troisième rang.

ARTICLE II.

Alignemens à rangs ouverts.

21. Les rangs étant ouverts, l'instructeur fera prendre dans les premiers exercices, quelques alignemens homme par homme, pour faire mieux observer les principes.

22. Il fera marcher, à cet effet, les trois hommes de la droite ou de la gauche de chaque rang deux ou trois pas en avant, et, après les avoir alignés, il commandera :

Par file à droite (*ou à gauche*) = ALIGNEMENT.

23. A ce commandement, les soldats de chaque rang se porteront successivement sur l'alignement, chaçun d'eux se laissant précéder de deux pas par son voisin du côté de l'alignement.

24. Les alignemens successifs ayant habitué les soldats à s'aligner correctement, l'instructeur fera aligner les rangs entiers à la fois, en avant et en arrière, dans des directions parallèles et obliques, en donnant toujours trois hommes pour base d'a-

lignement à chaque rang; à cet effet, il commandera :

A droite ou *à gauche* = ALIGNEMENT,

ou bien,

En arrière à droite (ou *en arrière à gauche*)
= ALIGNEMENT.

25. Dans les alignemens obliques à rangs ouverts, les hommes du second et du troisième rang ne chercheront pas à se mettre derrière leurs chefs de file, puisqu'il ne s'agit, dans cette instruction, que d'exercer les soldats à s'aligner correctement dans leurs rangs respectifs, dans toute espèce de directions.

26. Dans ces divers alignemens, l'instructeur en surveillera l'exécution au premier rang, le chef de peloton au second rang, et le sous-officier de remplacement au troisième; ils se placeront, à cet effet, du côté de l'alignement.

27. Dans les alignemens obliques, les soldats conformeront la ligne de leurs épaules à la nouvelle direction de leurs rangs, et se placeront sur l'alignement comme il a été prescrit à l'école du soldat, n° 226 ou n° 235, selon que la nouvelle direction sera en avant ou en arrière de la position primitive de leurs rangs.

28. Après chaque alignement, l'instructeur, le chef de peloton et le sous-officier de remplacement examineront, en passant devant le rang, la position et le port d'armes, afin d'habituer les soldats à ne pas se négliger sur ces objets.

ARTICLE III.

Maniement des armes.

29. Les rangs étant ouverts, l'instructeur se placera de manière à voir les trois rangs, et commandera le maniement des armes dans l'ordre qui suit :

Présenter les armes.	*Porter les armes.*
Reposer sur les armes.	
Poser les armes à terre.	
Relever les armes.	*Porter les armes.*
L'arme au bras.	*Porter les armes.*
Remettre la baïonnette.	*Porter les armes.*
Passer l'arme sous le bras gauche.	*Porter les armes.*
Baïonnette au canon.	*Porter les armes.*
Croiser la baïonnette.	*Porter les armes.*
Descendre les armes.	*Porter les armes.*
Charge en douze temps.	

30. L'instructeur veillera à ce que la position des pieds, du corps et de l'arme soit toujours exacte; que les temps s'exécutent vivement et près du corps. Il surveillera le premier rang; le chef de peloton surveillera le second, et le sous-officier de remplacement le troisième.

ARTICLE IV.

Serrer les rangs.

31. Le maniement des armes étant achevé, l'instructeur fera serrer les rangs; à cet effet, il commandera :

1. *Serrez vos rangs.*
2. MARCHE.

32. Au commandement de *marche*, les deux derniers rangs serreront au pas ordinaire, chaque homme se dirigeant sur son chef de file.

ARTICLE V.

Alignemens et maniement des armes à rangs serrés.

33. Les rangs étant serrés, l'instructeur fera prendre des alignemens parallèles et obliques, à droite et à gauche, en avant et en arrière, en observant de placer toujours d'avance trois files pour servir de base d'alignement. L'instructeur fera les commandemens prescrits ci-dessus, nº 24.

34. Dans les alignemens à rangs serrés, le chef de peloton surveillera l'alignement du premier rang, et le sous-officier de remplacement celui des deux autres; ils s'habitueront à le juger par la ligne des yeux et des épaules, en jetant un coup d'œil par devant et par derrière le rang.

35. Dès que le chef de peloton verra le plus grand nombre des hommes du premier rang alignés, il commandera FIXE, et rectifiera ensuite, s'il y a lieu, l'alignement des autres hommes par les moyens prescrits dans l'école du soldat, nº 234. Les deux derniers rangs se conformeront à l'alignement du premier, et le sous-officier de remplacement y veillera.

36. Les rangs étant immobiles, l'instructeur se portera sur le flanc pour vérifier l'alignement des trois rangs; il observera ensuite si les hommes des deux derniers rangs se sont placés correctement à leurs chefs de file.

37. Dans les alignemens obliques, l'instructeur fera observer ce qui a été prescrit ci-dessus, nº 27.

38. Dans tous les alignemens les serre-files se

placeront à deux pas en arrière du troisième rang.

39. Les alignemens étant terminés, l'instructeur fera exécuter le maniement des armes.

40. L'instructeur, voulant faire reposer les soldats sans déranger l'alignement, fera d'abord porter l'arme au bras ou reposer sur les armes, et commandera :

En place = REPOS.

41. A ce commandement, les soldats ne seront plus astreints à garder l'immobilité ; mais ils conserveront toujours l'un ou l'autre talon en place.

42. Si, au contraire, l'instructeur veut faire reposer les soldats sans les astreindre à conserver l'alignement, il commandera :

REPOS.

43. A ce commandement, les soldats ne seront plus tenus à garder l'immobilité ni la position.

44. L'instructeur pourra aussi, quand il le jugera convenable, faire former les faisceaux, ce qui s'exécutera par les commandemens et les moyens prescrits à l'école du soldat.

DEUXIÈME LEÇON.

45. L'instructeur, voulant passer à la deuxième leçon, fera rompre les faisceaux, s'ils ont été formés, et commandera :

1. *Garde à vous.*
2. *Peloton.*
3. *Portez* — VOS ARMES.

46. L'instructeur fera ensuite exécuter les charges et les feux dans l'ordre suivant.

ARTICLE PREMIER.

Charge en quatre temps.

47. La charge en quatre temps sera commandée et exécutée comme il a été prescrit à l'école du soldat, n° 182 et suivans. L'instructeur la fera exécuter plusieurs fois de suite avant de passer à la charge à volonté.

ARTICLE II.

Charge à volonté.

48. La charge à volonté sera commandée et exécutée comme il a été prescrit à l'école du soldat, n° 187.

49. Au premier temps de la charge en quatre temps ou de la charge à volonté, le chef de peloton et le sous-officier de remplacement feront un demi-à-droite comme les soldats, et se remettront face en tête, lorsque le soldat qui est à côté d'eux passera l'arme à gauche.

50. L'instructeur s'attachera avec le plus grand soin à ce que, dans l'exécution des charges, les soldats, se conforment aux principes prescrits n° 188, 189 et 190 de l'école du soldat.

51. La charge à volonté étant la charge du combat, et par conséquent celle qu'il importe le plus de rendre familière aux soldats, on s'y attachera de préférence, dès qu'ils seront bien affer-

mis dans les principes, et on les amènera par degrés à charger réellement et à tirer trois coups au moins par minute avec aisance et régularité.

ARTICLE III.

Feu de peloton.

52. L'instructeur, voulant faire exécuter le feu de peloton, commandera :

1. *Feu de peloton.*

2. *Commencez le feu.*

53. Au premier commandement, le chef de peloton se portera vivement derrière le centre de son peloton, à quatre pas des serre-files : le sous-officier de remplacement reculera sur l'alignement des serre-files, vis-à-vis son créneau. Cette règle est générale dans tous les feux.

54. Au deuxième commandement, le chef de peloton commandera : 1. *Peloton*; 2. ARMES; 3. JOUE; 4. FEU; 5. CHARGEZ.

55. Au commandement de *chargez*, les soldats retireront leurs armes, les chargeront et les porteront. Le chef de peloton fera aussitôt recommencer le feu par les mêmes commandemens, et le feu continuera ainsi jusqu'au roulement.

56. Le chef de peloton fera quelquefois tirer obliquement à droite et à gauche, en observant seulement de prononcer chaque fois l'avertissement de *oblique à droite* ou de *oblique à gauche*, après le commandement de *armes* et avant celui de *joue*, et de faire tirer tantôt à droite et tan-

tôt à gauche sans autre avertissement. Il fera aussi quelquefois le commandement de *redressez vos armes* après celui de *joue*, afin d'habituer les soldats au calme et au sang-froid, et de les rendre attentifs au commandement.

ARTICLE IV.

Feu de deux rangs.

57. L'instructeur, voulant faire exécuter le feu de deux rangs, commandera :

1. *Feu de deux rangs.*
2. *Peloton.*
3. ARMES.
4. *Commencez le feu.*

58. Les troisième et quatrième commandemens seront exécutés comme il a été prescrit à l'école du soldat, n° 206 et suivans.

59. Le feu commencera par la file de droite du peloton; la file suivante ne mettra en joue qu'au moment où celle qui vient de faire feu retirera son arme pour recharger, et ainsi de suite jusqu'à la gauche : mais cette progression n'aura lieu que pour le premier feu seulement, chaque homme devant ensuite charger et tirer sans se régler sur les autres, en se conformant à ce qui a été prescrit à l'école du soldat, n°s 210 et 211.

60. L'instructeur fera cesser le feu, soit de peloton, soit de deux rangs, par un roulement; et à l'instant où le roulement commencera, les soldats cesseront de tirer. S'ils avaient fait feu, ils

chargeraient leurs armes et les porteraient. S'ils se trouvaient dans la position d'*apprêtez vos armes*, ils feraient front, remettraient le chien au repos et porteraient les armes. S'ils se trouvaient dans la position de *joue*, ils exécuteraient d'eux-mêmes le mouvement de *redresser vos armes*, feraient front, remettraient le chien au repos, et porteraient les armes. Dans le feu de peloton, le premier rang se relèvera pour mettre le chien au repos; dans celui de deux rangs, les hommes du second et du troisième rang, après avoir mis le chien au repos, se rendront réciproquement leurs armes, s'ils ne les avaient pas.

61. Le roulement sera toujours suivi d'un coup de baguette; à ce signal, le chef de peloton et le sous-officier de remplacement reprendront vivement leurs places de bataille, et rectifieront, s'il y a lieu, l'alignement des rangs.

Observations.

62. Dans cette école, hors le cas où l'on tirerait à poudre, le roulement sera indiqué par le commandement de *roulement* que prononcera l'instructeur, lorsqu'il voudra faire cesser le feu.

63. Le coup de baguette, pour faire rentrer le chef de peloton et le sous-officier de remplacement à leurs places de bataille, sera également indiqué par le commandement de *coup de baguette* que prononcera l'instructeur lorsqu'il verra les armes portées.

64. Le feu de deux rangs étant celui qui s'em-

ploie le plus souvent à la guerre, il importe de le rendre très familier aux troupes ; l'instructeur s'y attachera donc de préférence ; il veillera à ce qu'il s'exécute avec la plus grande régularité, ce moyen étant le plus sûr pour amener les soldats à charger et à tirer avec la précision et la vitesse désirables.

ARTICLE V.

Feux par le troisième rang.

65. L'instructeur fera exécuter les feux par le troisième rang ; à cet effet, il commandera :

1. *Face par le troisième rang.*
2. *Peloton.*
3. *Demi-tour* = A DROITE.

66. Au premier commandement, le chef de peloton, sortant de son créneau, se placera face à la file de droite de son peloton, le sous-officier de remplacement et les serre-files traverseront légèrement par le créneau du chef de peloton, et se placeront face en arrière, le sous-officier de remplacement à un pas derrière le chef de peloton, les serre-files à deux pas du premier rang, vis-à-vis leurs places de bataille, en passant par derrière le sous-officier de remplacement.

67. Au troisième commandement, qui sera fait de manière que le peloton se trouve face en arrière au moment où le dernier serre-file aura traversé le créneau, le peloton fera demi-tour à droite; le chef de peloton se portera dans son créneau au

troisième rang devenu premier; et le sous-officier de remplacement se placera derrière le chef de peloton, au premier rang devenu troisième.

68. Le peloton faisant ainsi face par le troisième rang, l'instructeur fera exécuter le feu de peloton direct et oblique, et le feu de deux rangs, par les commandemens prescrits dans l'article précédent : le chef de peloton, le sous-officier de remplacement et les soldats se conformeront de même à ce qui y est expliqué.

69. Dans le feu de peloton, le troisième rang, devenu premier, mettra le genou en terre. Le feu de deux rangs commencera par la gauche du peloton, devenue droite.

70. Pour remettre le peloton face par le premier rang, l'instructeur commandera :

1. *Face par le premier rang.*

2. *Peloton.*

3. *Demi-tour* = À DROITE.

71. Au premier commandement, le chef de peloton, le sous-officier de remplacement et les serre-files se conformeront à ce qui est prescrit nº 66 et 67.

72. Au troisième commandement, le peloton ayant fait demi-tour à droite, le chef de peloton et le sous-officier de remplacement reprendront leurs places de bataille.

Observations relatives aux feux.

73. Dans cette leçon, l'instructeur habituera les trois rangs à viser horizontalement.

74. L'instructeur recommandera au chef de peloton de mettre assez d'intervalle entre les commandemens de *joue* et de *feu*, pour laisser aux soldats le temps de viser.

75. L'instructeur se placera de manière à voir les trois rangs, afin de pouvoir remarquer les fautes; il chargera le chef de peloton et les serre-files d'y veiller également et de lui en rendre compte dans les repos. Il renverra à l'instruction individuelle les hommes qui chargeraient mal, ou qui se trouveraient habituellement les derniers dans le feu de peloton.

76. L'instructeur recommandera aux soldats le plus grand calme et le plus grand sang-froid dans les feux, sans que cela nuise à la vivacité de leur exécution; il ne négligera rien pour les y habituer.

77. Il donnera pour *principe général* aux soldats, d'être attentifs à conserver dans le feu direct le talon gauche en place, afin que l'alignement des rangs et des files ne puisse pas se déranger; et il vérifiera après le feu, en examinant l'alignement, si ce principe a été observé.

78. L'instructeur ajoutera à ces observations toutes celles qui ont été prescrites à l'école du soldat, nos 214, 215 et 216.

79. Losqu'on exécutera les feux à poudre, l'instructeur fera quelquefois reposer sur les armes et mettre la baguette dans le canon, sans ouvrir les rangs, afin de vérifier si quelque soldat n'a pas fait la faute de mettre trois charges dans son fusil; et,

dans ce cas, il ferait décharger l'arme avec un tire-bourre.

TROISIÈME LEÇON.

ARTICLE PREMIER.

Marche en bataille en avant.

80. Le peloton étant en bataille et correctement aligné, lorsque l'instructeur voudra l'exercer à la marche en bataille, il s'assurera que le chef de peloton et le sous-officier de remplacement aient leurs épaules parfaitement dans la direction de leurs rangs respectifs, et qu'ils soient correctement placés l'un derrière l'autre; il se portera ensuite à vingt-cinq ou trente pas en avant d'eux, fera face en arrière, et se placera exactement sur leur prolongement.

81. L'instructeur, étant aligné sur la file de direction, commandera,

1. *Peloton en avant.*

82. A ce commandement, un des sous-officiers de serre-file, désigné d'avance, se portera à six pas en avant du chef de peloton; l'instructeur, placé comme il vient d'être prescrit, alignera correctement ce sous-officier sur le prolongement de la file de direction.

83. Le serre-file placé à six pas devant le chef de peloton, devant être chargé de la direction, prendra, dès que sa position sera assurée, deux points à terre dans la ligne droite qui, partant

de lui, irait passer entre les talons de l'instructeur.

84. Ces dispositions étant faites, l'instructeur se retirera et commandera :

2. MARCHE.

85. A ce commandement, le peloton partira vivement. Le sous-officier chargé de la direction observera avec la plus grande précision la longueur et la cadence du pas, marchera dans la direction des deux points qu'il aura choisis entre lui et l'instructeur, prendra, à mesure qu'il avancera, et toujours un peu avant d'arriver au point le plus près de lui, de nouveaux points en avant qui soient exactement dans le prolongement des deux premiers, et à quinze ou vingt pas l'un de l'autre. Le chef de peloton marchera constamment dans les traces du sous-officier chargé de la direction, et se maintiendra toujours à six pas de lui; les soldats auront la tête directe, sentiront légèrement le coude de leurs voisins du côté de la file de direction, et se conformeront aux principes prescrits à l'école du soldat pour la marche de front.

86. L'homme, placé à côté du chef de peloton, aura une attention particulière à ne jamais le dépasser; à cet effet, il tiendra toujours la ligne de ses épaules un peu en arrière, mais dans la même direction que celle du chef de peloton.

87. Les serre-files marcheront à deux pas en arrière du troisième rang.

88. Si les soldats perdaient le pas, l'instructeur commanderait :

Au pas.

89. A ce commandement, les soldats jetteraient un coup d'œil sur le sous-officier chargé de la direction, reprendraient le pas de ce sous-officier, et replaceraient la tête directe.

Observations relatives à la marche en bataille.

90. L'instructeur fera placer le chef de peloton et le sous-officier de remplacement tantôt à la droite et tantôt à la gauche du peloton.

91. Le sous-officier chargé de la direction ayant la plus grande influence sur la marche du peloton, l'instructeur le choisira toujours parmi ceux qui ne laisseront rien à désirer soit pour la précision du pas, soit pour l'habitude de maintenir les épaules carrément, et de se prolonger sans varier dans une direction donnée.

92. Si le sous-officier, chargé de la direction, n'observait pas ces principes, le peloton flotterait nécessairement; les soldats ne pourraient contracter l'habitude de faire des pas égaux en longueur et en vitesse, et de maintenir les épaules carrément, seuls moyens d'arriver à la perfection de la marche en bataille.

93. L'instructeur, afin de mieux affermir les soldats dans la longueur et la cadence du pas et dans les principes de la marche en bataille, fera marcher le peloton trois ou quatre cents pas de suite sans l'arrêter, lorsque le terrain le permettra.

Dans les premiers exercices, il fera marcher à rangs ouverts, pour mieux surveiller la marche des deux derniers rangs; dans ce cas, il fera placer un serre-file sur le flanc du second rang, derrière le chef de peloton.

94. L'instructeur veillera, avec le plus grand soin, à l'observation de tous les principes de la marche en bataille : il se tiendra le plus souvent sur le flanc du côté de la direction, de manière à voir les trois rangs, et à remarquer toutes les fautes; il se placera aussi quelquefois en arrière de la file de direction, s'y arrêtera pendant vingt ou trente pas de suite, pour observer si le sous-officier chargé de la direction s'écarte de la perpendiculaire.

ARTICLE II.

Arrêter le peloton marchant en bataille, et l'aligner.

95. L'instructeur, voulant arrêter le peloton, commandera :

1. *Peloton.*

2. HALTE.

96. Au commandement de *halte*, le peloton s'arrêtera; le sous-officier chargé de la direction restera devant le peloton, à moins que l'instructeur, ne voulant plus faire marcher en avant, ne lui commande de reprendre sa place de bataille.

97. Le peloton étant arrêté, l'instructeur pourra faire avancer les trois premières files du côté de la direction, et aligner le peloton sur cette

base, ou bien il pourra se borner à faire rectifier l'alignement ; dans ce dernier cas, il commandera : *Chef de peloton, rectifiez l'alignement.* Le chef de peloton portera aussitôt les yeux sur le rang, et rectifiera l'alignement, en se conformant à ce qui a été prescrit à l'école du soldat, n° 234.

ARTICLE III.

Marche oblique en bataille.

98. Le peloton étant en marche directe, lorsque l'instructeur voudra le faire marcher obliquement, il commandera :

1. *Oblique à droite* (ou *à gauche*).
2. MARCHE.

99. Au commandement de *marche*, qui sera prononcé conformément au principe prescrit à l'école du soldat, n° 49, le peloton prendra le pas oblique. Le sous-officier chargé de la direction aura la plus grande attention à maintenir ses épaules carrément et à obliquer d'un mouvement égal ; le chef de peloton conformera sa marche à celle de ce sous-officier ; les soldats conserveront le tact des coudes du côté de la direction, observant exactement les principes prescrits à l'école du soldat, n° 242 et suivans ; l'homme placé à côté du chef de peloton aura le plus grand soin de ne pas le dépasser.

100. Lorsque l'instructeur voudra faire re-

prendre la marche directe, il commandera :

1. *En avant.*
2. MARCHE.

101. Au commandement de *marche*, qui sera prononcé à l'instant où le pied va poser à terre, le peloton reprendra la marche directe. L'instructeur se portera à vingt pas en avant du chef de peloton, fera face en arrière, se placera correctement sur le prolongement du chef de peloton et du sous-officier de remplacement, et y placera, par un signe, le sous-officier chargé de la direction, s'il n'était pas sur cette ligne : ce sous-officier prendra aussitôt deux points à terre entre lui et l'instructeur, et en prendra ensuite de nouveaux à mesure qu'il avancera, comme il a été expliqué n° 85.

Observations relatives à la marche oblique.

102. Si le chef de peloton n'était pas attentif à maintenir la ligne de ses épaules carrément, il donnerait une fausse direction au peloton, ce qui serait contraire à l'objet essentiel de la marche oblique, qui est de faire gagner du terrain sur la droite ou sur la gauche, en conservant la direction primitive du front de bataille.

103. Si le sous-officier chargé de la direction obliquait inégalement, en gagnant tantôt plus, tantôt moins de terrain de côté, et si le chef de peloton se conformait à sa marche, il en résulterait tour à tour de la pression et des ouvertures dans les files.

104. L'instructeur doit veiller avec le plus grand soin à prévenir ces fautes; il les rectifiera promptement, lorsqu'il les remarquera; à cet effet, il se tiendra, pendant la marche oblique, en avant et face au peloton, de manière à pouvoir régler la marche du sous-officier chargé de la direction, et veiller à l'observation des principes; il aura soin que l'homme, qui est à l'aile du côté vers lequel on oblique, gagne assez de terrain de côté pour ne pas gêner la marche du peloton. Si cet homme n'obliquait pas assez, le peloton crèverait; s'il obliquait trop, il se formerait des ouvertures. Il est donc important de bien régler le pas du chef de peloton ou de l'homme placé à l'aile opposée, lorsqu'on obliquera de ce côté.

105. Enfin l'instructeur doit faire continuer la marche oblique long-temps de suite, afin d'en rendre la pratique facile aux soldats, ce qui est très important dans les mouvemens de ligne.

ARTICLE IV.

Marquer le pas, marcher le pas accéléré et le pas en arrière.

106. Le peloton étant en marche directe au pas ordinaire, l'instructeur fera marquer le pas; à cet effet, il commandera :

1. *Marquez le pas.*
2. MARCHE.

107. Pour remettre le peloton en marche, il commandera :

1. *En avant.*

2. MARCHE.

108. Pour faire marcher au pas accéléré, l'instructeur commandera :

1. *Pas accéléré.*

2. MARCHE.

109. Le commandement de *marche* sera prononcé à l'instant où le pied va poser à terre, et sur le pied droit ou le pied gauche indistinctement.

110. Pour faire reprendre le pas ordinaire, l'instructeur commandera :

1. *Pas ordinaire.*

2. MARCHE.

111. Le commandement de *marche* sera prononcé à l'instant où le pied va poser à terre, et sur l'un ou l'autre pied indifféremment.

112. Le peloton étant arrêté, l'instructeur pourra faire marcher le pas en arrière; à cet effet, il commandera :

1. *Peloton en arrière.*

2. MARCHE.

113. Le pas en arrière s'exécutera d'après les principes prescrits à l'école du soldat, n° 256 et 257 ; mais l'usage en étant peu fréquent, l'instructeur ne le fera marcher que quinze ou vingt pas de suite, et seulement de temps à autre.

Observations relatives au pas accéléré.

114. L'instructeur ne devra exercer le peloton au pas accéléré que lorsque les soldats seront solidement affermis dans la longueur et la cadence du pas ordinaire ; il s'attachera alors à leur rendre facile et familière la cadence de cent pas par minute, et à leur faire observer le même aplomb du corps et le même calme que dans la marche au pas ordinaire.

115. Lorsque le peloton sera affermi dans la cadence du pas accéléré direct, l'instructeur lui fera marcher le pas oblique accéléré à droite et à gauche, ce qui s'exécutera comme il est prescrit n° 99 et suivans.

116. Lorsqu'une subdivision, marchant au pas accéléré, devra tourner ou se former en ligne, les soldats accéléreront le pas jusqu'à cent trente par minute ; on fera le pas de la même vitesse dans la charge et, en général, dans toutes les circonstances qui exigent une grande célérité ; mais comme une troupe ne saurait marcher long-temps à une allure aussi accélérée sans se désunir, le pas n'a pas dû être fixé à cette vitesse dans les principes de la marche ; en conséquence, les troupes ne seront exercées habituellement qu'au pas accéléré de cent par minute.

ARTICLE V.

Marcher en bataille en retraite

117. Le peloton étant arrêté et correctement

aligné, lorsque l'instructeur voudra le faire marcher en bataille en retraite, il commandera :

1. *Peloton.*

2. *Demi-tour* = À DROITE.

118. Le peloton ayant fait demi-tour à droite, l'instructeur se portera vivement en avant de la file de direction, en se conformant à ce qui a été prescrit ci-dessus, n° 80.

119. L'instructeur, s'étant établi correctement sur le prolongement de la file de direction, commandera :

3. *Peloton en avant.*

120. A ce commandement, le sous-officier désigné pour être chargé de la direction se conformera à ce qui a été prescrit ci-dessus, n° *82* et *83*, avec cette différence qu'il se placera à *six* pas en avant des serre-files.

121. Le sous-officier de remplacement se portera sur l'alignement des serre-files, en avant de son créneau, et le chef de peloton le remplacera au troisième rang, devenu premier.

122. Cette disposition étant faite, l'instructeur commandera :

4. MARCHE.

123. A ce commandement, le sous-officier chargé de la direction, le chef de peloton et les soldats se conformeront à ce qui a été prescrit ci-dessus, n° 85 et suivans.

124. L'instructeur fera exécuter, en marchant

en bataille en retraite, tout ce qui a été prescrit ci-dessus pour la marche en bataille en avant; les commandemens et les moyens d'exécution seront les mêmes.

125. L'instructeur, ayant arrêté le peloton, lorsqu'il voudra le remettre face en tête, il fera les commandemens prescrits ci-dessus, n° 117. Le chef de peloton, le sous-officier de remplacement et le sous-officier chargé de la direction, reprendront leurs places de bataille, dès qu'ils auront fait demi-tour à droite.

QUATRIÈME LEÇON.

ARTICLE PREMIER.

Marcher par le flanc.

126. Le peloton étant en bataille de pied ferme, lorsque l'instructeur voudra le faire marcher par le flanc droit, il commandera :

1. *Peloton par le flanc droit.*
2. A DROITE.
3. *Peloton en avant.*
4. MARCHE.

127. (Pl. XI, *fig.* 1re.) Au deuxième commandement, le peloton fera à-droite; le sous-officier de remplacement se portera devant l'homme de droite du premier rang : le chef de peloton se placera à un pas en dehors du premier rang de ma-

nière à se trouver à côté et à la gauche du sous-officier de remplacement.

128. Au commandement de *marche*, le peloton partira vivement au pas ordinaire; le sous-officier de remplacement, placé devant l'homme de droite du premier rang, et le chef de peloton, placé à côté de ce sous-officier, se dirigeront droit en avant. Les hommes du second et du troisième rang marcheront à hauteur de leurs chefs de file, en conservant la tête directe; les serre-files marcheront à hauteur de leurs places de bataille.

129. L'instructeur veillera à l'exécution des principes de la marche de flanc, en se plaçant pendant la marche comme il a été prescrit à l'école du soldat, n° 264.

130. L'instructeur fera marcher par le flanc gauche par les commandemens prescrits pour faire marcher par le flanc droit, en substituant l'indication de *gauche* à celle de *droite*.

131. A l'instant où le peloton fera à-gauche, le serre-file le plus près de la gauche se portera devant l'homme de gauche du premier rang; le chef de peloton, se portant vivement à la gauche, se placera à côté de ce serre-file et à sa droite; le sous-officier de remplacement se placera au premier rang à l'instant où le chef de peloton se portera à la gauche.

ARTICLE II.

Changer de direction par file.

132. Le peloton étant par le flanc et de pied

ferme ou en marche, lorsque l'instructeur voudra faire converser par file, il commandera :

1. *Par file à gauche* (*ou à droite*).

2. MARCHE.

133. (Pl. XI, *fig.* 2 et 3.) Au commandement de *marche*, la première file conversera : si c'est du côté du premier rang, l'homme de cette file qui est au premier rang aura soin de ne pas tourner tout-à-coup, mais de décrire un petit arc de cercle, en raccourcissant un peu les trois ou quatre premiers pas pour donner à l'homme du troisième rang le temps de se conformer à son mouvement ; si c'est du côté du troisième rang, l'homme du premier rang conversera en marchant le pas de deux pieds, et celui du troisième rang se conformera à son mouvement, en décrivant un petit arc de cercle comme il vient d'être expliqué. Chaque file viendra converser à la même place que celle qui la précède.

134. L'instructeur veillera à ce que la conversion s'exécute d'après ces principes, afin que la distance entre les files soit toujours conservée, et qu'il n'y ait ni temps d'arrêt ni à-coup dans la marche.

ARTICLE III.

Arrêter le peloton marchant par le flanc, et le remettre face en tête.

135. Lorsque l'instructeur voudra arrêter le

peloton marchant par le flanc, et le remettre face en tête, il commandera :

1. *Peloton.*

2. HALTE.

3. FRONT.

136. Les deuxième et troisième commandemens s'exécuteront comme il a été prescrit à l'école du soldat, n° 266 et 267. Le chef de peloton et le sous-officier de remplacement, ainsi que le guide de gauche si le peloton est par le flanc gauche, reprendront leurs places de bataille à l'instant où le peloton fera front.

137. L'instructeur pourra alors faire aligner le peloton par l'un des moyens indiqués n° 97.

ARTICLE IV.

Le peloton étant en marche par le flanc, le former sur la droite (ou sur la gauche) par file en bataille.

138. Le peloton étant en marche par le flanc droit, lorsque l'instructeur voudra le former sur la droite par file en bataille, il commandera :

1. *Sur la droite par file en bataille.*

2. MARCHE.

139. (Pl. XI, *fig.* 4.) Au commandement de *marche*, le second et le troisième rang marqueront le pas; le chef de peloton et le sous-officier de remplacement tourneront à droite, marcheront

ensuite droit devant eux, et seront arrêtés par l'instructeur lorsqu'ils auront dépassé de six pas au moins le troisième rang du peloton en marche; le chef de peloton se placera correctement sur la ligne de bataille, et dirigera l'alignement à mesure que les hommes du premier rang arriveront sur cette ligne; le sous-officier de remplacement se placera derrière le chef de peloton à sa place de bataille, le soldat de droite du premier rang continuera à marcher, passera derrière le sous-officier de remplacement, tournera à droite dès qu'il l'aura dépassé, et viendra se placer à la gauche du chef de peloton et à côté de lui; le deuxième homme passera de même derrière le premier, tournera ensuite à droite, et viendra se placer à sa gauche et à côté de lui, et ainsi de suite jusqu'au dernier homme de ce rang; le second et le troisième rang exécuteront le mouvement de la même manière que le premier, mais chaque rang ne le commencera que lorsqu'il y aura deux hommes du rang qui le précède déjà formés sur la ligne de bataille; les hommes du second et du troisième rang se placeront correctement derrière leurs chefs de file à mesure qu'ils se formeront sur cette ligne.

140. Si le peloton marche par le flanc gauche, l'instructeur le fera former sur la gauche par file en bataille d'après les mêmes principes et par les commandemens prescrits ci-dessus n° 138, en substituant l'indication de *gauche* à celle de *droite*. Le chef de peloton, placé à la gauche du premier rang, et le guide de gauche, se reporteront à leurs

places de bataille, dès que l'instructeur, voyant le peloton formé et aligné, leur en donnera l'ordre.

141. Pour mieux faire sentir aux soldats le mécanisme de ce mouvement, l'instructeur le fera d'abord exécuter séparément par chaque rang, et ensuite par les trois rangs ensemble.

142. L'instructeur suivra le mouvement pour s'assurer que chaque file se conforme à ce qui est prescrit ci-dessus, n° 139.

ARTICLE V.

Le peloton étant en marche par le flanc, le former par peloton ou par section en ligne, et lui faire exécuter les à-droite et les à-gauche en marchant.

143. Le peloton étant en marche par le flanc droit, l'instructeur ordonnera au chef de peloton de le faire former en ligne; le chef de peloton commandera aussitôt: 1. *Par peloton en ligne;* 2. MARCHE.

144. (Pl. XI, *fig.* 5.) Au commandement de *marche*, le sous-officier de remplacement continuera à marcher droit devant lui; les soldats avanceront l'épaule droite, prendront le pas accéléré, et se porteront en ligne par le chemin le plus court, en observant de n'y entrer que l'un après l'autre, et sans courir.

145. A mesure que les soldats arriveront en ligne, ils prendront le pas du sous-officier de remplacement.

146. Les hommes du second et du troisième rang se conformeront au mouvement de leurs

chefs de file; mais sans chercher à arriver en ligne en même temps qu'eux.

147. A l'instant où le mouvement commencera, le chef de peloton fera face à son peloton, pour en surveiller l'exécution; dès que le peloton sera formé, il commandera *guide à gauche*, se portera à deux pas devant le centre de son peloton, fera face en tête, et prendra le pas du peloton.

148. Au commandement de *guide à gauche* du chef de peloton, le serre-file le plus près de la gauche se portera sur le flanc gauche au premier rang pour servir de guide; le sous-officier de remplacement, qui est à l'aile opposée, y restera.

149. Lorsque le peloton marchera par le flanc gauche, ce mouvement s'exécutera par les mêmes commandemens et d'après les mêmes principes; le peloton étant formé, le chef de peloton commandera *guide à droite*, et se portera devant le centre du peloton; le sous-officier de remplacement, qui est à la droite du premier rang, servira de guide, et le serre-file placé au flanc gauche y restera.

150. Ainsi, dans une colonne par peloton, la droite ou la gauche en tête, le sous-officier de remplacement et le serre-file le plus près de la gauche de chaque peloton seront toujours placés, le premier à la droite, et le second à la gauche du premier rang; ils seront dénommés *guide de droite* et *guide de gauche* du peloton, et l'un d'eux sera chargé de la direction.

151. Le peloton étant en marche par le flanc, si l'instructeur veut faire former les sections en li-

gue, il en donnera l'ordre au chef de peloton, qui commandera : 1. *Par section en ligne*; 2. MARCHE.

152. Le mouvement s'exécutera dans chaque section d'après les mêmes principes. Le chef de peloton se portera devant le centre de la première section; le chef de la seconde section se portera devant le centre de cette section, en passant par l'ouverture qui se fait au centre du peloton, si l'on marche par le flanc droit, et par la gauche de la section, si l'on marche par le flanc gauche : dans ce dernier cas, le chef de peloton laissera filer la deuxième section pour se placer ensuite devant le centre de la première. Les chefs de peloton ou de section commanderont *guide à gauche* ou *guide à droite*, à l'instant où leurs subdivisions seront formées.

153. Au commandement de *guide à gauche* ou de *guide à droite* fait par le chef de chaque section, le guide de chacune d'elles se portera au flanc gauche ou au flanc droit, s'il n'y est déjà.

154. Le guide de droite du peloton servira toujours de guide de droite et de guide de gauche à la première section, et le guide de gauche du peloton servira également de guide de droite et de guide de gauche à la seconde section.

155. D'après ce principe, il n'y aura jamais dans une colonne par section qu'un seul guide sur le flanc de chaque section; il sera toujours placé sur le flanc gauche si la droite est en tête, et sur le flanc droit si la gauche est en tête.

156. Dans ces divers mouvemens, les serre-

files suivront la section à laquelle ils sont attachés.

157. L'instructeur pourra faire former le peloton ou les sections en ligne à son commandement ; dans ce cas, il fera les commandemens prescrits pour le chef de peloton, nº 143 ou nº 151.

158. L'instructeur exercera le peloton à passer, sans s'arrêter, de la marche de front à la marche de flanc et réciproquement. Dans l'un et l'autre cas, il emploiera les commandemens prescrits, nº 270 de l'École du soldat. Le peloton fera à-doite ou à-gauche en marchant, et le chef de peloton, les guides et les serre-files se conformeront à ce qui leur est prescrit pour la marche de flanc ou pour la marche de front d'un peloton supposé faire partie d'une colonne.

159. Si après avoir fait à-droite ou à gauche en marchant, le peloton se trouve par le troisième rang, le chef de peloton se placera à deux pas derrière le centre du premier rang, les guides passeront au troisième rang, et les serre-files marcheront devant ce rang.

CINQUIÈME LEÇON.

ARTICLE PREMIER.

Rompre en colonne par section.

160. L'instructeur, voulant faire rompre par section à droite, commandera :

1. *Par section à droite.*
2. MARCHE.

161. (Pl. XII, *fig.* 1re.) Au premier commandement, les chefs de section se porteront à deux pas devant le centre de leurs sections, celui de la seconde section passant à cet effet par le flanc gauche du peloton. Ils ne s'occuperont pas de s'aligner l'un sur l'autre; il leur suffira de se placer à deux pas devant le premier rang. Le sous-officier de remplacement prendra la place du chef de peloton au premier rang.

162. Au commandement de *marche*, l'homme de droite du premier rang de chaque section fera à-droite, le sous-officier de remplacement ne bougera pas; le chef de chaque section se portera vivement, par la ligne la plus courte, en dehors du point où devra appuyer l'aile marchante, fera face en arrière, et se placera de manière que la ligne qu'il forme avec l'homme de droite du premier rang, soit perpendiculaire à celle qu'oc-

cupait le peloton en bataille ; les sections conver-seront par le principe des conversions de pied ferme, et lorsque l'homme qui conduit l'aile marchante sera près d'arriver sur la perpendiculaire, le chef de chaque section commandera : 1. *Section* ; 2. HALTE.

163. Au commandement de *halte*, qui sera fait à l'instant où l'homme qui conduit l'aile marchante sera arrivé à trois pas de la perpendiculaire, la section s'arrêtera, le sous-officier de remplacement se portera au point où devra appuyer la gauche de la première section, passant à cet effet pardevant le premier rang ; le serre-file le plus près de la gauche du peloton se portera au point où devra appuyer la gauche de la deuxième section. Ils observeront, l'un et l'autre, de laisser entre eux et l'homme de droite de leur section l'espace nécessaire pour contenir le front de la section ; le chef de peloton et le chef de la seconde section y veilleront, et auront soin de les aligner entre eux et l'homme de leur section qui aura fait à-droite.

164. Le guide de chaque section étant ainsi établi sur la perpendiculaire, les chefs de section se placeront à deux pas en dehors de leurs guides, et commanderont : 3. *A gauche* = ALIGNEMENT.

165. L'alignement étant achevé, chaque chef de section commandera FIXE, et se portera à deux pas devant le centre de la section.

166. Les serre-files se conformeront au mou-

vement de leurs sections respectives, et se placeront à deux pas derrière le troisième rang.

167. On rompra par section à gauche d'après les mêmes principes. L'instructeur commandera :

1. *Par section à gauche.*

2. MARCHE.

168. Le premier commandement s'exécutera de la même manière que pour rompre par section à droite.

169. Au commandement de *marche*, l'homme de gauche du premier rang de chaque section fera à-gauche, et les sections converseront à gauche d'après les principes des conversions de pied ferme ; les chefs de section se conformeront à ce qui a été prescrit ci-dessus, n°s 162 et 163.

170. Au commandement de *halte* du chef de chaque section, le sous-officier de remplacement placé à la droite du premier rang de la première section, et le serre-file le plus près de la gauche de la seconde section se porteront au point où doit appuyer la droite de chacune de ces sections. Les chefs des sections les aligneront entre eux et l'homme de gauche du premier rang de leurs sections respectives, et commanderont : *A droite* = ALIGNEMENT.

171. Les sections étant alignées, chaque chef de section commandera FIXE, et se portera devant le centre de sa section.

Observations.

172. L'instructeur, placé en avant du peloton, observera si le mouvement s'exécute d'après les principes prescrits ci-dessus ; si les sections, après avoir rompu en colonne, sont placées perpendiculairement à la ligne qu'occupait le peloton, en bataille ; et si le guide, qui s'est porté au point où devra aboutir l'aile de sa section, a laissé, entre lui et l'homme de droite (ou de gauche) du premier rang, l'espace nécessaire pour contenir le front de la section.

173. Les sections ayant rompu, si le guide de la dernière ne couvrait pas exactement le guide qui le précède, il ne chercherait à reprendre la direction que lorsque la colonne se mettrait en marche, à moins que l'instructeur, voulant remettre le peloton immédiatement en bataille, ne jugeât nécessaire de rectifier la direction des guides ; ce qui s'exécuterait comme il sera expliqué ci-après, dans l'article V de cette leçon.

174. L'instructeur observera que, l'homme de droite (ou l'homme de gauche) de chaque section, qui, au commandement de *marche*, aura fait à-droite ou à-gauche, étant le véritable pivot de la conversion, l'homme du premier rang placé à côté de lui doit gagner un peu de terrain en avant en conversant, de manière à démasquer le pivot.

ARTICLE II.

Marcher en colonne.

175. (Pl. XII, *fig.* 2.) Le peloton étant rompu

par section, la droite en tête, lorsque l'instructeur voudra faire marcher la colonne, il se portera à vingt-cinq ou trente pas en avant de la tête, fera face aux guides, se placera correctement sur leur direction, et avertira celui de la tête de prendre des points à terre.

176. L'instructeur étant ainsi placé, le guide de la première section prendra deux points à terre sur la ligne droite qui, partant de lui, irait passer entre les talons de l'instructeur.

177. Ces dispositions étant faites, l'instructeur se retirera et commandera :

1. *Colonne en avant.*

2. *Guide à gauche.*

3. MARCHE.

178. Au commandement de *marche*, qui sera vivement répété par les chefs de section, les chefs de section et les guides enlèveront, par un pas décidé, la marche de leurs sections, afin qu'elles partent vivement et au même instant.

179. Les soldats sentiront légèrement le coude de leurs voisins du côté du guide, et se conformeront en marchant aux principes prescrits à l'école du soldat, n° 240. L'homme de chaque section, placé à côté du guide, observera de ne jamais le déborder, et se tiendra toujours à environ seize centimètres (six pouces) de lui, pour éviter de le pousser hors de la direction.

180. Le guide de la tête observera, avec la plus grande précision, la longueur et la cadence du pas, et assurera la direction de sa marche par les moyens prescrits ci-dessus, n° 85.

181. Le guide suivant marchera exactement dans la trace du guide de la tête, en conservant entre ce guide et lui une distance exactement égale à l'étendue du front de sa section, et en marchant le même pas que ce guide.

182. Si le guide de la seconde section perd sa distance (ce qui ne pourra arriver que par sa faute), il ne doit la reprendre que peu à peu, soit en alongeant, soit en raccourcissant insensiblement le pas, afin qu'il n'y ait jamais ni temps d'arrêt, ni à-coup dans la marche.

183. Si le guide de la seconde section, ayant négligé de marcher exactement dans la trace du guide qui le précède, s'est jeté sensiblement en dehors de la direction, il remédiera à cette faute en avançant plus ou moins l'épaule gauche, de manière à regagner peu à peu la direction, afin d'éviter l'inconvénient du pas oblique, qui ferait perdre la distance. Si, au contraire, le guide s'est jeté sensiblement en dedans de la direction, il y remédiera par les moyens inverses. Dans l'une et l'autre supposition, le chef de section veillera à ce que les soldats se conforment au mouvement du guide.

184. Si le peloton avait rompu par section à

gauche, l'instructeur, pour mettre la colonne en marche, commanderait :

1. *Colonne en avant.*
2. *Guide à droite.*
3. MARCHE.

Observations relatives à la marche en colonne.

185. Si les chefs de section et les guides négligeaient d'enlever vivement leurs sections et de décider la marche dès le premier pas, la marche commencerait par être incertaine, le pas et les distances se perdraient.

186. Si le guide de la tête ne marchait point un pas égal, la marche de sa section et de celle qui la suit serait incertaine; il y aurait du flottement, des temps d'arrêt et des à-coups.

187. Si le guide de la tête n'était pas habitué à se prolonger sans varier sur une direction donnée, il décrirait dans sa marche une ligne courbe, et la colonne serpenterait.

188. Si le guide suivant n'était pas habitué à marcher dans la trace du guide qui le précède, il perdrait à tout moment sa distance, dont la conservation est le principe le plus important de la marche en colonne.

189. Le guide de chaque section sera responsable de la distance, de la direction et du pas; le chef de section le sera de l'ordre et de l'ensemble de sa section; en conséquence il se retournera souvent pour y veiller.

190. L'instructeur, placé sur le flanc du côté du guide, veillera à l'exécution de tous les princi-

pes prescrits; il se placera aussi quelquefois en arrière des guides, s'alignera correctement sur eux, et laissera marcher la colonne vingt ou trente pas de suite, pour vérifier si le guide de la tête ne s'écarte pas de la direction, et si le guide suivant marche exactement dans la trace du premier.

191. Toutes les fois qu'on sera rompu en colonne, les chefs des subdivisions répéteront les commandemens de *marche* et de *halte* de l'instructeur à l'instant même où ils leur parviendront, et sans se régler l'un sur l'autre; ils ne répéteront aucun autre commandement, et avertiront seulement leurs subdivisions du mouvement qu'elles devront exécuter.

ARTICLE III.

Changer de direction.

192. (Pl. XII, *fig.* 3.) La colonne étant en marche, la droite en tête, si l'instructeur veut lui faire changer de direction à gauche, il en donnera l'ordre au chef de la première section, et se portera aussitôt de sa personne ou enverra un jalonneur au point où le mouvement devra commencer; l'instructeur ou le jalonneur s'y placera sur la direction des guides, de manière à présenter la poitrine au flanc de la colonne.

193. Le guide de la tête se dirigera sur l'instructeur ou sur le jalonneur placé au point où l'on doit changer de direction, de manière que son bras

gauche rase la surface de la poitrine de ce jalonneur ; et, lorsqu'il sera près d'arriver à sa hauteur, le chef de section commandera : 1. *Tournez à gauche* ; 2. MARCHE.

194. Le premier commandement sera fait lorsque la section sera à quatre pas du jalonneur.

195. Au commandement de *marche*, qui sera prononcé à l'instant où le guide arrivera à hauteur du jalonneur, le guide et la section tourneront à gauche, en se conformant à ce qui est prescrit à l'école du soldat, n° 300.

196. Le guide de la première section, ayant tourné, prendra des points à terre dans la nouvelle direction, afin de mieux assurer sa marche.

197. La seconde section continuera à marcher droit devant elle, son guide se dirigeant de manière à raser la surface de la poitrine de l'instructeur ou du jalonneur placé au point où l'on doit changer de direction ; arrivé à hauteur de ce dernier, la seconde section tournera à gauche par les mêmes commandemens et d'après les mêmes principes que la première.

198. (Pl. XII, *fig.* 4.) Lorsque l'instructeur voudra faire changer de direction du côté opposé au guide, il en donnera l'ordre au chef de la première section, et ira aussitôt de sa personne ou enverra un jalonneur au point où le changement de direction devra s'exécuter ; ce jalonneur s'y placera comme il a été expliqué pour changer de direction du côté du guide.

199. Le guide de la première section se dirigera

comme il a été prescrit ci-dessus, n° 193; et lorsqu'il sera arrivé à quatre pas du point où l'on doit converser, le chef de section commandera:

1. *A droite conversion*; 2. MARCHE.

200. Au commandement de *marche*, qui sera prononcé à l'instant où le guide arrivera au point de conversion, la section conversera à droite, en se conformant à ce qui a été prescrit à l'école du soldat, n° 294.

201. La conversion étant achevée, le chef de section commandera: 3. *En avant*, 4. MARCHE.

202. Ces commandemens seront prononcés et exécutés comme il a été prescrit à l'école du soldat, n° 296 et 297.

203. La seconde section continuera à marcher droit devant elle, le guide de cette section ayant attention de se diriger sur l'instructeur ou le jalonneur: cette section conversera à droite à la même place, et par les mêmes commandemens et les mêmes moyens que la première section; elle reprendra de même la marche directe.

204. Les changemens de direction, dans une colonne la gauche en tête, s'exécuteront d'après les mêmes principes et par les moyens inverses.

Observations relatives aux changemens de direction en colonne.

205. Il est très important, pour la conservation des distances et de la direction, que toutes les subdivisions exécutent leur changement de direction précisément à la même place que la première;

c'est pour cette raison que l'instructeur doit se porter (ou envoyer un jalonneur) un peu d'avance au point où l'on doit changer de direction, et qu'il a été prescrit aux guides de se diriger sur lui, et aux chefs de subdivision de ne faire commencer le mouvement qu'à l'instant où leur guide rase la surface de la poitrine de l'instructeur ou du jalonneur.

206. Le chef de chaque subdivision aura soin de la faire arriver carrément sur le terrain où elle devra changer de direction ; à cet effet, il se tournera face à sa subdivision, lorsque celle qui la précède commencera à tourner ou à converser, afin de veiller à ce qu'elle continue à marcher carrément, jusqu'au point où elle devra changer de direction.

207. Si, dans les changemens de direction du côté opposé au guide, le pivot de la subdivision qui converse ne dégageait pas le point de conversion, la subdivision suivante serait arrêtée, et les distances se perdraient; car le guide qui conduit l'aile marchante ayant à parcourir environ une fois et demie l'étendue du front de la subdivision, celle qui suit immédiatement serait déjà arrivée au point où elle devra converser, tandis que la subdivision qui converse aurait encore à parcourir la moitié de l'étendue de son front, et serait obligée de marquer le pas jusqu'à ce que la subdivision qui la précède eût achevé sa conversion; cette dernière, parcourant ensuite en avant une fois et demie l'étendue de son front, pendant que celle qui la suit

exécuterait sa conversion, il en résulterait, si le pivot était fixe, qu'il y aurait autant de temps d'arrêt successifs moins un que de subdivisions dans la colonne, et que la dernière subdivision se trouverait, au moment où elle aurait achevé sa conversion, trop éloignée de celle de la tête de la moitié de l'étendue du front qu'occuperait la colonne en bataille, moins le front de la première subdivision. C'est pour remédier à ces inconvéniens qu'on a prescrit au pivot de faire le pas de vingt-deux centimètres (huit pouces), afin de ne point arrêter la subdivision suivante. Les chefs des subdivisions, devant veiller avec le plus grand soin à l'exécution de ce principe, se tourneront face à leurs subdivisions, et avertiront le pivot d'alonger ou de raccourcir le pas, selon qu'ils le jugeront nécessaire. Par la nature de ce mouvement, le centre de la subdivision doit cintrer un peu en arrière.

208. Les guides ne doivent jamais altérer la longueur ni la cadence du pas, soit que le changement de direction ait lieu du côté du guide ou bien du côté opposé.

209. Le jalonneur, placé au point de conversion, présentera toujours la poitrine au flanc droit de la colonne, si elle a la droite en tête, et au flanc gauche, si la gauche est en tête. L'instructeur veillera avec le plus grand soin à l'observation de tous les principes prescrits ci-dessus; à ce que chaque subdivision ne commence son mouvement qu'à l'instant où le guide, rasant la surface de la poitrine du jalonneur, sera près de

le dépasser; et à ce que, dans les changemens de direction du côté opposé au guide, l'aile marchante ne décrive pas un trop grand arc de cercle, afin de ne pas se jeter en dehors de la nouvelle direction.

ARTICLE IV.

Arrêter la colonne.

210. La colonne étant en marche, lorsque l'instructeur voudra l'arrêter, il commandera :

1. *Colonne.*

2. HALTE.

211. Au commandement de *halte*, vivement répété par les chefs de section, la colonne s'arrêtera; les guides ne bougeront plus, quand même ils n'auraient pas leurs distances, et ne se trouveraient pas sur la direction.

Observations relatives à ce qui est prescrit pour arrêter la colonne.

212. Si le commandement de *halte* n'était pas répété avec la plus grande vivacité et exécuté au même instant, les distances se perdraient.

213. Si un guide, ayant perdu sa distance, cherchait à la reprendre après le commandement de *halte*, il ne ferait par là que rejeter sa faute sur le guide suivant, qui, s'il a bien marché, se trouverait alors n'avoir plus sa distance : si ce dernier voulait à son tour reprendre la

sienne, le même mouvement se propagerait successivement jusqu'à la queue de la colonne.

ARTICLE V.

Étant en colonne par section, se former à gauche ou à droite en bataille.

214. (Pl. XII, *fig.* 5.) L'instructeur, ayant arrêté la colonne supposée avoir la droite en tête, et voulant la former en bataille, se portera aussitôt à distance de section en avant du guide de la tête, lui fera face, et rectifiera, s'il y a lieu, la position du guide suivant; ce qui étant exécuté, il commandera :

A gauche = ALIGNEMENT.

215. A ce commandement, qui ne sera point répété par les chefs de section, chacun d'eux se portera vivement à environ deux pas en dehors de son guide, et dirigera l'alignement de sa section perpendiculairement à la direction de la colonne.

216. Les chefs de section, ayant aligné leurs sections respectives, commanderont FIXE, et se porteront légèrement devant le centre de leurs sections.

217. Cette disposition étant faite, l'instructeur commandera :

1. *A gauche en bataille.*

2. MARCHE.

218. Au commandement de *marche*, vivement

répété par les chefs de section, l'homme de gauche de premier rang de chaque section fera à gauche, appuiera légèrement sa poitrine contre le bras droit du guide placé à côté de lui, lequel ne bougera pas; les sections converseront à gauche par le principe des conversions de pied ferme, et en se conformant à ce qui a été prescrit n° 174. Chaque chef de section se tournera face à sa section pour y veiller; et lorsque la droite de la section sera près d'arriver sur la ligne de bataille, il commandera: 1. *Section*; 2. HALTE.

219. Le commandement de *halte* sera fait de manière à arrêter la section lorsque son guide arrivera à trois pas de la ligne de bataille.

220. Le chef de la seconde section, ayant arrêté sa section, se portera en serre-file.

221. Le chef de peloton, ayant arrêté la première section, se portera légèrement sur la ligne de bataille, au point où devra appuyer la droite du peloton, et commandera: *A droite* = ALIGNEMENT.

222. A ce commandement, les deux sections se placeront sur l'alignement, l'homme de droite de la première, qui correspond à l'instructeur établi sur la direction des guides, appuiera légèrement sa poitrine contre le bras gauche de ce dernier; le chef de peloton dirigera l'alignement sur l'homme de gauche du peloton.

223. Le peloton étant aligné, le chef de peloton commandera FIXE.

224. L'instructeur, voyant le peloton en bataille, commandera :

Guides = À VOS PLACES.

225. A ce commandement, le sous-officier de remplacement se portera derrière le chef de peloton ; et le guide de la seconde section se portera en serre-file.

226. La colonne ayant la gauche en tête, lorsque l'instructeur voudra la former à droite en bataille, il se placera, à distance de section en avant et face au guide de la tête, et rectifiera, s'il le juge nécessaire, la position du guide suivant ; ce qui étant exécuté, il commandera :

1. *A droite en bataille.*

2. MARCHE.

227. Au commandement de *marche*, l'homme de droite du premier rang de chaque section fera à-droite, et appuiera légèrement sa poitrine contre le bras gauche du guide placé à côté de lui, lequel ne bougera pas; chaque section conversera à droite, et sera arrêtée par son chef, lorsque l'aile marchante sera près d'arriver sur la ligne de bataille ; à cet effet, les chefs de section commanderont : 1. *Section* ; 2. HALTE.

228. Le commandement de *halte* sera fait de manière à arrêter la section lorsque son guide arrivera à trois pas de la ligne de bataille.

229. Le chef de la seconde section, ayant arrêté sa section, se portera en serre-file.

230. Le chef de peloton, ayant arrêté la première section, se portera légèrement à la gauche du peloton, observant de s'y placer sur la ligne de bataille au point où devra appuyer l'homme de gauche: *A gauche* = ALIGNEMENT.

231. A ce commandement, les deux sections se placeront sur l'alignement; l'homme de gauche de la seconde section, qui correspond à l'instructeur, appuiera légèrement sa poitrine contre son bras droit, et le chef de peloton dirigera l'alignement sur l'homme de droite du peloton.

232. Le peloton étant aligné, le chef de peloton commandera FIXE.

233. L'instructeur commandera ensuite:

Guides = A VOS PLACES.

234. A ce commandement, le chef de peloton se portera à la droite de son peloton, le sous-officier de remplacement derrière le chef de peloton au troisième rang, et le guide de la seconde section en serre-file.

Observations relatives au mouvement de se former à gauche ou à droite en bataille.

235. L'instructeur pourra se dispenser de faire le commandement de *à gauche* ou *à droite alignement*, avant de commander *à gauche* ou *à droite en bataille*, à moins que, par la rectification des guides, il ne soit devenu nécessaire que les sections appuient à droite ou à gauche.

236. L'instructeur, avant de commander à

gauche (ou *à droite*) *en bataille*, doit s'assurer que la dernière section ait exactement sa distance. Cette attention est importante pour habituer les guides à ne jamais se négliger sur ce point essentiel.

SIXIÈME LEÇON.

ARTICLE PREMIER.

ROMPRE ET FORMER LE PÉLOTON.

Rompre le peloton.

237. Le peloton étant en marche au pas cadencé, et supposé faire partie d'une colonne la droite en tête, lorsque l'instructeur voudra le faire rompre par section, il en donnera l'ordre au chef de peloton qui commandera : 1. *Rompez le peloton*; et se portera aussitôt devant le centre de la première section.

238. (Pl. XIII, *fig.* 1re.) Au commandement de *rompez le peloton*, le chef de la seconde section se portera devant le centre de sa section, et commandera : *Marquez le pas.*

239. Le chef de peloton commandera ensuite : 2. MARCHE.

240. La première section continuera à marcher droit devant elle ; le sous-officier de remplacement se portera au flanc gauche de cette section, en passant par-devant le premier rang.

241. Au commandement de *marche* du chef de peloton, la seconde section marquera le pas ; le chef de cette section commandera aussitôt, 1. *Oblique à droite* ; 2. MARCHE. Le dernier commandement sera fait de manière que la seconde section commence à obliquer dès qu'elle aura été dépassée par le troisième rang de la première.

242. Le guide de la deuxième section étant près d'arriver dans la direction de celui de la première, le chef de la seconde section fera le commandement de *En avant*, et celui de MARCHE à l'instant où le guide de la section couvrira celui de la première.

243. Dans une colonne la gauche en tête, on rompra le peloton, par les moyens inverses, en appliquant à la première section tout ce qui a été prescrit pour la deuxième, et réciproquement.

244. Dans cette supposition, le guide de gauche du peloton se portera au flanc droit de la deuxième section ; le sous-officier de remplacement, placé au flanc droit de la première section, y restera.

Former le peloton.

245. La colonne étant en marche par section, la droite en tête, lorsque l'instructeur voudra faire former le peloton, il en donnera l'ordre au chef de peloton, qui commandera : 1. *Formez le peloton.*

246. (Pl. XIII, fig. 2.) Après avoir fait ce commandement, le chef de peloton commandera

aussitôt : 1. *Première section*; 2. *Oblique à droite.*

247. Le chef de la seconde section la préviendra qu'elle devra continuer à marcher droit devant elle.

248. Le chef de peloton commandera ensuite : 2. MARCHE.

249. A ce commandement, répété par le chef de la seconde section, la première obliquera à droite pour démasquer la seconde ; le sous-officier de remplacement, placé au flanc gauche de cette section, se portera au flanc droit, en passant par-devant le premier rang.

250. Lorsque la première section sera près de démasquer la seconde, le chef de peloton commandera : 1. *Marquez le pas*, et à l'instant où elle l'aura démasquée, il commandera : 2. MARCHE. La première section cessant alors d'obliquer marquera le pas.

251. Pendant ce temps, la seconde section continuera de marcher droit en avant ; et, lorsqu'elle sera près d'arriver à hauteur de la première, le chef de peloton commandera : *En avant* ; et, à l'instant où les deux sections se réuniront, il commandera MARCHE ; la première section cessera alors de marquer le pas.

252. Dans une colonne la gauche en tête, on formera le peloton, par les moyens inverses, en appliquant à la deuxième section ce qui a été prescrit pour la première, et réciproquement.

253. Le guide de la deuxième section, placé au flanc droit de cette section, se portera au flanc

gauche dès qu'elle commencera à obliquer; le guide de la première, placé au flanc droit de cette section, y restera.

254. L'instructeur fera aussi quelquefois rompre et former le peloton à son commandement. Il fera alors les commandemens de 1. *Rompez* ou *Formez le peloton*; 2. MARCHE.

Observations relatives au mouvement de rompre et de former le peloton.

255. Si, en rompant le peloton, la section qui doit rompre marquait le pas trop long-temps, elle pourrait arrêter la marche du peloton suivant, ce qui ferait alonger la colonne.

256. En rompant et en formant le peloton, il est nécessaire que les sections alongent bien le pas en obliquant, pour éviter de perdre du terrain, et pour ne pas arrêter la marche de la subdivision suivante.

257. Si, en rompant ou en formant le peloton, les sections obliquaient trop long-temps, elles seraient obligées d'obliquer ensuite en sens contraire pour réparer cette faute, et par là le peloton suivant pourrait se trouver arrêté dans sa marche.

258. Lorsque, dans une colonne de plusieurs pelotons, on rompra les pelotons successivement, il est de la plus grande importance que chaque peloton continue à marcher le même pas, sans le raccourcir ni le ralentir, pendant que celui qui le précède rompt, quand même il serait obligé de serrer entièrement sur ce dernier; cette attention

est indispensable pour prévenir l'alongement de la colonne.

259. Des fautes, peu sensibles dans une colonne d'un petit nombre de pelotons, auraient des inconvéniens graves dans une colonne de plusieurs bataillons; ainsi l'instructeur doit veiller avec le plus grand soin à l'observation des principes prescrits; à cet effet, il se placera sur le flanc du côté de la direction d'où il pourra le mieux apercevoir tous les mouvemens.

ARTICLE II.

Étant en colonne, mettre des files en arrière et les faire rentrer en ligne.

260. Le peloton étant en marche et supposé faire partie d'une colonne, lorsque l'instructeur voudra faire mettre des files en arrière, il en donnera l'ordre au chef de peloton, qui se tournera aussitôt face à son peloton, et commandera : 1. *Une file de gauche* (ou *de droite*) *en arrière*; 2. MARCHE.

261. (Pl. XIV, *fig.* 1re.) Au commandement de *marche*, la première file de gauche (ou la première file de droite) du peloton marquera le pas, et les autres continueront à marcher en avant; l'homme du troisième rang de cette file se portera, aussitôt que le troisième rang du peloton l'aura dépassé, à droite si c'est une file de gauche, à gauche si c'est une file de droite, et se placera derrière la troisième file de ce côté; l'homme du se-

cond rang se portera de même derrière la *deuxième* file, et celui du premier rang derrière la première à l'instant où le troisième rang du peloton les dépassera. Chaque homme se portera à la place qui lui est indiquée en avançant un peu l'épaule extérieure, et ayant la plus grande attention à ne pas perdre de distance.

262. L'instructeur voulant faire rompre encore une file du même côté, en donnera l'ordre au chef de peloton; ce dernier fera les commandemens indiqués ci-dessus.

263. Au commandement de *marche*, fait par le chef de peloton, la file déjà rompue, avançant un peu l'épaule extérieure, gagnera l'espace d'une file à droite, si ce sont des files de gauche, et à gauche si ce sont des files de droite, en raccourcissant le pas, afin de faire place, entre elle et le troisième rang du peloton, à la file qui doit se porter en arrière; celle-ci rompra de la même manière que la première.

264. L'instructeur fera diminuer ainsi successivement le front du peloton de tel nombre de files qu'il voudra, en faisant toujours rompre de nouvelles files du même côté.

265. Lorsque l'instructeur voudra faire rentrer des files en ligne, il en donnera l'ordre au chef de peloton, qui commandera aussitôt : 1. *Une file de gauche* (ou *de droite*) *en ligne*; 2. MARCHE.

266. Au commandement de *marche*, la première file de celles qui marchent par le flanc rentrera vivement en ligne, et les files suivantes gagneront,

en avançant l'épaule droite, l'espace d'une file à gauche, si c'est par la gauche qu'on a mis les files en arrière, ou gagneront, en avançant l'épaule gauche, l'espace d'une file à droite, si c'est par la droite qu'on a mis les files en arrière.

267. Le chef de peloton, faisant face à son peloton, veillera à l'observation des principes qui viennent d'être prescrits.

268. L'instructeur, ayant ainsi fait rompre des files l'une après l'autre, et les ayant fait rentrer en ligne de même, fera rompre deux ou trois files ensemble; les files désignées marqueront le pas; chaque rang avancera un peu l'épaule extérieure à mesure que le troisième rang du peloton l'aura dépassé, obliquera à la fois, et se placera derrière l'une des trois files voisines, comme si le mouvement s'était exécuté file par file, en observant de ne pas perdre de distance.

269. L'instructeur ordonnera ensuite au chef de peloton de faire rentrer en ligne deux ou trois files à la fois; les files désignées se porteront en ligne vivement et par le chemin le plus court.

270. Toutes les fois qu'on mettra des files en arrière, le guide qui est au flanc du peloton, appuiera à droite ou à gauche à mesure que le front diminuera, de manière à se trouver toujours à côté du premier homme de ceux qui marchent de front; il appuiera en sens contraire à mesure qu'on fera rentrer des files en ligne.

Observations relatives au mouvement de faire mettre des files en arrière et de les faire rentrer en ligne.

271. Il est nécessaire, pour la conservation des distances dans les colonnes, d'habituer les soldats, dans les écoles de détail, à exécuter ces mouvemens avec précision.

272. Si, lorsqu'on fait rompre de nouvelles files, elles n'alongeaient pas bien le pas en obliquant, si, lorsqu'on fait rentrer des files en ligne, elles ne s'y portaient pas vivement, elles arrêteraient, dans l'un et l'autre cas, les files suivantes; ce qui ferait perdre la distance, et occasionerait par là l'alongement de la colonne.

273. L'instructeur se placera sur le flanc du peloton du côté où ces mouvemens s'exécuteront, pour s'assurer de l'exacte observation des principes.

274. On ne fera mettre des files en arrière que du côté de la direction, afin que le peloton puisse passer facilement de la marche de front à celle de flanc.

ARTICLE III.

Marcher en colonne de route, et exécuter les divers mouvemens qui en dépendent.

275. La vitesse du pas de route sera de cent par minute; cette vitesse devra être habituellement celle des colonnes en route, lorsque la nature du pays et des chemins le permettra.

276. Le peloton étant de pied ferme et sup-

posé faire partie d'une colonne, lorsque l'instructeur voudra le mettre en marche au pas de route, il commandera :

1. *Colonne en avant.*
2. *Guide à gauche* (ou *à droite*).
3. *Pas de route.*
4. MARCHE.

277. Au commandement de *marche* répété par le chef de peloton, les trois rangs partiront ensemble ; les deux derniers prendront, en marchant, environ soixante-dix centimètres (vingt-six pouces) de distance entre eux et le rang qui les précède respectivement ; cette distance sera mesurée de la poitrine des hommes de chaque rang au havresac des hommes du rang qui les précède. Les soldats mettront ensuite d'eux-mêmes l'arme à volonté, de la manière indiquée à l'école du soldat, n° 159. Ils ne seront plus tenus à marcher du même pied, ni à observer le silence. Les files marcheront à l'aise ; mais on aura attention que les rangs ne se confondent pas, que les hommes du premier rang ne dépassent jamais le guide, et que les deux derniers rangs ne prennent pas trop de distance.

278. Le peloton étant en marche au pas de route, l'instructeur lui fera changer de direction du côté du guide et du côté opposé, ce qui s'exécutera sans commandement et à l'avertissement seulement du chef de peloton ; le second et le troisième rang viendront successivement changer de

direction à la même place que le premier ; chaque rang se conformera, quoiqu'au pas de route, aux principes qui ont été prescrits pour changer de direction à rangs serrés, avec cette seule différence que, dans les changemens de direction sur le côté opposé au guide, l'homme qui est au pivot, au lieu de faire le pas de vingt-deux centimètres (huit pouces), le fera de trente-trois centimètres (un pied), afin de dégager le point de conversion.

279. Le peloton étant en marche au pas de route, lorsque l'instructeur voudra le faire marcher au pas cadencé, il lui fera porter l'arme sur l'épaule droite, et commandera :

1. *Pas accéléré.*

2. MARCHE.

280. Au second commandement, les soldats prendront le pas cadencé et serreront de manière à avoir quarante-un centimètres (quinze pouces) de distance entre chaque rang.

281. Le peloton marchant au pas cadencé, lorsque l'instructeur voudra le faire marcher au pas de route, il commandera :

1. *Pas de route.*

2. MARCHE.

282. Au commandement de *marche*, le premier rang continuera à marcher le pas de soixante-cinq centimètres (deux pieds) ; le second et le troisième rang prendront, en raccourcissant un peu le pas,

la distance de soixante-dix centimètres (vingt-six pouces), qui doit les séparer respectivement du rang qui les précède, et les soldats porteront l'arme à volonté.

283. Le peloton étant en marche au pas de route, l'instructeur, supposant la nécessité de le faire marcher par le flanc dans la même direction, lui fera porter l'arme au bras, prendre le pas accéléré, et commandera :

1. *Peloton, par le flanc droit* (ou *gauche*).

2. *Par file à gauche* (ou *à droite*).

3. MARCHE.

284. Au commandement de *marche*, le peloton fera à-droite ou à-gauche, le chef de peloton se portera à côté de celui des deux guides qui doit se trouver en tête du peloton ; ce guide conversera aussitôt à gauche ou à droite ; toutes les files viendront successivement converser à la même place que le guide ; et s'il se trouvait des files en arrière, elles converseraient de manière à suivre le mouvement du peloton.

285. (Pl. XIV, *fig.* 2.) L'instructeur ayant fait reformer le peloton en ligne, et lui ayant fait reprendre le pas de route, l'exercera à se rompre et à se former, ce qui s'exécutera par les mêmes commandemens et les mêmes moyens qu'au pas cadencé ; avec cette seule différence que, dans la section qui doit obliquer, chaque homme fera un demi-à-droite ou un demi-à-gauche, au lieu de

maintenir ses épaules carrément en ligne, afin de ne pas arrêter la subdivision qui suit. Lorsque le peloton sera rompu, les chefs de section se porteront au flanc de leurs sections, à la place du guide qui reculera au troisième rang.

286. (Pl. XIV, *fig.* 3.) Le peloton étant supposé marcher au pas de route par section, l'instructeur pourra faire rompre et former les sections, si elles sont de dix files et au-dessus; car si elles étaient plus faibles, la colonne ne pourrait marcher au pas de route par demi-section sans s'alonger.

287. On rompra et on formera les sections d'après les principes indiqués pour rompre et former le peloton; les demi-sections de droite seront commandées par le chef de peloton et par le chef de section; les demi-sections de gauche par le sous-lieutenant et le sergent-major, et à leur défaut par les guides du peloton.

288. Lorsque l'instructeur voudra faire rompre les sections, il en donnera l'ordre au chef de peloton qui fera porter les armes, prendre le pas cadencé, et commandera ensuite : 1. *Rompez les sections*; 2. MARCHE.

289. Aussitôt que les sections seront rompues, les chefs des demi-sections se porteront au flanc de leurs demi-sections, du côté de la direction, au premier rang; les guides qui s'y trouvent reculeront au second rang; les serre-files seront répartis au troisième rang de la manière suivante : le fourrier se placera derrière le chef de peloton; le

quatrième sergent derrière le sous-officier de remplacement ; enfin, le troisième sergent derrière le chef de section.

290. L'instructeur fera prendre le pas de route aussitôt que les sections seront rompues.

291. On ne rompra les sections que dans la colonne en route ; ce mouvement ne devant jamais être exécuté dans les manœuvres, quelle que soit la force des pelotons.

292. Lorsque l'instructeur voudra faire reformer les sections, il en donnera l'ordre au chef de peloton qui fera porter les armes, prendre le pas cadencé, et commandera ensuite : 1. *Formez les sections* ; 2. MARCHE.

293. Au premier commandement, les chefs des demi-sections se porteront devant le centre de leurs subdivisions et les guides au premier rang. Au commandement de *marche*, le mouvement s'exécutera comme il a été prescrit pour former le peloton, n° 285. Au moment où les demi-sections se réuniront, les serre-files se reporteront à leurs places, et aussitôt que les sections seront formées, l'instructeur fera reprendre le pas de route.

294. L'instructeur fera aussi exécuter les divers mouvemens des files prescrits dans l'article précédent et de la même manière ; mais comme il est de règle qu'une troupe ne doit jamais occuper en colonne plus d'espace qu'elle n'en occuperait en bataille, lorsque le peloton sera rompu par section, on ne pourra réduire les sections qu'à sept de front, non compris le chef de section.

295. (Pl. XVII, *fig.* 4.) L'instructeur supposera quelquefois la nécessité de réduire davantage le front des subdivisions; à cet effet, il fera prendre le pas cadencé et mettre des files en arrière jusqu'à ce que les subdivisions soient réduites à cinq hommes de front.

296. Le peloton étant rompu par section ou par demi-section, l'instructeur le fera marcher par le flanc dans la même direction, par les commandemens et les moyens indiqués n° 283 et 284. Au moment où les subdivisions feront à-droite ou à-gauche, la première file de chacune d'elles conversera à gauche ou à droite, pour se placer à la suite de la subdivision qui la précède immédiatement. Les serre-files se porteront à leurs places de bataille avant que les subdivisions soient réunies.

297. Lorsque le peloton, marchant au pas de route, s'arrêtera, les deux derniers rangs serreront au commandement de *halte*, et les soldats porteront les armes.

ARTICLE IV.

Contre-marche.

298. Le peloton étant de pied ferme et supposé faire partie d'une colonne la droite en tête, lorsque l'instructeur voudra lui faire exécuter la contre marche, il commandera :

1. *Contre-marche.*
2. *Peloton, par le flanc droit.*
3. A DROITE.

4. *Par file à gauche.*

5. MARCHE.

299. (Pl. XIII, *fig.* 3.) Au troisième commandement, le peloton fera à-droite, les deux guides feront demi-tour à droite; le chef de peloton se portera à la droite de son peloton, fera déboîter en arrière les trois premières files, et se placera à côté de l'homme de droite du premier rang pour le conduire.

300. Au commandement de *marche*, les deux guides ne bougeront pas, le peloton partira vivement; la première file, conduite par le chef de peloton, conversera autour du guide de droite, et se dirigera en passant par-devant le premier rang, de manière à arriver à deux pas en arrière du guide de gauche; chaque file viendra converser successivement à la même place que la première. La première file étant arrivée à hauteur du guide de gauche, le chef de peloton commandera: 1. *Peloton;* 2. HALTE; 3. FRONT; 4. *A droite* = ALIGNEMENT.

301. Le premier commandement sera fait à quatre pas du point où le peloton devra s'arrêter.

302. Au deuxième, le peloton s'arrêtera.

303. Au troisième, le peloton fera face par le premier rang.

304. Au quatrième commandement, le peloton s'alignera à droite; le chef de peloton se portant à deux pas en dehors du guide de gauche, qui se trouve à la droite du peloton, dirigera l'alignement de manière que le premier rang soit encadré entre

les deux guides ; le peloton étant aligné, il commandera FIXE, et se portera devant le centre du peloton ; les deux guides, passant devant le front du peloton, iront reprendre leurs places à la droite et à la gauche du premier rang.

305. Dans une colonne par section, la contremarche s'exécutera par les mêmes commandemens et d'après les mêmes principes : le guide de chaque section fera demi-tour à droite, et le chef de la section se placera à côté de la file de droite pour la conduire.

306. Dans une colonne la gauche en tête, la contre-marche s'exécutera par les commandemens et les moyens inverses, mais d'après les mêmes principes. Ainsi le mouvement se fera par le flanc droit des subdivisions si la droite est en tête, et par le flanc gauche si la gauche est en tête ; dans l'un et l'autre cas, les subdivisions converseront par file du côté du premier rang.

ARTICLE V.

Étant en colonne par section, se former sur la droite ou sur la gauche en bataille.

307. La colonne étant en marche par section, la droite en tête, lorsque l'instructeur voudra la former sur la droite en bataille, il commandera :

1. *Sur la droite en bataille.*

2. *Guide à droite.*

308. (Pl. XIII, *fig.* 4.) Au second comman-

dement, le guide de chaque section se portera légèrement sur le flanc droit de la section, et les soldats prendront le tact des coudes à droite; la colonne continuera à marcher droit devant elle.

309. L'instructeur, ayant fait son second commandement, se portera légèrement au point où il voudra appuyer la droite du peloton formé en bataille, et s'y placera face au point de direction de gauche qu'il choisira.

310. La ligne de bataille devra être telle que le guide de chaque section, après avoir tourné à droite, ait au moins dix pas à faire pour y arriver.

311. La tête de la colonne étant près d'arriver à hauteur de l'instructeur placé au point d'appui, le chef de la première section commandera : 1. *Tournez à droite;* et, lorsqu'elle sera vis-à-vis l'instructeur, il commandera : 2. MARCHE.

312. Au commandement de *marche*, la première section tournera à droite, en se conformant à ce qui a été prescrit à l'école du soldat, n° 306. Le guide se dirigera de manière que l'homme du premier rang, placé à côté de lui, arrive vis-à-vis l'instructeur; le chef de peloton marchera devant le centre de la première section; et, lorsque le guide sera près d'arriver sur la ligne de bataille, il commandera : 1. *Section*; 2. HALTE.

313. Au commandement de *halte*, qui sera fait à l'instant où la droite de la section arrivera à trois pas de la ligne de bataille, la section s'arrêtera; les files qui ne seraient pas encore en ligne, s'y

porteront promptement. Le guide ira se placer sur la ligne de bataille vis-à-vis l'une des trois files de gauche de sa section, et fera face à l'instructeur, qui l'alignera sur le point de direction de gauche. Le chef de peloton se portera en même temps au point où devra appuyer la droite du peloton, et, aussitôt que toutes les files seront arrivées en ligne, il commandera : *A droite* = ALIGNEMENT.

314. A ce commandement, la première section s'alignera : l'homme du premier rang, qui correspond au guide, appuiera légèrement sa poitrine contre le bras gauche de ce guide, et le chef de la première section en dirigera l'alignement sur cet homme.

315. La deuxième section continuera à marcher droit devant elle, jusqu'à ce que le guide arrive à hauteur de la file de gauche de la première; elle tournera alors à droite au commandement de son chef, et se portera ensuite vers la ligne de bataille, le guide se dirigeant sur la file de gauche de la première section.

316. Le guide étant arrivé à trois pas de la ligne de bataille, cette section sera arrêtée comme il a été prescrit pour la première : à l'instant où elle s'arrêtera, le guide se portera légèrement sur la ligne à hauteur de l'une des trois files de gauche de sa section, et y sera assuré par l'instructeur.

317. Le chef de la seconde section, voyant toutes les files entrées en ligne et son guide établi sur la direction, commandera : *A droite* = ALIGNEMENT.

318. Le chef de la seconde section, ayant fait ce commandement, ira se placer en serre-file en passant par la gauche; la seconde section se portera sur l'alignement de la première; et lorsqu'elle y sera établie, le chef de peloton commandera : FIXE.

319. Le mouvement étant terminé, l'instructeur commandera :

Guides = A VOS PLACES.

320. A ce commandement, le sous-officier de remplacement se portera derrière le chef de peloton, et le guide de la seconde section en serre-file.

321. Une colonne par section, la gauche en tête, se formera *sur la gauche en bataille* d'après les mêmes principes; l'instructeur commandera :

1. *Sur la gauche en bataille.*
2. *Guide à gauche.*

322. Au second commandement, le guide de chaque section se portera légèrement au flanc gauche de sa section; les soldats prendront le tact des coudes à gauche, et la colonne continuera à marcher droit devant elle.

323. L'instructeur, ayant fait son second commandement, se portera légèrement au point où il voudra appuyer le flanc gauche du peloton en bataille, et s'y placera face au point de direction de droite qu'il choisira.

324. L'instructeur observera de se placer de manière que le guide de chaque section, après avoir

tourné pour se porter sur la ligne de *bataille*, ait au moins dix pas à faire pour arriver sur cette ligne.

325. La tête de la colonne étant près d'arriver vis-à-vis l'instructeur placé au point d'appui, le chef de la seconde section commandera : 1. *Tournez à gauche;* et, lorsqu'elle sera arrivée vis-à-vis l'instructeur, il commandera : 2. MARCHE.

326. Au commandement de *marche*, la seconde section tournera à gauche; le guide se dirigera de manière que l'homme du premier rang, placé à côté de lui, arrive vis-à-vis l'instructeur; le chef de section marchera devant le centre de sa section, et, lorsque le guide sera près d'arriver sur la ligne de bataille, il commandera : 1. *Section;* 2. HALTE.

327. Au commandement de *halte*, qui sera fait à l'instant où la gauche de la section arrivera à trois pas de la ligne de bataille, la section s'arrêtera; et les files qui ne seraient pas encore en ligne s'y porteront promptement. Le guide ira se placer sur la ligne de bataille, vis-à-vis l'une des trois files de droite de sa section, et fera face à l'instructeur qui l'alignera sur le point de direction de droite; le chef de la seconde section se portera en même temps au point où devra appuyer la gauche du peloton, et, aussitôt que toutes les files seront entrées en ligne, il commandera : *A gauche* = ALIGNEMENT.

328. A ce commandement, la seconde section s'alignera; l'homme du premier rang, qui correspond au guide, appuiera légèrement sa poitrine contre le bras gauche de ce guide, et le chef de la

seconde section en dirigera l'alignement sur cet homme.

329. La première section continuera à marcher droit devant elle, jusqu'à ce que le guide soit arrivé à hauteur de la file de droite de la seconde; alors elle tournera à gauche, au commandement de son chef; le guide se dirigera sur la file de droite de la seconde section.

330. Le guide étant arrivé à trois pas de la ligne de bataille, cette section sera arrêtée comme il a été prescrit pour la seconde; à l'instant où elle s'arrêtera, le guide se portera légèrement sur la ligne à hauteur de l'une des trois files de droite de sa section, et y sera assuré par l'instructeur: le chef de peloton se portera en même temps à la gauche du peloton, à la place du chef de la seconde section qui ira se placer en serre-file.

331. Le chef de peloton s'étant placé à la gauche de son peloton, et toutes les files étant entrées en ligne, il commandera: *A gauche* = ALIGNEMENT.

332. A ce commandement, la première section se portera sur la ligne; le chef de peloton en dirigera l'alignement sur l'homme de droite qui correspond au guide de cette section, et commandera: FIXE.

333. Le mouvement étant achevé, l'instructeur commandera:

1. *Guides* = A VOS PLACES.

334. A ce commandement, le chef de peloton

se portera à la droite de son peloton, le sous-officier de remplacement derrière lui au troisième rang, et le guide de la seconde section en serre-file.

OBSERVATIONS GÉNÉRALES RELATIVES A L'ÉCOLE DE PELOTON.

335. La troisième leçon sera toujours exécutée au port d'armes, seule position qui puisse amener les recrues à marcher correctement en bataille. L'instructeur s'appliquera donc à leur en faire contracter l'habitude; mais comme elle est fatigante, surtout dans les commencemens, il aura soin d'arrêter souvent le peloton, et de le faire reposer sur les armes.

336. Dans les trois dernières leçons, l'instructeur, pour éviter de fatiguer les soldats et les empêcher de se négliger sur le port d'armes, qui doit toujours être régulier, leur fera mettre quelquefois l'arme au bras, lorsqu'ils marcheront par le flanc, et il leur fera porter l'arme sur l'épaule droite quand ils marcheront de front.

337. Lorsqu'on portera l'arme sur l'épaule droite, la distance entre les rangs sera de quarante-un centimètres (quinze pouces); ainsi, quand on fera passer le peloton du port d'armes à cette position, les deux derniers rangs raccourciront un peu le premier pas, afin de se trouver à la distance prescrite, et ils l'alongeront au contraire pour la resserrer, lorsqu'on leur fera porter l'arme.

338. Lorsqu'on marchera au pas de route, le

soldat portera son arme de la manière qu'il trouvera le plus commode, ayant seulement attention que le bout du fusil soit assez élevé pour prévenir les accidens.

339. Toutes les fois qu'une troupe, marchant autrement qu'au port d'armes, s'arrêtera, elle portera les armes au commandement de *halte*. Ce principe est général.

340. Lorsque les compagnies devront être exercées en détail à l'école de peloton, le commandant du régiment indiquera la leçon ou les leçons qu'elles devront exécuter. Un roulement servira toujours de signal pour commencer et finir toutes ensemble.

FORMATION D'UN PELOTON DE TROIS RANGS SUR DEUX, ET RÉCIPROQUEMENT.

341. Le peloton étant formé sur trois rangs, de la manière indiquée au n° 9 du titre Ier, et supposé faire partie d'une colonne, la droite ou la gauche en tête, lorsque l'instructeur voudra le former sur deux rangs, il commandera :

1. *Sur deux rangs formez le peloton.*
2. MARCHE.

342. Au premier commandement, le guide de droite fera à-droite.

343. Au second commandement, le guide de droite se mettra en marche, et se dirigera sur le prolongement du premier rang.

344. La première file se mettra en marche en même temps que le guide; l'homme du premier rang tournera à droite dès le premier pas, suivra le guide et sera suivi lui-même par les hommes du second et du troisième rang de sa file, qui viendront tourner à la même place que lui. La seconde file et successivement toutes les autres se mettront en marche comme il a été prescrit pour la première, de manière que l'homme du premier rang suive immédiatement l'homme du troisième rang de la file qui se trouvait à sa droite.

345. Le guide ayant marché la moitié de l'étendue du front du peloton, s'arrêtera à l'avertissement du chef de peloton et fera front.

346. L'homme qui suit le guide s'arrêtera en même temps que lui, et se placera à sa gauche en faisant front; l'homme qui vient ensuite se placera derrière le premier pour former la première file; le troisième homme se placera à côté du premier, au premier rang; le quatrième, derrière le troisième au second rang. Tous les autres viendront se placer de la même manière, alternativement au premier et au second rang, et formeront ainsi des files de deux hommes à la gauche de celles déjà établies.

347. Les serre-files prendront leurs nouvelles places de bataille à deux pas derrière le second rang.

348. Le chef de peloton surveillera la formation, et, dès qu'elle sera achevée, il fera numéroter les files et marquer les sections.

349. Le peloton étant formé sur deux rangs, lorsque l'instructeur voudra le former sur trois, il commandera :

1. *Sur trois rangs formez le peloton.*

2. MARCHE.

350. Ce mouvement s'exécutera comme il est prescrit n° 342 et suivans, mais en observant ce qui suit :

351. Le guide de droite s'arrêtera après avoir marché quatre pas ; l'homme qui le suit s'arrêtera également et fera front, et les deux hommes qui viennent après se placeront derrière lui au second et au troisième rang; les trois hommes suivans formeront la seconde file, et tous les autres viendront successivement former des files de trois hommes à la gauche de celles déjà établies.

Formation d'un peloton de trois ou de deux rangs sur un, et réciproquement.

352. Le peloton étant sur trois ou sur deux rangs, lorsque l'instructeur voudra le former sur un rang, il commandera :

1. *Sur un rang formez le peloton.*

2. MARCHE.

353. Ce mouvement s'exécutera d'après les principes prescrits n° 342 et suivans; mais le chef de peloton verra filer son peloton, au lieu d'en suivre le mouvement, et lorsque le dernier homme se

mettra en marche, il arrêtera le peloton et lui fera faire front.

354. Le peloton étant sur un rang, lorsque l'instructeur voudra le former sur trois rangs ou sur deux, il commandera :

1. *Sur trois rangs* (ou *sur deux rangs*) *formez le peloton.*
2. *Par le flanc droit.*
3. *A droite.*
4. MARCHE.

355. Au troisième commandement, le peloton fera à-droite ; le guide et l'homme de droite resteront face en tête.

356. Au commandement de *marche*, les hommes qui ont fait à-droite se mettront en marche, et formeront les files de la manière indiquée n° 350 et 351 ou n° 346, selon que le peloton devra être formé sur trois rangs ou sur deux.

Observations.

357. Les formations ci-dessus décrites s'exécuteront habituellement par la droite du peloton; mais lorsque l'instructeur voudra les faire exécuter par la gauche, il fera faire demi-tour à droite au peloton, et fera porter les guides au troisième rang.

358. La formation s'exécutera ensuite par les mêmes commandemens et d'après les mêmes principes que par le premier rang : le mouvement commencera par la file de gauche devenue file de droite,

et, dans chaque file, par l'homme du dernier rang devenu premier; le guide de gauche se conformera à ce qui a été prescrit pour le guide de droite.

359. La formation étant achevée, l'instructeur remettra le peloton face en tête.

360. Lorsqu'un bataillon en bataille devra exécuter l'une des formations qui viennent d'être décrites, le chef de bataillon le fera rompre par peloton en arrière à droite ou à gauche; ce qui étant exécuté, il fera les commandemens prescrits pour l'instructeur, en faisant précéder le commandement de *marche* de l'indication de *pas accéléré*. Chaque peloton exécutera son mouvement comme s'il était isolé.

INSTRUCTION

POUR LE TIR A LA CIBLE.

Le tir à la cible étant une des parties les plus essentielles de l'instruction de l'infanterie, les commandans des régimens s'attacheront à ce que les officiers et les sous-officiers en connaissent parfaitement la théorie.

On se conformera, pour tout ce qui est relatif à la théorie du tir à la cible, à l'instruction de l'artillerie, approuvée par le ministre de la guerre et insérée au journal militaire.

Les hommes de recrue seront exercés au tir à la cible, dès qu'ils sauront exécuter tout ce que renferme l'école du soldat.

Dans les commencemens de cet exercice, on fera tirer aux hommes plusieurs coups de suite, en rectifiant chaque fois, avec soin, les défauts qu'on aura remarqués dans la position du corps ou dans celle de l'arme.

On ne fera tirer à la deuxième distance que lorsque les soldats tireront passablement à la première, et on suivra la même règle pour les faire passer successivement aux autres distances.

Les caporaux et les soldats de chaque compagnie seront divisés en trois classes : la première classe comprendra les plus habiles tireurs ; la deuxième, les plus adroits après ceux-ci, et la troisième tous les autres. Nul homme ne sera réputé suffisamment instruit au tir, qu'autant qu'il aura été admis à la première classe.

Les commandans des régimens emploieront tous les moyens qui sont à leur disposition, pour exciter l'émulation dans les exercices du tir à la cible ; ils feront tenir une note exacte des meilleurs tireurs de chaque compagnie, ainsi que des officiers et des sous-officiers qui se feront remarquer par leur intelligence et leur zèle dans l'enseignement de cette branche importante de l'instruction.

Un officier supérieur assistera au tir à la cible, et veillera à ce qu'on s'y conforme strictement à tous les principes prescrits.

Pour entretenir les caporaux et les soldats dans l'habitude du tir, on ne fera jamais brûler par chaque homme plus de cinq à six cartouches le même jour ; et au lieu d'employer dans une seule saison toutes les munitions délivrées annuellement aux régimens, on devra tirer à la cible à diverses époques de l'année, qui seront plus ou moins rapprochées, suivant que les circonstances le permettront.

Les munitions seront réparties entre les trois classes, de façon que la troisième classe tire plus que la seconde, et celle-ci plus que la première. De cette manière, les tireurs les moins adroits, recevant un plus grand nombre de cartouches, auront plus de moyens de se fortifier.

MANIEMENT

DE L'ARME DES SOUS-OFFICIERS.

Les sous-officiers auront toujours, ainsi que la troupe, la baïonnette au bout du fusil.

Les sous-officiers observeront, dans tous les temps du maniement des armes qui leur est particulier, la cadence prescrite pour le maniement des armes des soldats; pendant les charges et les feux, ils resteront au port d'armes ou l'arme au bras, selon l'ordre qui en sera donné.

Les sous-officiers de remplacement et de serre-file porteront l'arme ainsi qu'il va être prescrit.

Port de l'arme.

L'arme dans le bras droit et au défaut de l'épaule, le canon en arrière et d'aplomb, la baguette en dehors, le bras droit presque alongé, la main droite embrassant le chien et la sous-garde, la crosse à plat le long de la cuisse droite, la main gauche dans le rang.

Présentez=VOS ARMES.

UN TEMPS ET DEUX MOUVEMENS.

Prémier mouvement.

Porter l'arme avec la main droite d'aplomb vis-à-vis le milieu du corps, la baguette en avant; empoigner en même temps l'arme brusquement avec la main gauche, le petit doigt contre le ressort de la batterie, le pouce alongé le long du canon contre la monture, l'avant-bras collé au corps sans être gêné, la main à hauteur du coude.

Deuxième mouvement.

Empoigner l'arme de la main droite au-dessous et contre la sous-garde, comme les soldats.

Portez=VOS ARMES.

UN TEMPS ET DEUX MOUVEMENS.

Premier mouvement.

Glisser la main gauche jusqu'à la hauteur de l'épaule, et porter avec cette main l'arme d'aplomb contre l'épaule droite; empoigner avec la main droite le chien et la sous-garde, le bras droit presque alongé.

Deuxième mouvement.

Laisser tomber vivement la main gauche dans le rang.

Reposez-vous = SUR VOS ARMES.

UN TEMPS ET DEUX MOUVEMENS.

Premier mouvement.

Porter brusquement la main gauche à la grenadière; détacher un peu l'arme de l'épaule avec la main droite; lâcher l'arme de la main droite; la descendre de la main gauche, la ressaisir avec la main droite au-dessus de la capucine, le pouce droit sur le canon pour l'empoigner, les quatre doigts alongés sur le bois, l'arme d'aplomb, la crosse à huit centimètres (trois pouces) de terre, le talon de la crosse dirigé sur le côté de la pointe du pied droit, et laisser tomber la main gauche dans le rang.

Deuxième mouvement.

Laisser glisser l'arme dans la main droite, en ouvrant un peu les doigts, de manière que le talon de la crosse se place à côté et contre la pointe du pied droit.

Vos armes = A TERRE.

Comme les soldats.

Relevez = VOS ARMES.

Comme les soldats.

Portez = VOS ARMES.

UN TEMPS ET DEUX MOUVEMENS.

Premier mouvement.

Élever l'arme perpendiculairement, avec la main

droite, à hauteur du téton droit, vis-à-vis l'épaule, à cinq centimètres (deux pouces) du corps, le coude droit y restant joint; saisir l'arme de la main gauche, au-dessous de la main droite, et descendre aussitôt la main droite pour empoigner la sous-garde et le chien, en appuyant l'arme à l'épaule, le bras droit presque alongé.

Deuxième mouvement.

Laisser tomber vivement la main gauche dans le rang.

L'arme=AU BRAS.

UN TEMPS ET TROIS MOUVEMENS.

Premier mouvement.

Porter l'arme en avant, avec la main droite, entre les yeux et d'aplomb, la baguette en dehors; saisir l'arme de la main gauche à la capucine, la relever à la hauteur du menton, et empoigner en même temps l'arme de la main droite à onze centimètres (quatre pouces) au-dessous de la platine.

Deuxième mouvement.

Retourner l'arme, avec la main droite, le canon en dehors; l'appuyer à l'épaule gauche, et passer l'avant-bras gauche horizontalement sur la poitrine entre la main droite et le chien, qui sera appuyé sur l'avant-bras gauche, la main gauche sur le téton droit.

Troisième mouvement.

Laisser tomber vivement la main droite dans le rang.

Portez=VOS ARMES.

UN TEMPS ET TROIS MOUVEMENS.

Premier mouvement.

Empoigner l'arme, avec la main droite, au-dessous et contre l'avant-bras gauche.

Deuxième mouvement.

Porter l'arme, avec la main droite, d'aplomb contre l'épaule droite, la baguette en avant; la saisir avec la main gauche à hauteur de l'épaule droite; tourner en même temps la main droite pour empoigner la sous-garde et le chien, le bras droit presque alongé.

Troisième mouvement.

Laisser tomber vivement la main gauche dans le rang.

Remettez=LA BAÏONNETTE.

UN TEMPS ET TROIS MOUVEMENS.

Premier mouvement.

Porter brusquement la main gauche à la grenadière, détacher un peu l'arme de l'épaule avec la main droite.

Deuxième mouvement.

Descendre l'arme de la main gauche, la ressaisir avec la main droite au-dessus de la capucine ; poser la crosse à terre, en laissant glisser l'arme dans la main gauche; rapporter aussitôt la main droite à la baïonnette.

Troisième mouvement.

Oter la baïonnette et la mettre dans le fourreau ; saisir ensuite l'arme, avec la main droite, un peu au-dessus de la capucine; laisser tomber en même temps la main gauche, et reprendre la position du soldat reposé sur l'arme.

Portez=VOS ARMES.

Comme étant reposé sur les armes.

Baïonnette=AU CANON.

UN TEMPS ET TROIS MOUVEMENS.

Premier et second mouvement comme ceux de remettre la baïonnette, excepté qu'à la fin du second mouvement la main droite ira saisir la baïonnette par la douille et la branche, de manière que l'extrémité de la douille dépasse de deux centimètres (un pouce) le talon de la main.

Troisième mouvement.

Arracher brusquement la baïonnette avec la main droite, et la mettre au bout du canon ; saisir ensuite l'arme, avec la main droite, au-dessus de la capucine, et laisser tomber vivement la main gauche dans le rang.

Portez=VOS ARMES.

Comme étant reposé sur les armes.

MANIEMENT

DE L'ARME DES CAPORAUX.

Lorsque les caporaux seront dans le rang, ils porteront l'arme comme les soldats ; mais s'ils font partie de la garde du drapeau, s'ils sont en serre-file, ou s'ils marchent à la tête d'une troupe ou d'une pose de sentinelles, ils porteront le fusil dans le bras droit comme les sergens, ce qui s'exécutera de la manière suivante :

Portez l'arme=COMME SERGENT.

UN TEMPS ET TROIS MOUVEMENS.

Premier mouvement.

Empoigner l'arme avec la main droite, en tournant la platine en dessus, comme au premier mouvement de *présentez vos armes.*

Deuxième mouvement.

Porter l'arme d'aplomb, avec la main droite, contre l'épaule droite, la baguette en dehors, le bras droit presque alongé, la main droite empoignant le chien et la sous-garde ; saisir l'arme, avec la main gauche, à hauteur de l'épaule.

Troisième mouvement.

Laisser tomber vivement la main gauche dans le rang.

Croisez=LA BAÏONNETTE.

UN TEMPS ET DEUX MOUVEMENS.

Premier mouvement.

Elever un peu l'arme avec la main droite, en faisant un demi-à-droite sur le talon gauche, et rapportant le milieu du pied droit vis-à-vis et à environ huit centimètres (trois pouces) du talon gauche.

Deuxième mouvement.

Laisser tomber l'arme dans la main gauche, qui la saisira un peu en avant de la capucine, le canon en dessus, le coude gauche appuyé au corps; empoigner en même temps l'arme au-dessous de la sous-garde avec la main droite, qui viendra s'appuyer contre la hanche, la pointe de la baïonnette à hauteur de l'œil.

Portez=VOS ARMES.

UN TEMPS ET DEUX MOUVEMENS.

Premier mouvement.

Redresser l'arme avec la main gauche, en revenant face en tête, la placer contre l'épaule droite, la baguette en avant; empoigner en même temps le chien et la sous-garde avec la main droite.

Deuxième mouvement.

Lâcher l'arme de la main gauche, en la laissant tomber dans le rang, et alonger en même temps le bras droit.

Portez l'arme=COMME SOLDAT.

UN TEMPS ET TROIS MOUVEMENS.

Premier mouvement.

Détacher l'arme de l'épaule, la porter d'aplomb entre les yeux; la saisir avec la main gauche à hauteur du col; prendre avec la main droite l'arme à la poignée, la main à hauteur du coude, la baguette en avant.

Deuxième mouvement.

Élever l'arme avec la main droite, le pouce alongé le long de la contre-platine; tourner le canon en dehors; placer l'arme contre l'épaule gauche; descendre en même temps la main gauche sous la crosse.

Troisième mouvement.

Laisser tomber vivement la main droite dans le rang.

MANIEMENT

DE L'ÉPÉE OU DU SABRE DES OFFICIERS.

PORT DE L'ÉPÉE OU DU SABRE.

La poignée dans la main droite, qui sera placée à hauteur et contre la hanche droite, la lame appuyée à l'épaule.

SALUT DE L'ÉPÉE OU DU SABRE.

Trois temps.

Un. A six pas de la personne que l'on doit saluer, élever l'épée ou le sabre perpendiculairement, la pointe en haut, le plat de la lame vis-à-vis l'œil droit, la garde à hauteur de l'épaule, le coude appuyé au corps.

Deux. Baisser la lame en étendant le bras, de manière que la main droite soit placée à côté de la cuisse droite, et rester dans cette position jusqu'à ce que la personne qu'on aura saluée soit dépassée de six pas.

Trois. Relever l'épée ou le sabre et placer la lame contre l'épaule droite.

SALUT DU DRAPEAU.

Dans le rang, les porte-drapeaux, soit de pied ferme soit en marchant, porteront toujours le drapeau le talon à la hanche droite; et, lorsque les drapeaux devront rendre les honneurs, les porte-drapeaux salueront de la manière suivante :

La personne qu'on devra saluer étant éloignée de six pas, élever la main droite le long de la lance jusqu'à ce qu'elle soit arrivée à hauteur de l'œil; baisser la lance, en alongeant le bras de toute sa longueur, sans que le talon du drapeau quitte la hanche, et relever la lance, lorsque la personne qu'on aura saluée sera dépassée de six pas.

INSTRUCTION

POUR LE TAMBOUR-MAJOR.

La place des tambours, clairons et musiciens, dans l'ordre de bataille, a été déterminée au titre Ier.

En colonne de manœuvre, les tambours marcheront à hauteur du cinquième peloton de leur bataillon, du côté opposé au guide.

Dans la colonne de route, ainsi que dans le passage du défilé, en avant ou en retraite, ils marcheront à la tête de leurs bataillons respectifs.

Batteries et Sonneries.

Le nombre des batteries est fixé à vingt, non compris la batterie particulière à chaque régiment. Ces batteries sont :

1. *La générale.*
2. *L'assemblée.*
3. *Le rappel.*
4. *Au drapeau.*

5. *Aux champs.*
6. *Le pas accéléré.*
7. *Le pas de charge.*
8. *La diane.*
9. *La retraite.*
10. *Le ban.*
11. *La messe.*
12. *La berloque.*
13. *Le rappel aux tambours.*
14. *Le roulement.*
15. *A l'ordre.*
16. *Le pas redoublé.*
17. *Le pas de course.*
18. *Halte.*
19. *Marcher en retraite.*
20. *Commencer le feu.*

(16 à 20 : *Pour les tirailleurs.*)

Le nombre des sonneries est fixé à vingt-six, non compris la marche particulière à chaque régiment. Ces sonneries sont :

1. *La générale.*
2. *L'assemblée.*
3. *Le rappel.*
4. *Au drapeau.*
5. *Le pas ordinaire.*
6. *Le pas accéléré.*
7. *Le pas de charge.*
8. *Le réveil.*
9. *La retraite.*
10. *Le ban.*
11. *La messe.*
12. *La berloque.*
13. *Le rappel aux clairons.*
14. *L'appel.*
15. *A l'ordre.*
16. *Le pas redoublé.*
17. *Le pas de course.*
18. *Marcher en avant.*
19. *Halte.*
20. *Marcher en retraite.*
21. *Commencer le feu.*
22. *Cesser le feu.*
23. *Marcher par le flanc droit.*
24. *Marcher par le flanc gauche.*
25. *Ralliement sur la réserve.*
26. *Ralliement au bataillon.*

(16 à 26 : *Pour les tirailleurs.*)

Signaux du Tambour-Major pour les différentes batteries.

1. *La générale.* Étendre le bras droit, empoigner la canne au milieu, et élever la pomme à hauteur du cou.

2. *L'assemblée.* Étendre le bras droit, élever la canne à peu près d'un pied de terre, en mettant le pouce sur la pomme.

3. *Le rappel.* Mettre la canne sur l'épaule droite, le bout en arrière.

4. *Au drapeau.* Élever le bras, tourner le poignet en dedans, de façon que la canne croise horizontalement devant soi à hauteur du cou.

5. *Aux champs.* Élever la canne perpendiculairement, le bout en haut, le bras droit étendu à hauteur de l'épaule.

6. *Pas accéléré.* Élever la canne le bras droit étendu, la paume de la main tournée en avant, la pomme de la canne au-dessus de l'épaule droite, le bout de la canne à hauteur et devant la poignée du sabre.

7. *Pas de charge.* Porter la canne directement devant soi, le bout en avant, l'avant-bras droit étendu, le coude en arrière, et indiquer l'accélération du pas en agitant la main droite.

8. *La diane.* Prendre la canne de la main gauche, et mettre le pouce sur la pomme à la hauteur de l'épaule gauche.

9. *La retraite.* Passer la canne croisée derrière le dos.

10. *Le ban.* Passer diagonalement la canne devant la figure, la pomme à droite, les doigts en dessous, et appuyer le jonc dans la saignée du bras gauche, que le bout de la canne doit dépasser d'un pied.

11. *La messe.* Porter la pomme de la canne sur l'épaule droite.

12. *La berloque.* Prendre la canne par le cordon, et étendre le bras à hauteur de l'épaule.

14. *Le roulement.* Étendre le bras droit, et agiter vivement le bras et la canne.

Signaux pour les évolutions des Tambours.

1. Pour faire marcher par le flanc droit, prendre la canne par le milieu, et étendre le bras à droite.
2. Pour faire marcher par le flanc gauche, faire le même signal, en étendant le bras gauche.
3. Pour faire rompre le peloton, laisser tomber le bout de la canne dans la main gauche à hauteur des yeux.
4. Pour former le peloton, laisser tomber la pomme de la canne dans la main gauche à hauteur des yeux.
5. Pour faire changer de direction, se tourner à demi vers les tambours, et leur indiquer, par un mouvement de la canne, de quel côté ils devront tourner.
6. Pour faire marcher obliquement à droite, étendre le bras droit à hauteur de l'épaule; tenir la canne de biais, et empoigner le bout avec la main gauche, à hauteur de la hanche.
7. Pour faire marcher obliquement à gauche, faire le signal inverse : la pomme de la canne indiquera toujours le côté vers lequel on devra obliquer.

POSER LA CAISSE A TERRE.

Trois mouvemens.

1. *Remettre les baguettes.*	Empoigner la canne en dessous de la pomme; l'élever à hauteur des yeux, en étendant le bras en avant.
2. *Défaire la caisse.*	Rapprocher la pomme contre la poitrine.
3. *Poser la caisse à terre.*	Comme pour remettre les baguettes.
4. *Relever la caisse.*	Même signal que pour mettre la caisse à terre.
5. *Rattacher la caisse.*	Même signal que pour défaire la caisse.
6. *Tirer les baguettes.*	Même signal que pour remettre les baguettes.

CONSIGNE GÉNÉRALE

POUR

LE SERVICE DES GARDES

DANS LES POSTES.

---

§ Ier. — Arrivée et réception de la garde montante. — Communication de la consigne.

Art. 1er. Lorsque la nouvelle garde approchera du poste qu'elle devra relever, l'officier ou sous-officier qui la commandera lui fera porter les armes, et ordonnera au tambour ou trompette, s'il y en a, de battre ou de sonner la marche. (Art. 1er, tit. XI de l'ordonnance du 1er mars 1768.)

2. L'officier ou sous-officier qui commandera l'ancienne garde, lui fera prendre aussitôt les armes ou monter à cheval, et la disposera de manière que la nouvelle puisse se former sur sa gauche, si le terrain le permet, ou en face, si cela ne peut être autrement; le tambour et le trompette, s'il y en a, battront et sonneront la marche. (Art. 2, *idem.*)

3. Les gardes d'infanterie qui ne seront composées que de six hommes, se mettront en haie; celles qui seront composées de douze, se formeront sur deux rangs; celles de dix-huit et au-dessus, sur trois rangs.

Les gardes de cavalerie, soit à pied, soit à cheval, ne seront jamais formées sur un ou deux rangs.

Tout officier commandant un poste se placera oujours devant le centre de sa garde, à deux pas en avant du premier rang, la poignée de l'épée dans la main droite, la lame dans la main gauche, le bout passant de quatre pouces au-dessus, et le pouce de la main gauche à la hauteur et en face de l'épaule.

Tout sous-officier, caporal ou brigadier commandant un poste, se placera au premier rang, contre l'homme de droite, et, s'il y a des tambours ou trompettes, ils se placeront à la droite de la garde, à la hauteur et à deux pas du premier rang. (Art. 3, 4 et 5, *idem*.)

4. Les officiers et sous officiers des deux gardes s'avanceront alors les uns vers les autres, et ceux de la garde descendante donneront la consigne à ceux de la garde montante. (Art. 8, *idem*.)

§ II.—Visite des corps-de-garde.—Vérification du mobilier.—Responsabilité, en cas de pertes ou dégradations.

5. Le commandant de la nouvelle garde, après avoir pris la consigne, ordonnera au premier caporal ou au premier brigadier d'aller prendre possession du corps-de-garde.

Ce caporal ou brigadier sera nommé caporal ou brigadier de *consigne du poste*.

Dans les petits postes qui seront commandés par un caporal ou brigadier, il sera en même temps caporal ou brigadier de *consigne*.

Le caporal ou brigadier de consigne de la nouvelle garde, visitera, avec celui de l'ancienne, les corps-de-garde, bancs, tables, vitres, falots, guérites, capotes, et toutes les autres choses consignées, pour voir si elles sont en bon état.

Cette vérification sera faite sur l'inventaire certifié par le major de la légion, et qui sera collé sur une planche déposée dans le corps-de-garde. (Art. 9, 10, 11 et 12, *idem*.)

6. Dans le cas où quelques-uns de ces objets manqueraient ou auraient été dégradés, le caporal ou

brigadier de *consigne* en dressera l'état, en présence du caporal ou brigadier de l'ancienne garde.

Cet état sera signé par les deux caporaux ou bridiers, et visé par l'officier ou le sous-officier commandant la garde montante et la garde descendante.

Si l'officier, le sous-officier ou le caporal de la garde descendante refuse de signer, l'officier ou sous-officier commandant la garde montante en fera mention.

Dans tous les cas, les officiers ou sous-officiers des deux gardes peuvent ajouter, à cet état contradictoire, leurs observations.

7. Dans les postes des mairies, l'adjudant-major de jour assistera à la vérification du mobilier, et il requerra le commandant de la garde descendante de faire faire sur-le-champ les remplacemens ou réparations nécessaires, sauf le recours dudit commandant contre ceux qui auront occasioné des pertes ou dégradations.

Si le commandant de la garde descendante n'obtempère pas à la réquisition de l'adjudant-major, celui-ci en rendra compte au conseil d'administration de sa légion, dans un rapport spécial, auquel devra être joint l'état dont il est parlé à l'article précédent.

8. Les mêmes règles seront observées aux postes de service près le roi, par le major de la légion qui y aura conduit le détachement.

Elles seront observées aux postes de l'état-major général, de l'Hôtel-de-Ville et de la maison d'arrêt, par les concierges qui sont à demeure dans ces trois endroits.

Les rapports des commandans de postes devront toujours faire mention de l'accomplissement des formalités prescrites par le présent article et par les articles 5, 6 et 7.

§ III. — Inspection des armes. — Appel et division de la garde. — Première pose des sentinelles. — Éclaircissemens sur les consignes et le service du poste.

9. Pendant que les caporaux ou brigadiers de consigne visiteront les corps-de-garde, le commandant de la nouvelle garde fera l'inspection des armes, et il fera faire l'appel de tous les hommes du poste, dont il aura dû se faire donner la liste nominative par le sergent-major ou maréchal-des-logis chef de la compagnie qui les aura fournis. (Art. 14, *idem.*)

10. Le commandant de la garde montante partagera ensuite sa garde en deux divisions, afin de pouvoir, au besoin et suivant les circonstances, commander une seule division du poste. (Art. 4, *idem.*)

Il assignera ensuite des numéros à chacun des gardes pour servir à l'ordre des factions et des patrouilles; après quoi il fera le commandement de *première pose en avant.*

A ce commandement, le second caporal ou brigadier, et les gardes, dans l'ordre de numéros et en nombre égal à celui des sentinelles, sortiront des rangs.

Ce caporal ou brigadier, nommé caporal ou brigadier de *pose*, placera les hommes de la première pose deux par deux, et leur fera porter les armes. Cela fait, le caporal ou brigadier, suivi de la première pose, et accompagné du caporal ou brigadier de l'ancienne garde, qui lui aura donné la consigne de la pose précédente (tous les deux ayant l'arme au bras droit), se mettra en marche pour relever les sentinelles, en commençant par celle qui est devant les armes. Celle-ci ne sera pas tenue de le suivre après avoir été relevée. (Art. 20, 48 et 49, *idem.*)

11. Les sentinelles, en se relevant, se présenteront les armes, et feront face l'une à l'autre, au commandement qui leur en sera fait par le caporal

ou brigadier *de pose.* Elles se donneront la consigne en présence des deux caporaux ou brigadiers, qui s'avanceront seuls pour l'entendre donner. Les sentinelles qui ne seront pas encore posées, ou celles qui seront déjà relevées, s'arrêteront six pas en arrière. (Art. 50, *idem.*)

La consigne étant donnée, le caporal de pose fera les deux commandemens : *portez vos armes, marche;* au premier de ces commandemens, l'ancienne et la nouvelle sentinelle porteront les armes; et au second commandement, les deux caporaux et l'ancienne sentinelle rejoindront les autres pour continuer la pose si elle n'est pas finie, ou pour retourner au poste en cas qu'elle le soit. (Art. 51, *idem.*)

12. Pendant qu'on relèvera les sentinelles, et, après avoir arrêté et signé l'état de vérification des effets du corps-de-garde, dans le cas prévu par l'art. 6, les commandans des deux gardes visiteront ensemble les avenues du poste, et celui qui relèvera, prendra de l'autre tous les éclaircissemens nécessaires sur les consignes et sur le service de son poste. (Art. 22, *idem.*)

§ IV.—Départ de la garde descendante.

13. Toutes les sentinelles étant relevées et rentrées dans les rangs, le commandant de l'ancienne garde se mettra en marche, les tambours ou trompettes des deux gardes battront ou sonneront la marche.

Lorsqu'il sera à environ cinquante pas du poste, le commandant de l'ancienne garde fera les commandemens nécessaires pour remettre la baïonnette et pour porter l'arme au bras ; ou, si c'est un poste à cheval, pour remettre le sabre dans le fourreau. Il continuera ensuite sa marche au pas accéléré, jusque dans le quartier le plus rapproché de sa légion, et, lorsqu'il y sera arrivé, il fera le commandement de *halte*, *présentez armes*, *haut les armes*, et *rompez les rangs, marche*. (Art. 24, 25, *idem*.)

A ce dernier commandement, chaque garde national rentrera immédiatement chez lui, pour y déposer sa giberne et son fusil, avec lesquels il ne doit jamais se trouver isolément et hors du service, dans les rues, cafés et autres lieux publics.

§ V.—Entrée de la nouvelle garde dans le poste.—Visite des sentinelles.—Vérification des consignes.

14. Après le départ de l'ancienne garde, le commandant de la nouvelle lui fera faire *demi-tour à droite* et *haut les armes*, pour les placer, par ordre de numéros, au râtelier des armes.

Si c'est une garde de cavalerie, il fera remettre le sabre dans le fourreau, pour faire mettre pied à terre, et ordonnera de mettre les chevaux dans l'écurie du corps-de-garde.

Aussitôt que la garde sera rentrée, le commandant du poste ira visiter les sentinelles; il lira avec soin les consignes générales et particulières données à son poste, et il instruira ensuite les sous-officiers, caporaux ou brigadiers de tout ce qu'ils auront à faire. (Art. 22, 28 et 29, *idem*.)

§ VI.—Partage du service et heures des repas.—Police des jeux et réunions.

15. Les caporaux ou brigadiers d'un même poste partageront entre eux le temps de leur garde, en sorte qu'ils aient un service égal à faire entre eux, soit de jour, soit de nuit; ils règleront pareillement le temps de la garde des grenadiers, chasseurs, etc., de manière que ceux-ci aient autant d'heures de faction à faire les uns que les autres; et, lorsque ce partage ne pourra se faire exactement, le sort en décidera. (Art. 15, *idem*.)

Nul ne pourra s'absenter du poste que pour le dîner, pendant trois heures seulement, de une à dix heures du soir, de sorte que les deux tiers de la garde soient toujours présens au poste.

A cet effet, l'intervalle de une à dix sera partagé en trois périodes, pendant chacune desquelles le tiers de la garde ira dîner; par exemple, si le poste est composé de trente hommes (officiers, sous-officiers et caporaux ou brigadiers non compris), dix hommes s'absenteront de une à quatre, dix de quatre à sept, et enfin les dix autres de sept à dix.

La moitié des sous-officiers et caporaux ou brigadiers sortira de une à quatre, et l'autre moitié de quatre à sept.

L'absence du commandant du poste aura lieu de six à neuf, et s'il y a un second officier, il s'absentera de quatre à sept, lorsqu'un des sous-officiers sera rentré.

Lorsque les sous-officiers et gardes nationaux iront dîner, ils accrocheront leurs gibernes au râtelier d'armes, à côté de leurs fusils, et ils les reprendront aussitôt leur retour.

Ceux même qui dîneront dans le voisinage du poste, se conformeront à cette règle, dont l'observation tient à l'ordre et à la régularité que la garde nationale doit offrir dans son service.

Le déjeuner se fera, soit au corps-de-garde, soit hors du corps-de-garde, depuis six heures du matin jusqu'à dix heures et demie.

Le chef du poste réglera par tiers le temps des déjeuners, s'ils ont lieu hors du corps-de-garde, de manière qu'il n'en résulte aucun inconvénient pour le service, et surtout aucun retard pour la rédaction et l'envoi du rapport.

Il est expressément défendu de faire, dans les corps-de-garde ou dans tout autre lieu voisin du poste, des réunions auxquelles seraient invitées des personnes étrangères à la garde.

Les excès de boisson, les jeux de hasard et ceux

qui, par leur nature, pourraient entraîner des pertes considérables, seront interdits par le chef de poste, qui réprimera tout ce qui pourrait entraîner du désordre et compromettre, avec l'honneur de la garde nationale, l'ordre et la sûreté publique, pour le maintien desquels elle est spécialement instituée.

§ VII. — Tenue des gardes dans les postes.

17. Les officiers ne pourront, pendant tout le temps de leur garde, quitter, même pour dormir, leur épée, leur hausse-col et leurs bottes. (Art. 31, *idem.*)

Les sous-officiers, grenadiers, chasseurs, etc., ne pourront, au poste, même pour dormir, quitter leur sabre, leur giberne et leurs guêtres.

Les tambours devront conserver également leurs guêtres, leur sabre et leur banderolle.

On ne portera de bonnets de police ou autres que pendant la nuit, et jamais en faction.

On pourra croiser l'habit pendant la nuit; seulement on ne doit, dans aucun cas, se mettre en tenue négligée.

§ VIII. — Ordre et durée des factions.

18. Les sentinelles seront relevées de deux heures en deux heures.

Pendant les fortes gelées, elles le seront d'heure en heure, ou même plus tôt, s'il y a lieu. (Art. 43, *idem.*)

19. Autant qu'il se pourra, il ne sera jamais posé de sentinelle qu'elle ne puisse être entendue de son poste, et communiquer avec lui directement ou par des sentinelles intermédiaires. (Art. 44, *id.*)

20. Avant que les sentinelles partent d'un poste, le caporal ou brigadier de *pose* les fera mettre en haie, et s'assurera si la tenue et les armes sont en bon état. (Art. 45 et 46, *idem.*) Le chef du poste et le sous-officier feront cette inspection assez sou-

vent, pour s'assurer de l'exécution du présent article.

21. Le commandant du poste fera faire l'appel de la garde toutes les fois qu'il le jugera à propos, et plus spécialement aux heures où on relèvera les sentinelles. (Art. 36, *idem.*)

22. Le caporal ou brigadier de *pose* ramènera les sentinelles, les fera mettre en haie, et fera les commandemens d'usage pour les faire rentrer au poste.

Toutes les fois qu'il y aura quelque chose de nouveau, ou que le bien du service lui paraîtra l'exiger, le caporal de *pose* en rendra compte au chef du poste, et lui présentera les sentinelles à leur retour. (Art. 52, *idem.*)

§ IX. — Service ordinaire des sentinelles.

23. Les sentinelles ne se laisseront jamais relever ou donner une nouvelle consigne que par des caporaux ou brigadiers de leur poste (Art. 53 *idem.*)

24. Les sentinelles auront toujours la baïonnette au bout du fusil, sans couvre-platine ni capucine au bassinet, et elles porteront l'arme au bras, se reposeront dessus, et pourront les porter, pendant le mauvais temps, sous le bras gauche. (Art. 45; *idem.*)

25. Les sentinelles, pendant le temps qu'elles seront en faction, ne pourront jamais quitter leurs armes, pas même dans leur guérite, ni s'asseoir, fumer, rire, chanter, siffler, ou parler à personne sans nécessité, ni en se promenant, s'écarter de leur guérite à plus de trente pas. (Art. 55, *idem.*)

26. Les sentinelles ne souffriront pas qu'il se fasse aucune ordure ou dégradation aux environs de leur poste.

27. Les sentinelles se tiendront alertes pour ob-

server auprès d'elles, et découvrir au loin tout ce qui pourra arriver.

Elles ne se laisseront jamais approcher de trop près par qui que ce soit, et particulièrement pendant la nuit; pour cet effet, elles feront passer alors, autant que cela sera possible, les allans et les venans du côté opposé à celui où elles seront posées. (Art. 68, *idem.*)

Pendant la nuit, elles crieront d'une voix forte: *qui vive?* et elles ne laisseront passer personne qu'il ne leur ait été répondu de manière à se faire connaître. (Art. 69, *idem.*)

Elles arrêteront et feront entrer dans les corps-de-garde tous les individus qui se trouveront dans les cas prévus par l'art. 51.

28. Les sentinelles ne doivent rester dans les guérites que pendant le mauvais temps, et elles en sortiront toutes les fois qu'elles verront s'approcher d'elles des officiers généraux et supérieurs en uniforme, une troupe quelconque, et des rondes et patrouilles. (Art. 65, *idem.*)

§ X. — Dispositions en cas de tumulte, d'incendie et d'alarme.

29. Lorsqu'une sentinelle verra du *tumulte*, ou entendra une *querelle* auprès de son poste, elle criera: *à la garde!* Cet avertissement passera de sentinelle en sentinelle jusqu'au poste, qui enverra plusieurs gardes aux ordres d'un sous-officier, pour arrêter les auteurs du tumulte ou de la querelle. (Art. 63.)

30. Si les sentinelles aperçoivent quelque incendie, elles crieront: *au feu!* Le commandant enverra aussitôt sur les lieux un caporal et deux gardes; et si le caporal juge le feu dangereux, il l'enverra dire au commandant du poste, qui détachera un nombre de gardes proportionné à la force du poste, afin d'empêcher le désordre et de faci-

liter les premiers secours. Ces gardes ne laisseront approcher que les personnes qui porteront des seaux, des pompes, des échelles et autres ustensiles propres à éteindre le feu. (Art. 64 et 105, *idem.*)

Le commandant du poste fera prévenir en même temps le commissaire de police du quartier et le chef du poste de pompiers le plus voisin, pour qu'à sa réquisition ils se transportent à l'endroit où le feu se sera manifesté, et fassent prendre les précautions convenables. Il fera donner semblable avis à l'état-major général, qui enverra sur-le-champ, s'il y a lieu, un détachement plus ou moins considérable, lequel se joindra à celui du poste qui y sera déjà, et empêchera conjointement le désordre. (Art. 106, *idem.*)

Les commandans des autres postes qui auront également eu connaissance de l'*incendie*, enverront aussi quelques gardes sur les lieux, avec la même destination que ceux partis du premier poste. Les uns et les autres s'en retourneront, lorsqu'il y sera arrivé des détachemens envoyés spécialement à cet effet. (Art. 106, *idem.*)

31. En cas d'*alarme*, toutes les gardes prendront les armes ou monteront à cheval, et, formées en bataille devant les corps-de-garde, elles y attendront les ordres ou réquisitions qui pourraient leur être adressées. (Art. 104, titre XI, *idem.*)

Les commandans de poste communiqueront, par des patrouilles, avec les postes voisins, et ils donneront avis de l'*alarme* à leurs chefs de légion, lesquels enverront de suite les lieutenans colonels ou majors prendre les ordres du commandant en chef.

32. Si les circonstances exigeaient que les armes fussent chargées, et si, la nuit, après avoir crié trois fois : *qui vive?* on ne répondait pas, les sen-

tinelles crieraient : *halte-là !* en prévenant qu'elles vont tirer, et si, malgré cet avertissement, on continuait de s'avancer pour vouloir les forcer, les sentinelles tireraient et appelleraient la garde. (Art. 70, *idem.*)

§ XI.—Honneurs à rendre par les sentinelles et les postes.

33. Les sentinelles s'arrêteront, feront face en tête et porteront les armes lorsqu'il passera à portée d'elles, soit une troupe, soit des officiers de toute arme et des hommes décorés de la croix de Saint-Louis ou de celle de la Légion d'honneur. Elles présenteront les armes pour les officiers généraux et pour les officiers supérieurs de l'état-major général et des légions, et des régimens de l'armée. (Art. 58, *idem.*)

Les armes ne seront portées et présentées, en conformité du présent article, que pendant le jour seulement. Le ruban seul ne reçoit point d'honneur.

34. Si le Roi passe devant un poste, les sentinelles, dès qu'elles auront aperçu Sa Majesté, crieront : *aux armes ! le Roi !* La garde prendra les armes ; elle les présentera de même que les sentinelles, et les officiers salueront de l'épée ; les tambours battront aux champs. (Décret du 13 juillet 1804.)

Les mêmes honneurs seront rendus aux princes du sang, à l'exception que les gardes nationaux porteront les armes au lieu de les présenter ; les sentinelles seulement les présenteront.

35. Les sentinelles et gardes rendront les mêmes honneurs au commandant en chef de la garde nationale, au gouverneur de Paris, et au commandant de la première division militaire, lorsqu'ils passeront en uniforme devant les postes ; mais alors on portera simplement les armes, et les sentinelles seules les présenteront.

Pour le général commandant la place de Paris, les gardes sortiront des postes, se mettront en bataille, se reposant sur leurs armes; les sentinelles seules les présenteront. (Décret du 13 juillet 1804.)

Le poste de l'Hôtel-de-Ville prendra et portera les armes quand le préfet sortira de la préfecture en costume. (*idem.*)

Les sentinelles des postes des Mairies présenteront les armes aux maires revêtus de leurs marques distinctives; elles les porteront seulement pour les adjoints.

36. Les honneurs indiqués aux articles 34 et 35 seront rendus par les gardes montantes et descendantes, allant rejoindre les postes ou les chefs-lieux de légion. Dans ce cas, elles s'arrêteront et se mettront en bataille.

37. Les gardes ou troupes quelconques qui se rencontreront en route se céderont mutuellement la droite et se rendront les honneurs en marchant.

38. On ne rendra pas d'honneurs après la retraite ni avant la diane.

39. Si la sentinelle aperçoit un corps ou détachement de troupes reglées ou de gardes nationales, elle criera : *aux armes!* La garde entière sortira, et elle portera les armes, de même que la sentinelle. (Art. 65 et 66 du titre XI de l'Ordonnance de 1768.)

Le tambour du poste battra aux champs, et le trompette sonnera, si le corps ou le détachement passant devant le poste a des tambours ou trompettes qui battent ou sonnent de la même manière.

§ XII. — Visites des postes. — Rondes et patrouilles.

1° *Visite des postes.*

40. Lorsque les officiers supérieurs de service, ou des officiers de l'état-major général, se présenteront devant un corps-de-garde, pendant le jour, pour en faire la visite, le commandant du poste en

fera sortir tous les sous officiers et gardes; pendant l'inspection de ces officiers, et à moins qu'ils ne fassent ou ne prescrivent un commandement contraire, le chef de poste pourra faire reposer la garde sur les armes. (Art. 6, tit. XVI.)

2° *Rondes.*

41. Dès que la sentinelle apercevra une ronde, elle criera : *qui vive?* et prêtera attention, afin de distinguer si la réponse est : *ronde d'officier général*, ou *ronde major*, ou *ronde d'officier supérieur*, ou simplement *ronde*.

Aussitôt après, la sentinelle criera : *halte-là! caporal* ou *brigadier*, *hors la garde*, *ronde d'officier général*, ou *ronde major*, ou *ronde d'officier supérieur*, , ou simple *ronde*, suivant la réponse qu'elle aura entendue.

42. Après cet avertissement, s'il s'agit d'une ronde d'officier-général, le caporal ou brigadier préviendra le commandant du poste, qui fera prendre et porter les armes à sa garde, et s'avancera à dix pas, éclairé par un tambour et escorté par le caporal et quatre gardes placés à deux pas derrière lui, dans la position de *haut les armes*; les sentinelles présenteront les armes.

Le caporal s'avancera et criera de nouveau : *qui vive?* sur la réponse, il reconnaîtra la ronde; et sur son rapport, le commandant du poste criera : *avancez à l'ordre*. L'officier général qui fait la ronde, s'approchera, et le chef de poste lui donnera le mot d'ordre et recevra celui de ralliement. (Art. 29 et 30, titre XV, *idem*.)

43. Les rondes faites par les officiers supérieurs de l'état-major général, sous le titre de *rondes majors*, et celles des officiers supérieurs des légions, seront reconnues, annoncées et reçues comme il est dit au précédent article, avec la seule différence que le commandant du poste n'avancera qu'à quatre

pas au lieu de dix, et qu'il ne sera escorté que par deux gardes, au lieu de quatre. (Art. 36, *idem.*)

44. Les rondes d'officiers supérieurs ou d'officiers d'état-major se feront à cheval, et celle des officiers de légion à pied.

45. Les rondes simples, faites par les capitaines et autres officiers des légions, d'un grade inférieur, seront reconnues, annoncées et reçues comme des patrouilles, et de la manière prescrite ci-après, article 49, c'est-à-dire qu'au lieu de recevoir le mot d'ordre, elles le donneront, et que la garde ne sortira pas. (Art. 72, titre XI, *idem.*)

Il en sera de même des autres rondes, toutes les fois qu'elles repasseront devant un poste auquel elles se seront déjà arrêtées. (Art. 37, titre XV, *idem.*)

46. Toutes les fois que les officiers devront donner ou recevoir le mot, ils mettront la main sur la garde de leur épée, sans ôter leur chapeau. (Art. 26, *idem.*)

47. Les officiers de ronde feront porter un falot devant eux, par un tambour, qu'ils prendront successivement dans chaque poste, et qu'ils renverront ensuite. (Art. 21, *idem.*) MM. les officiers d'état-major ne portant point de hausse-col, et ne pouvant se faire précéder d'un falot, puisqu'ils font leur ronde à cheval, seront reconnus au brassard tricolore qu'ils doivent porter quand ils sont de service.

48. Lorsque les rondes se rencontreront, la première qui découvrira l'autre criera *qui vive ?* l'autre répondra : *ronde*, en désignant de quelle espèce. La première s'annoncera ensuite, et lorsqu'elles se joindront, l'officier du grade inférieur, ou si le grade est égal, l'officier de la ronde qui aura été découverte par l'autre, donnera le mot d'ordre et recevra celui de ralliement. (Art. 27, *idem.*)

Si les rondes rencontrent des patrouilles, elles

les reconnaîtront et s'en feront reconnaître de la même manière.

49. Les officiers de ronde et de visite de postes examineront si les sentinelles sont alertes et attentives, la nuit comme le jour, s'il n'y en a pas d'endormies, et s'il n'en manque point; ils avertiront le commandant du poste dont ils auront surpris les factionnaires en défaut ou en négligence, et ils en feront mention sur leur rapport.

Si les officiers de ronde découvraient quelque chose qui intéressât la sûreté générale, ils avertiraient sur le champ les postes voisins, et, en cas d'urgence, ils se rendraient de leur personne ou enverraient à l'état-major général pour l'en informer.

50. Les officiers d'état-major des légions, les adjudans-majors de ronde ou de visite de postes, ainsi que les capitaines qui visitent les postes fournis par leur légion, seront tenus de signer sur les feuilles déposées dans chaque poste, et d'y faire mention de l'heure où ils se seront présentés, comme de ce qu'ils auraient remarqué de contraire au service et à la discipline.

3° *Dispositions communes aux rondes et visites de postes.*

51. Les commandans de postes rendront compte aux officiers de rondes et visites, de tout ce qui se sera passé dans les postes, depuis qu'ils les auront occupés, et ils leur présenteront les imprimés destinés aux rapports, afin qu'ils puissent y consigner le résultat de leurs observations. (Art. 32.)

Les commandans de postes seront tenus de déférer aux réquisitions des officiers de rondes et visites de postes, toutes les fois que ceux-ci leur présenteront des individus arrêtés en conformité de l'art. 54.

52. Dans les cas prévus par les art. 34, 35, 36, 39, 40 et 41, et sauf les changemens indiqués à

l'art. 34, les gardes se rangeront toujours dans l'ordre prescrit par l'art. 3.

4° *Patrouilles.*

53. lorsque la sentinelle apercevra une patrouille, elle criera : *qui vive?* et dès que cette patrouille se sera annoncée : *halte-là! caporal* ou *brigadier, hors la garde! patrouille!*

Le caporal ou brigadier sortira alors du corps-de-garde éclairé par un tambour, s'avancera vers la sentinelle, criera : *qui vive?* et lorsqu'il aura reconnu la patrouille : *avance* qui a *l'ordre.*

Le caporal ou brigadier présentera les armes pour se mettre en défense contre celui qui s'avancera, recevra le mot d'ordre, rendra le mot de ralliement et laissera passer la patrouille, si le mot est le même que celui qui a été donné à l'ordre. (Art. 72, tit. XI.)

54. Pendant la nuit, et durant le jour, s'il y a lieu, les commandans de postes feront sortir des patrouilles commandées par un officier, s'il est nécessaire, ou par un sous-officier, un caporal ou brigadier, auquel il donnera l'ordre de parcourir les différentes rues et places du quartier, en changeant souvent de direction et en observant le plus grand silence. (Art. 9, 10 et 11, tit. XIV.)

Les chefs de patrouilles instruiront les commandans de postes, du plus ou moins de vigilance de leurs sentinelles. (Art. 18, tit. XIV.)

55. Les chefs de patrouilles arrêteront toutes les personnes qui auraient des querelles, troubleraient la tranquillité publique, attenteraient à la sûreté des personnes et des propriétés, commettraient des délits ou désordres qu'il importe de réprimer, ou qui, après minuit, seraient rencontrées avec des meubles ou paquets. Ils les conduiront, savoir : les gardes nationaux en uniforme, à l'Etat-major général de la garde nationale, rue de la Chaussée-d'Antin ; les

militaires, à l'Etat-major de la place, place *Vendôme*, et les autres individus, au plus prochain poste de la garde nationale, dont le commandant préviendra le commissaire de police qui les tient à sa disposition. (Art. 15 et 16, tit. XIV.)

Toutes les fois que des patrouilles arrêteront des individus pris en flagrant délit, ou poursuivis par la clameur publique, pour des crimes ou des actes de violence, le chef de la patrouille fera recueillir et déposer les armes et autres objets qui peuvent servir à caractériser le délit et à reconnaître les auteurs. Il les déposera, avec le prévenu, au poste le plus voisin de la garde nationale, sous la garde du commandant de ce poste, qui les remettra au commissaire de police, sur récépissé, lequel sera joint au rapport du poste.

Dans le cas où il importerait de constater sur-le-champ le crime ou délit, ou d'entendre les personnes présentes, le chef de la patrouille conduira directement les personnes au commissaire de police du quartier. (Art. 80.)

56. Les patrouilles ne souffriront pas qu'on allume dans les rues des matières combustibles, ni qu'on tire des pièces d'artifice.

57. Les chefs de poste et de patrouille s'assureront si les voitures de place qu'ils trouveront après minuit stationnant devant des maisons, attendent véritablement quelqu'un.

Cette précaution a pour but de déjouer les manœuvres des voleurs qui, d'intelligence avec les cochers, se servent quelquefois de leurs voitures soit pour masquer les boutiques où ils commettent des vols, soit pour s'introduire dans des chambres non habitées à l'entresol ou au premier étage.

Les voitures qui se trouveraient dans ce cas, ainsi que les cochers et les individus qui les auraient employées, seront arrêtés et conduits chez le commissaire de police.

58. Les individus transportant, après onze heures du soir, des objets qui paraîtraient suspects, les *rôdeurs* de nuit trouvés sur la voie publique à heure indue, et les voleurs de réverbères, qui, pour se procurer une modique ressource, exposent la sûreté publique en favorisant d'autres vols par l'obscurité, seront pareillement arrêtés et conduits chez le commissaire de police.

59. Les points les plus importans où doivent circuler les patrouilles, sont les faubourgs depuis les principales barrières, les boulevards et les quais sur les deux rives, afin de protéger l'arrivage des denrées destinées à l'approvisionnement des halles et marchés.

La surveillance des patrouilles sur les boulevards est en outre nécessaire pour empêcher que les malfaiteurs ne grimpent derrière les voitures et diligences, et n'enlèvent les malles, vaches et paquets qui sont derrière ou sur les impériales.

60. Les patrouilles doivent veiller à ce que les portes d'allées et autres soient fermées pendant la nuit pour couper la retraite aux malfaiteurs.

Elles feront fermer aux heures prescrites par les ordonnances de police, les boutiques de marchand de vin, rogomistes et autres marchands de liqueurs.

61. Les patrouilles doivent stationner de temps à autre dans les carrefours qui se trouvent sur leur chemin, pour écouter si rien ne trouble la tranquillité publique, afin de pouvoir se porter rapidement sur les lieux où elles entendraient du bruit, y rétablir l'ordre et arrêter indistinctement tous ceux qui l'auraient troublé.

Si elles découvrent un incendie, elles doivent aussitôt se conformer aux dispositions des articles 29 et 30 de la présente consigne, en avertissant le commissaire de police et le poste de pompiers les plus voisins.

62. Toute fausse patrouille ou détachement qui n'aura pas le mot d'ordre, sera arrêté, désarmé et conduit, sous bonne et sûre garde, à l'état-major général.

63. Lorsque les patrouilles se rencontreront ou rencontreront des rondes, elles observeront ce qui est prescrit à l'article 46 pour la rencontre des rondes. (Art. 19, tit. XIV.)

64. Les gardes nationaux ayant un intérêt direct et commun au maintien de l'ordre et de la tranquillité, le commandant en chef croit pouvoir se dispenser de prescrire l'usage des boîtes et marrons qui sont employés dans les corps-de-garde de troupes réglées, pour constater l'exactitude des patrouilles. (Art. 12, *idem.*)

On se bornera à faire mentionner par le chef de patrouille, la sortie des unes et la réception des autres, dans les colonnes à ce destinées, sur les imprimés de rapports. Au surplus le commandant en chef recommande l'exécution de cette partie du service, et il laisse aux commandans de postes le soin de prendre les précautions qui leur paraîtront convenables, à raison de l'intelligence et de la bonne volonté des personnes.

§ XIII. — Surveillance des commandans de postes.

65. Les commandans de postes feront sortir, aussi souvent qu'ils le jugeront nécessaire, pendant les vingt-quatre heures, toute la garde, avec armes ou sans armes, pour habituer les gardes nationaux à se former promptement. (Art. 37, tit. XI.)

A la chute du jour, ils donneront le mot d'ordre aux officiers, sous-officiers et caporaux, et ils redoubleront de vigilance pendant la nuit, afin que chacun fasse bien son devoir, et que tout ce qui a rapport à la pose des sentinelles, aux factions et aux patrouilles, soit observé avec exactitude.

Ils sortiront souvent hors du poste, même pendant la nuit, pour mieux connaître ce qui s'y passera. (Art. 35, *idem.*)

§ XIV. — Mesures de police.

66. Les commandans de postes recevront et garderont, dans les corps-de-garde, les individus consignés à la réquisition des commissaires de police, officiers de paix, inspecteurs de police, ou autres agens qui se feront reconnaître.

Les marques distinctives sont, savoir :

Pour les commissaires de police, une ceinture tricolore ;

Pour les officiers de paix, un large ruban bleu moiré, en ceinture, ayant au milieu trois vaisseaux brodés en argent, placés sur la même ligne, celui du milieu double de la grosseur des deux autres :

Pour les sergens de ville, l'uniforme qui leur est affecté ;

Pour les inspecteurs, une carte pareille au modèle déposé dans chaque corps-de-garde.

Pour ces individus, comme pour ceux qui leur seront amenés, en conformité des articles 51 et 54, les commandans de postes exigeront toujours qu'on leur remette une note indicative de l'heure, du lieu et des motifs de l'arrestation des uns et des autres, de leurs noms, qualités et demeures, avec les papiers et effets saisis, afin qu'on puisse, au besoin, exercer les poursuites ultérieures qui seraient jugées nécessaires.

Lorsque des individus, soit qu'ils se prétendent domiciliés ou non, viendront à un corps-de-garde demander asile pour la nuit, sous prétexte qu'ils ne peuvent rentrer dans leurs domiciles, le chef du poste leur demandera leurs noms, qualités, lieu de naissance, profession, demeure, etc. Il leur demandera ensuite s'ils ont des papiers qui justifient de ces qualités.

Il consignera sur son rapport leurs réponses, fera

mention de leurs papiers et des motifs qui leur ont fait demander asile.

Si les individus refusent de satisfaire à ses questions, ou si leurs réponses, leurs papiers, leur conduite, leurs discours, donnent lieu de les considérer comme des gens sans aveu ou qui ont des desseins répréhensibles, le chef de poste les fera sur-le-champ arrêter et conduire à la Préfecture de police, ou chez le plus prochain commissaire de police.

MM. les officiers et sous-officiers de service et de ronde tiendront soigneusement la main à l'exécution de ces dispositions.

§ XV.—Déférence des commandans de postes aux réquisitions des autorités civiles et autres supérieures.

67. En conformité de l'ordonnance du Roi du 16 juillet 1814, et en exécution des ordres du jour des 18 du même mois et 26 octobre suivant, l'officier commandant la réserve de la mairie déférera aux réquisitions du maire, sur tous les points où l'action de la garde nationale sera nécessaire pour assurer la tranquillité de l'arrondissement et le respect dû aux lois et à l'autorité.

L'officier commandant la réserve de l'Hôtel-de-Ville recevra les ordres de M. le préfet de la Seine sur les sentinelles à placer, sur les dispositions à faire et les consignes à donner pour le service de l'Hôtel-de-Ville.

Il déférera aux réquisitions de M. le préfet, dans tous les points où la garde nationale pourra contribuer au maintien de la tranquillité publique, ou assurer le respect dû aux lois et aux magistrats.

Le commandant du poste du Palais-Royal ne recevra d'ordre et de consigne que de M. l'aide-de-camp de service. Néanmoins, il adressera à l'état-major général et au chef de sa légion, le rapport dont il est parlé article 73, en y mentionnant *seule-*

ment les fautes contre la discipline, ou les détails qui pourraient intéresser l'honneur de la garde nationale.

En général, les commandans des différens postes se conformeront aux consignes de l'état-major de la première division militaire et de la place, en ce qu'elles ont de rapport à la police militaire, ainsi qu'aux ordonnances des magistrats chargés de la police de Paris.

§ XVI.—Peines applicables aux fautes commises dans les postes.

68. Les chefs de postes condamneront à une ou plusieurs heures de faction, hors de tour, les gardes nationaux qui n'arrivent au lieu de rassemblement qu'après l'heure fixée pour le départ, qui n'assistent pas à la parade, n'arrivent au poste qu'après le détachement, s'en absentent hors des heures de repas, ou restent absens au-delà du temps qui leur est fixé.

Le nombre d'heures de faction, hors du tour, doit être proportionné à la durée des absences, sans que ce nombre puisse excéder le double des heures ordinaires de faction de chaque garde national.

Quand la durée de l'absence excédera ce nombre d'heures, le garde national sera d'abord appointé de faction, hors de tour, pour un nombre d'heures égal à celui des factions ordinaires, et il sera de plus porté sur le rapport pour être condamné, par le conseil de discipline, à une peine proportionnée au temps de l'absence.

Dans l'exécution de ces dispositions, les chefs de poste prendront en considération les excuses légitimes et l'exactitude des gardes nationaux.

69. En cas de flagrant délit, et lorsque la faute exigera, pour l'ordre et pour l'honneur de la garde nationale, ou dans l'intérêt de la subordination et de la discipline, une réparation immédiate, le com-

mandant du poste fera sur-le-champ arrêter le délinquant. Si c'est un garde national, il le fera conduire dans la salle de discipline de l'état-major général, avec un rapport qui mette le commandant en chef en mesure de statuer ce qu'il appartiendra ; si c'est un tambour, il le fera conduire sur-le-champ, suivant la proximité, à la salle de discipline de l'état-major général, ou à la maison d'arrêt.

Seront considérés comme délits flagrans, et qui doivent être réprimés à l'instant même, les fautes telles que,

1° L'état d'ivresse, qui met le délinquant hors d'état de faire son service, ou le porte soit à quereller ses camarades, soit à causer du trouble et du scandale ;

2° Le manque de respect envers les chefs, et le refus d'obéir au commandant du poste.

70. Hors le cas de flagrant délit, les fautes et contraventions seront constatées, soit dans le rapport du lendemain, soit dans un rapport supplémentaire, de manière à servir de base aux décisions des conseils de discipline, devant lesquels les prévenus seront traduits sur le simple vu du rapport, par ordre, soit du colonel ou lieutenant-colonel de la légion, soit du chef de bataillon ou d'escadron, soit de M. l'aide-major général inspecteur des conseils de discipline.

Les conseils de discipline, chargés de faire l'application des peines, pourront les augmenter, s'il y a des circonstances aggravantes, surtout à l'égard des sentinelles qui seront trouvées en contravention sur quelques-uns des objets faisant partie de leur consigne. (Art. 57, tit. XI de l'ord. de 1768.)

§ XVII. — Chauffage et lumières.

71. Les chauffage et lumières des corps-de-garde seront fournis, ainsi que l'indique la consigne particulière qui se trouve à cet effet dans chaque corps-de-garde. Dans le cas où les fournitures ne seraient

point faites à l'heure de la retraite, le commandant du poste s'adressera, savoir :

Pour les postes des Tuileries, du Louvre et de la Légion-d'Honneur, à M. l'adjudant-supérieur du palais; pour les postes du ministère des finances, de la direction générale des postes, de l'imprimerie royale, de la manufacture des tabacs, des Gobelins, des poudres et salpêtres et de la caisse d'amortissement, à l'administration à laquelle ils appartiennent, et pour tous les autres non compris dans ceux portés ci-dessus, à M. l'inspecteur des corps-de-garde, bureau militaire, à l'Hôtel-de-Ville.

Les commandans des postes veilleront à ce qu'il ne soit point fait un emploi abusif du bois et des chandelles, et surtout à ce qu'il n'en soit rien détourné par les tambours ou autres individus.

§ XVIII. — Nettoiement des corps-de-garde.

72. Tous les matins, les tambours de la garde descendante balaieront les corps-de-garde, tant à l'intérieur qu'à l'extérieur, ils nettoieront les chandeliers, etc., de manière que la garde montante trouve tout propre et en ordre à son arrivée.

Il sera commandé, dans chaque légion, un ou plusieurs tambours de corvée, pour nettoyer les corps-de-garde des postes commandés par des sous-officiers.

Un tambour-maître de semaine sera chargé de veiller à l'exécution de ces dispositions dans les postes d'arrondissement et autres occupés par la légion.

L'exécution de cet article sera constatée dans les rapports.

§ XIX. Rapport sur l'exécution du service pendant les vingt-quatre heures.

73. Sur les deux imprimés qui lui auront été remis à cet effet, chaque commandant de poste éta-

blira avec le plus grand soin, et de la manière la plus détaillée, le rapport de tout ce qui se sera passé depuis qu'il aura occupé le poste; il y notera *numériquement* et *nominativement* dans les colonnes à ce destinées, les hommes qui se sont absentés pendant la totalité ou une partie de la garde, et il consignera sur ce rapport toutes les observations qu'il croira propres à éclairer sur l'exécution du service, en général, et sur celui du poste, en particulier.

L'un de ces rapports sera envoyé, par un tambour, au chef de légion; l'autre sera remis à l'adjudant major, et envoyé, par les soins de celui-ci, à l'état-major général, à sept heures du matin, pour y être rendus à huit heures précises, avec tous les rapports de la légion. (Art. 102, tit. XI.)

S'il survenait quelques événemens extraordinaires depuis l'envoi du rapport habituel, chaque commandant de poste en rendrait compte sur-le-champ dans un rapport particulier.

Il n'attendra pas le rapport ordinaire, et rendra compte également, par un rapport immédiat et spécial, des événemens survenus dans le cours de la garde, toutes les fois qu'il sera important ou utile d'en instruire l'état-major général et celui de la légion.

§ XX et dernier.—Dispositions générales.

74. La présente consigne générale sera imprimée et collée sur une planche qui sera déposée et consignée dans les corps-de-garde.

Les consignes particulières, que les événemens ou les localités pourront nécessiter, seront collées, affichées et consignées de la même manière.

Le commandant en chef confie l'exécution des unes et des autres à l'honneur, au zèle et au bon esprit de la garde nationale.

LOI

CONTRE LES ATTROUPEMENS.

Du 10 avril 1831.

Art. 1er. Toutes personnes qui formeront des attroupemens sur les places ou sur la voie publique, seront tenues de se disperser à la première sommation des préfets, sous-préfets, maires, adjoints de maire, ou de tous magistrats et officiers civils chargés de la police judiciaire, autres que les gardes champêtres et gardes forestiers.

Si l'attroupement ne se disperse pas, les sommations seront renouvelées trois fois. Chacune d'elles sera précédée d'un roulement de tambour ou d'un son de trompe. Si les trois sommations sont demeurées inutiles, il pourra être fait emploi de la force, conformément à la loi du 3 août 1791.

Les maires et adjoints de la ville de Paris ont le droit de requérir la force publique et de faire les sommations.

Les magistrats chargés de faire lesdites sommations seront décorés d'une écharpe tricolore.

2. Les personnes qui, après la première des sommations prescrites par le second paragraphe de l'article précédent, continueront à faire partie d'un attroupement, pourront être arrêtées, et seront traduites sans délai devant les tribunaux de simple police, pour y être punies des peines portées au chapitre 1er du livre IV du Code pénal.

3. Après la seconde sommation, la peine sera de trois mois d'emprisonnement au plus : et après la troisième, si le rassemblement ne s'est pas dissipé, la peine pourra être élevée jusqu'à un an de prison.

4. La peine sera celle d'un emprisonnement de trois mois à deux ans, 1° contre les chefs et les provocateurs de l'attroupement, s'il ne s'est point entièrement dispersé après la troisième sommation; 2° contre tous individus porteurs d'armes apparentes ou cachées, s'ils ont continué à faire partie de l'attroupement après la première sommation.

5. Si les individus condamnés en vertu des deux articles précédens n'ont pas leur domicile dans le lieu où l'attroupement a été formé, le jugement ou l'arrêt qui les condamnera pourra les obliger, à l'expiration de leur peine, à s'éloigner de ce lieu à un rayon de dix myriamètres pendant un temps qui n'excédera pas une année, si mieux ils n'aiment retourner à leur domicile.

6. Tout individu qui, au mépris de l'obligation à lui imposée par le précédent article, serait retrouvé dans les lieux à lui interdits, sera arrêté, traduit devant le tribunal de police correctionnelle, et condamné à un emprisonnement qui ne pourra excéder le temps restant à courir pour son éloignement du lieu où aura été commis le délit originaire.

7. Toute arme saisie sur une personne faisant partie d'un attroupement sera, en cas de condamnation, déclarée définitivement acquise à l'état.

8. Si l'attroupement a un caractère politique, les coupables des délits prévus par les articles 3 et 4 de la présente loi pourront être interdits pendant trois ans au plus, en tout ou en partie, de l'exercice des droits mentionnés dans les quatre premiers paragraphes de l'article 42 du Code pénal.

9. Toutes personnes qui auraient continué à faire partie d'un attroupement après les trois sommations, pourront pour ce seul fait, être déclarées civilement et solidairement responsables des condamnations pécuniaires qui seront pronon-

cées pour réparation des dommages causés par l'attroupement.

10. La connaissance des délits énoncés aux articles 3 et 4 de la présente loi est attribuée aux tribunaux de police correctionnelle, excepté dans le cas où, l'attroupement ayant un caractère politique, les prévenus devront être, aux termes de la Charte constitutionnelle et de la loi du 8 octobre 1830, renvoyés devant la cour d'assises.

11. Les peines portées par la présente loi seront prononcées sans préjudice de celles qu'auraient encourues, aux termes du Code pénal, les auteurs et les complices des crimes et délits commis par l'attroupement. Dans le cas du concours de deux peines, la plus grave seule sera appliquée.

Manière de nettoyer les galons d'argent.

Lorsque les galons d'argent sont ternis, on les blanchit en se servant de poudre de TALC très-fine, mélangée avec de la mie de pain menue. On étend sur le galon une petite portion de ce mélange et l'on frotte légèrement avec une brosse douce. Ce frottement ne doit pas être prolongé, sans quoi le galon prendrait une couleur plombée.

Blanchîment de la Buffleterie.

On prépare le blanc en faisant bouillir plusieurs poignées de son dans de l'eau, que l'on tire ensuite à clair; on délaie de la terre de pipe dans cette eau, et l'on proportionne cette dissolution suivant la quantité de buffleterie qu'on veut blanchir; on superpose ce blanc à froid: cette manière est la moins dispendieuse et la plus praticable en tout pays.

Blanc à colle. On prépare aussi le blanc en le délayant dans de l'eau, sur le feu, dans la proportion ci-dessous : pour 10 litres d'eau (10 pintes et demie), 15 à 20 hectogrammes (3 à 4 livres) de terre de pipe, 92 grammes (3 onces) de colle de Flandre, 12 décagrammes (4 onces) d'amidon, 19 décigrammes (36 grains) d'indigo. Cette préparation, qui peut suffire pour la buffleterie d'une compagnie de 50 hommes, est plus solide ; mais elle a le défaut de s'écailler, et si la buffleterie s'imbibe de pluie, les vêtemens sont tâchés par l'effet du bleu détrempé.

Voici la meilleure méthode à employer pour blanchir la buffleterie :

Quand la buffleterie a besoin d'être blanchie, on la lave avec de l'eau claire dans laquelle on trempe une vergette qu'on passe plusieurs fois sur la buffleterie, jusqu'à ce qu'elle soit entièrement décrassée. On la laisse sécher d'elle-même sans être tirée ni assujétie, et sans le secours du soleil ni du feu. On a ensuite du blanc de céruse, détrempé au moins pendant 24 heures dans de l'eau bien propre, afin d'en ôter toute l'âcreté et le mordant. On imbibe un pinceau de cette eau, et on en passe également le nombre de couches qui sont nécessaires, sur tout l'extérieur de la buffleterie. On a l'attention de laisser sécher chaque couche successivement à l'ombre, de brosser la première légèrement, avec une vergette, pour éviter que le blanc ne tombe sur les habits, et on observe de proportionner l'eau et le blanc, pour que la teinture ne soit ni trop liquide, ni trop épaisse.

Il y a du buffle qui, étant neuf, repousse, c'est-à-dire est gras par place et se refuse à prendre le blanc : on remédie à ce défaut en grattant la place qui repousse, et en y appliquant une dissolution de terre de pipe et de blanc d'Espagne sans colle ; on recommence cette opération autant de fois qu'il est nécessaire pour obtenir un blanc égal.

Fabrication de la cire à giberne.

On fait fondre une livre de cire blanche, à laquelle on peut joindre ensuite un peu de gomme arabique; on verse une partie de cette cire fondue sur une once de noir d'ivoire. Lorsqu'on a suffisamment opéré ce mélange de la cire et du noir, on remet le tout sur le feu, et l'on remue doucement cette composition jusqu'à ce qu'elle soit devenue bouillante; alors on la retire ou on la tamise, et on la moule.

Si l'on n'avait pas de cire blanche; on ferait usage de cire jaune; on peut aussi se servir des deux mêlées ensemble. Il faudrait, en ce cas, y joindre deux onces de gomme arabique, afin de les dégraisser et de leur donner du brillant; on peut substituer le noir de vigne au noir d'ivoire.

On peut faire vernir la giberne, ce qui la dispense d'être cirée. Plusieurs corps mettent en pratique ce vernissage; ils y trouvent de l'économie, car la cire ne laisse pas que de coûter, et beaucoup de gibernes se détériorent par la manière de les flamber ou par l'emploi des cailloux chauds avec lesquels il y a des personnes qui fondent, étendent et polissent la cire.

On peut faire vernir à un nombre de couches suffisantes une giberne au prix de 75 centimes. Cette préparation se maintient au moins deux ans, sans autre soin que celui d'humecter de temps en temps la patelette et les fonds avec un peu d'huile. Le cuir peut même rester luisant pendant un plus long espace de temps, si le garde national est soigneux et qu'il soit pourvu d'un couvre-giberne.

Manière de Cirer la Giberne.

Si la giberne qu'on veut cirer est neuve, on la ratisse entièrement, et on unit sa surface en y passant la pierre ponce; ce premier soin a pour objet de détacher le noir endurci qui la couvre, et qui empêcherait la cire d'en pénétrer le cuir; sans cette précaution, elle s'écaillerait bientôt. On cire fortement et également en faisant flamber la cire, c'est-à-dire en présentant la giberne au-dessus d'un petit feu de paille bien sèche, de manière à chauffer la cire et non le cuir, qui, autrement se couvrirait de pustuels et deviendrait cassant. On recommence jusqu'à ce que chaque couche fasse corps ensemble, et que la cire s'etende d'une égale épaisseur. Ensuite, on astique (1) en remettant de la cire partout. On bouche les petits trous et les défauts qui se trouvent dans le cuir, et l'on continue d'astiquer jusqu'à ce que les surfaces soient parfaitement unies; on polit alors avec un bouchon de liége, et l'on essuie avec un tampon de linge ou de drap fin. Quand il fait chaud, on n'essuie pas à l'instant même l'endroit poli, car on ternirait le luisant de la cire encore échauffée. La giberne étant essuyée et sans aucune tache, on la frotte légèrement avec la paume de la main, pour la rendre ce qu'on appelle *miroitée*.

Quant aux gibernes qui ont déjà servi, si elles se trouvent grasses et que la cire n'y obtienne plus de brillant, il faut les ratisser avec un couteau après les avoir présentées au feu, les cirer, les faire flamber comme les gibernes neuves, et les finir de la même manière.

Si les coins de la patelette ont contracté un mauvais pli, c'est quand le cuir est échauffé que l'on peut, après avoir donné un coup d'astic, le redresser entre les mains, et lui rendre la forme qu'il conservera en refroidissant.

Si les côtés du coffre sont déformés, il faut les décirer en les grattant avec un couteau, ôter le bois,

(1) Un astic est un polissoir d'un bois dur, ou bien un caillou, ou une dent emmanchée.

tremper dans l'eau le coffre entier, remettre ensuite ce même bois en place, et poser au-dessus de lui celui d'une autre giberne. Le coffre humide étant ainsi rempli, on le laisse sécher en le mettant en presse, de manière que les deux fonds ou côtés s'appliquent exactement sur les deux bois; quand le coffre sera sec, il aura repris sa première forme.

Il est à remarquer, qu'en été, il vaut mieux cirer une giberne à l'ombre qu'au soleil, parce que, plus la cire est difficilement amollie, plus elle acquiert de brillant.

Voici ce que dit le réglement de police : les gibernes seront cirées, même sur les côtés; on emploiera, pour unir la cire, un polissoir de buis.

Confectionnement des Cartouches.

La quantité de poudre que l'on emploie ordinairement pour chaque cartouche est égale en poids à la moitié de celui de la balle.

Les balles de fusils d'infanterie sont de 16 à 20 à la livre (489 grammes), ainsi, d'après ce qu'on vient de dire, on aura quarante cartouches dans une livre de poudre.

Le meilleur papier à employer pour faire des cartouches d'infanterie, est celui qui est bien collé, pas trop épais, et qui a des dimensions telles que quand on le coupe, on ne trouve pas trop de déchet; celui de 35 centimètres (13 pouces) de hauteur, sur 43 centimètres (16 pouces) de largeur, feuille ouverte, remplit cette dernière condition.

Pour couper une feuille de ce papier, on la plie en trois dans la largeur, chaque tiers se coupe en deux parties, ayant 17,50 centimètres (6 pouces 6 lig.) de hauteur, et 14,50 centimètres (5 pouces 4 lig. de largeur, et chacune des six parties se taille en deux trapèzes, dont les quatre côtés devront avoir 15,50 centimètres, 14,50 centimètres, 11,50 centimètres, 6 centimètres (5 pouces 8 lig.) un tiers, 5 pouces 4 lig., 4 pouces 3 lig., 2 pouces 3 lig).

Chacun de ces petits trapèzes servira à faire une cartouche ainsi une feuille de papier en fournira douze.

Les ustensiles nécessaires dans un atelier de cartouches d'infanterie, sont : des tables dans lesquelles sont pratiques des trous un peu plus larges que le diamètre des balles, et ayant en profondeur le tiers de ce diamètre.

Des mandrins de bois sec et dur, de 19 centimètres (7 pouces) de largeur, et de 1,50 centimètres (6 lig. 9 points) (une ligne de moins que le diamètre de l'ame du canon du fusil d'infanterie), arrondis à un des bouts, et ayant à l'autre une cavité pour recevoir le tiers de la balle.

Des mesures de fer-blanc contenant, comble, la quarantième partie d'une livre de poudre. Elles sont faites en cône tronqué renversé, dont le plus petit cercle est le fond. Leurs dimensions sont 3,40 centimètres (15 lig.) de hauteur, 3 centimètres (13 lig.) de diamètre au gros bout, et 2 centimètres (9 lig.) au fond.

Des barillets pour contenir la poudre et les balles qu'on emploie, et d'autres pour recevoir les cartouches, roulées et non remplies, qu'on y pose verticalement.

Des petits entonnoirs dont la douille a l'ouverture plus petite que celle des cartouches, et cependant assez grande pour laisser passer la poudre librement.

Pour faire une cartouche, on prend un mandrin, on place une balle dans sa cavité, on le met sur un des trapèzes de papier, la balle placée du côté qui a 6 centimètres (4 pouces 3 lignes) de longueur (à 6 lignes environ du bord). On roule fortement en commençant par le côté de 11,50 centimètres (5 pouces 6 lignes). On relève le mandrin pour replier le papier sur la balle ; on arrondit et on serre ces plis en posant la cartouche dans un des trous pratiqués dans la table, en appuyant fortement sur le mandrin, et en le tournant; on ôte ensuite le mandrin, on pose la cartouche verticalement dans un des barillets, on y met une mesure de poudre en la versant au moyen de l'entonnoir, et on remploie le papier le plus près possible de la poudre.

Lorsque les cartouches doivent être sans balles (1), au lieu de plier le papier en trois, on le plie en quatre, dans sa largeur, et on tire alors seize cartouches: dans ce cas, la charge de poudre doit être d'un soixantième de 489 grammes (1 livre); la mesure est rase.

On s'assure de la justesse des cartouches, en les faisant passer dans un bout de canon libre.

On en fait des paquets de quinze (2), opposant alternativement les côtés des balles, et enveloppant chaque paquet dans une feuille de papier des cartouches, dont on replie les deux bouts; ensuite on les lie avec une petite ficelle passée en croix sur le milieu de la hauteur et de la largeur. Cinq onces de cette ficelle suffisent pour lier mille de ces paquets.

Dix hommes, en dix heures, le papier coupé, doivent faire 10,000 cartouches en un jour. Six hommes roulent, deux hommes remplissent, deux hommes empaquètent.

---

(1) Chaque paquet de cartouches à balles qu'on met dans l'auge de la giberne s'y place debout. Les cartouches mises dans les trous du coffret doivent avoir la balle en l'air, pour qu'aux inspections on sache en un clin d'œil si les gardes nationaux sont pourvus de cartouches à balles ou à poudre.

(2) Ils sont composés de quinze cartouches rangées sur trois d'épaisseur, parce que ces paquets ne présentent qu'une dimension de 3 pouces 2 lignes sur 2 pouces, et que la capacité de l'auge de la giberne est de quelques lignes de plus.

Ordre suivant lequel on doit démonter un fusil pour le nettoyer à fond.

1. La baïonnette.
2. La baguette.
3. Les deux grandes vis.
4. Le porte-vis.
5. La platine.
6. La goupille du battant de sous-garde.
7. Le battant de sous-garde.
8. Le pontet.
9. L'embouchoir.
10. Le ressort de l'embouchoir (1).
11. La grenadière.
12. Le ressort de la grenadière (2).
13. La vis de culasse.
14. La capucine.
15. Le ressort de la capucine.
16. Le canon.
17. La culasse (3).
18. La vis de l'écusson.
19. L'écusson.
20. La vis de la détente.
21. La détente.
22. La goupille du ressort de baguette (1)
23. Le ressort de baguette (1).
24. Les vis de la plaque de couche (1).
25. La plaque de couche.

On doit remonter le fusil dans un ordre inverse, c'est-à dire en commençant par les nos 25, 24, 23, etc.

(1) On ne doit déplacer cette pièce que lorsque la rouille ne permet pas de la nettoyer en place.

(2) Cette pièce ne peut être démontée que par un armurier.

(3) On ne doit déplacer cette pièce que lorsque la rouille ne permet pas de la nettoyer en place.

TABLE DES MATIÈRES.

INSTRUCTION SUR LES CONSEILS DE DISCIPLINE.

PREMIÈRE PARTIE.

ORDONNANCE SUR L'EXERCICE ET LES MANOEUVRES DE L'INFANTERIE.

PREMIÈRE PARTIE.

SECONDE PARTIE.

TROISIÈME PARTIE.

CONSIGNE GÉNÉRALE POUR LE SERVICE DES GARDES DANS LES POSTES.

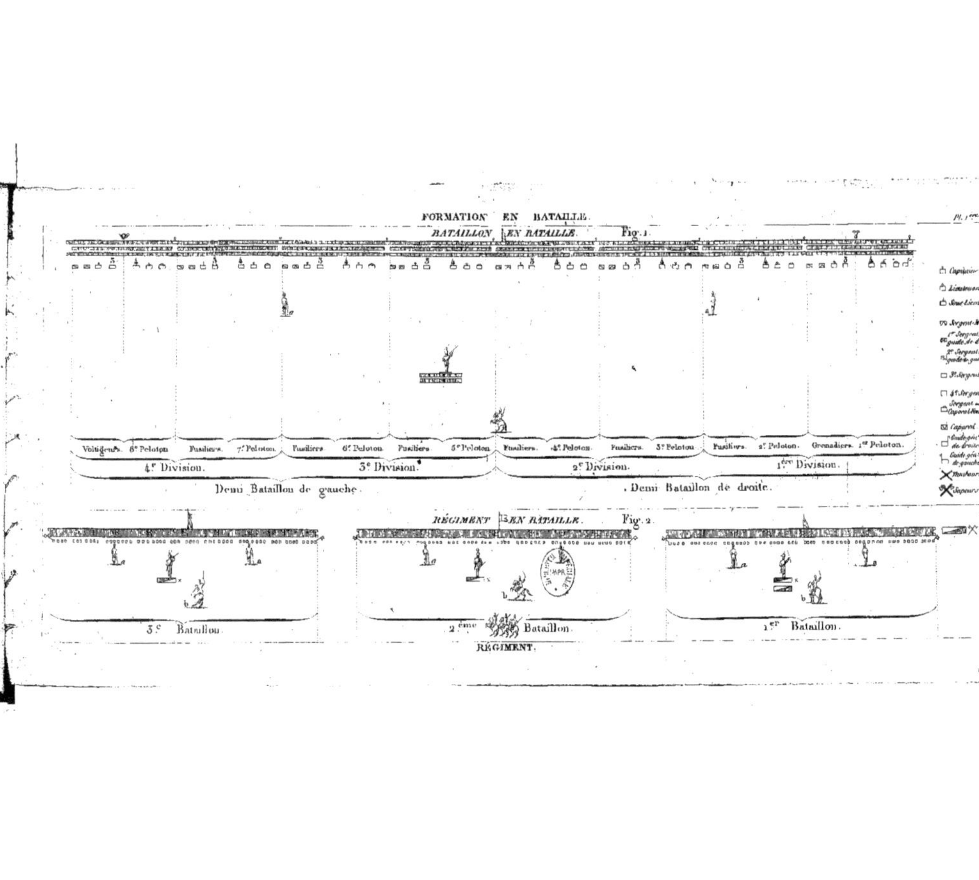
FORMATION EN BATAILLE.
Pl. 1ère
BATAILLON EN BATAILLE. Fig. 1.
Voltigeurs. 8e Peloton. Fusiliers. 7e Peloton. Fusiliers. 6e Peloton. Fusiliers. 5e Peloton. Fusiliers. 4e Peloton. Fusiliers. 3e Peloton. Fusiliers. 2e Peloton. Grenadiers. 1er Peloton.
4e Division. 3e Division. 2e Division. 1ère Division.
Demi Bataillon de gauche. Demi Bataillon de droite.
RÉGIMENT EN BATAILLE. Fig. 2.
3e Bataillon. 2ème Bataillon. 1er Bataillon.
RÉGIMENT.

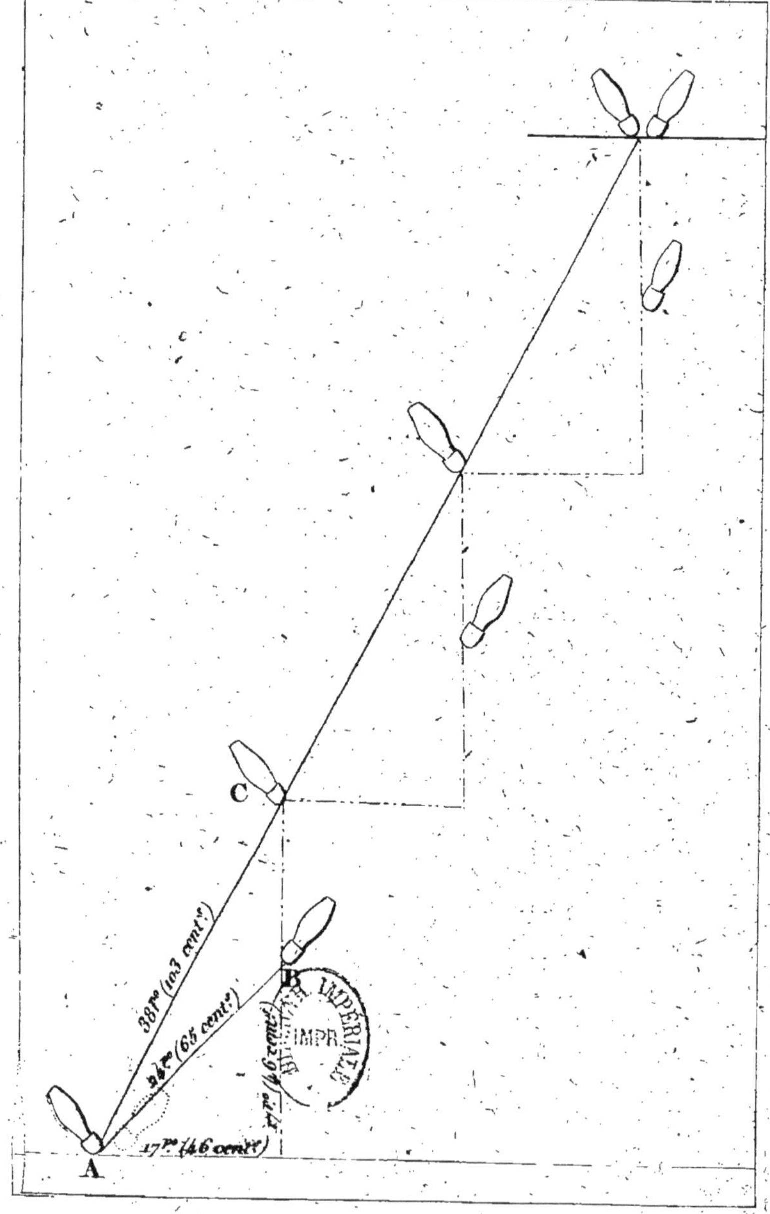
C
B
A
38po (103 cent.s)
(65 cent.s)
17po (46 cent.s)

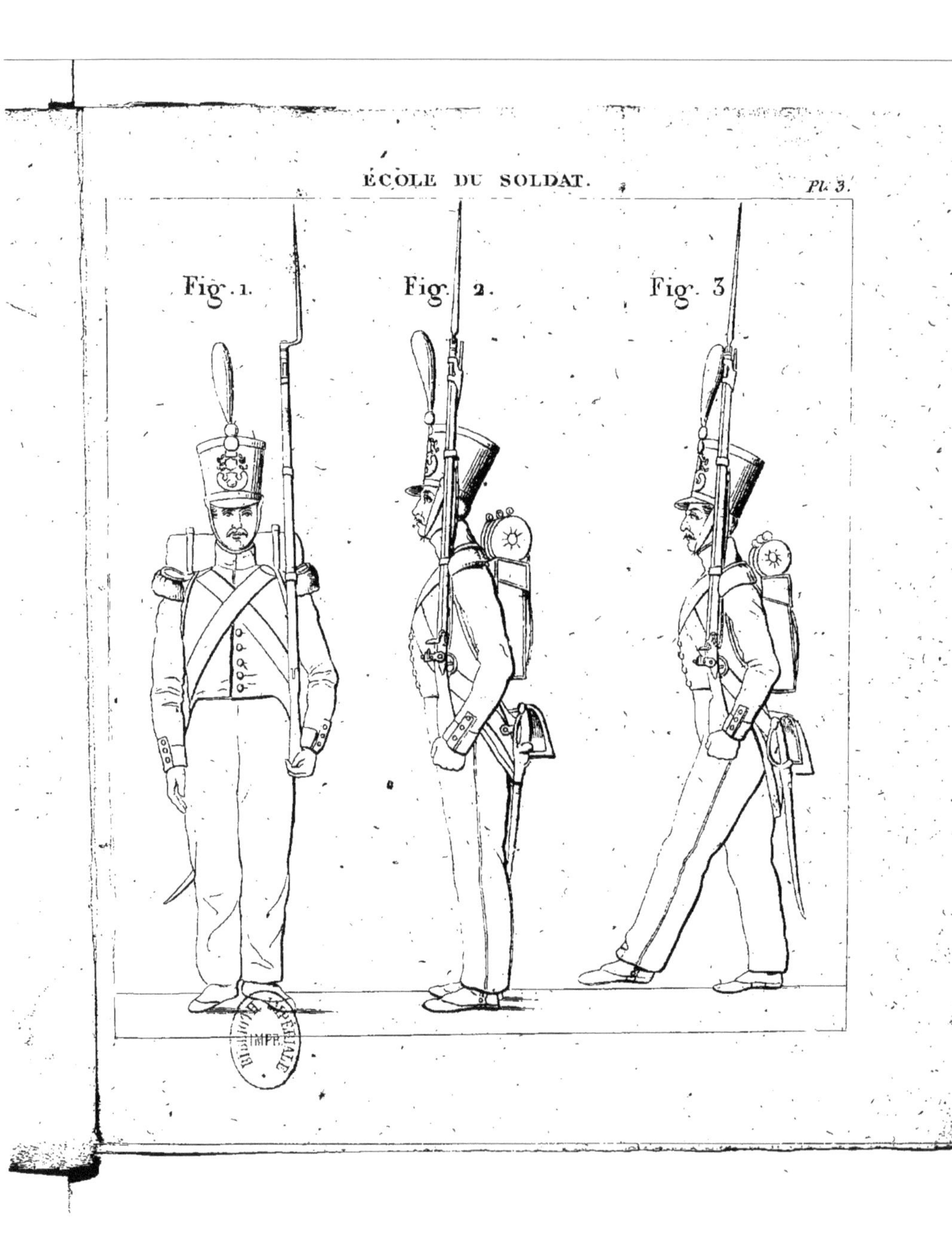
Fig. 1.
Fig. 2.
Fig. 3

Fig. 1. Fig. 2. Fig. 3.

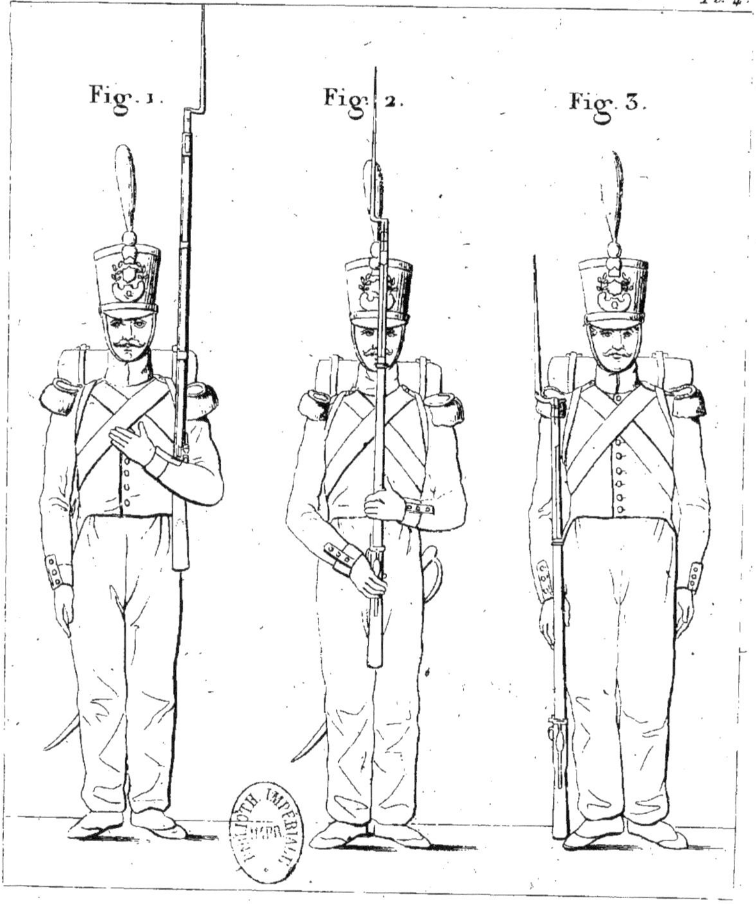

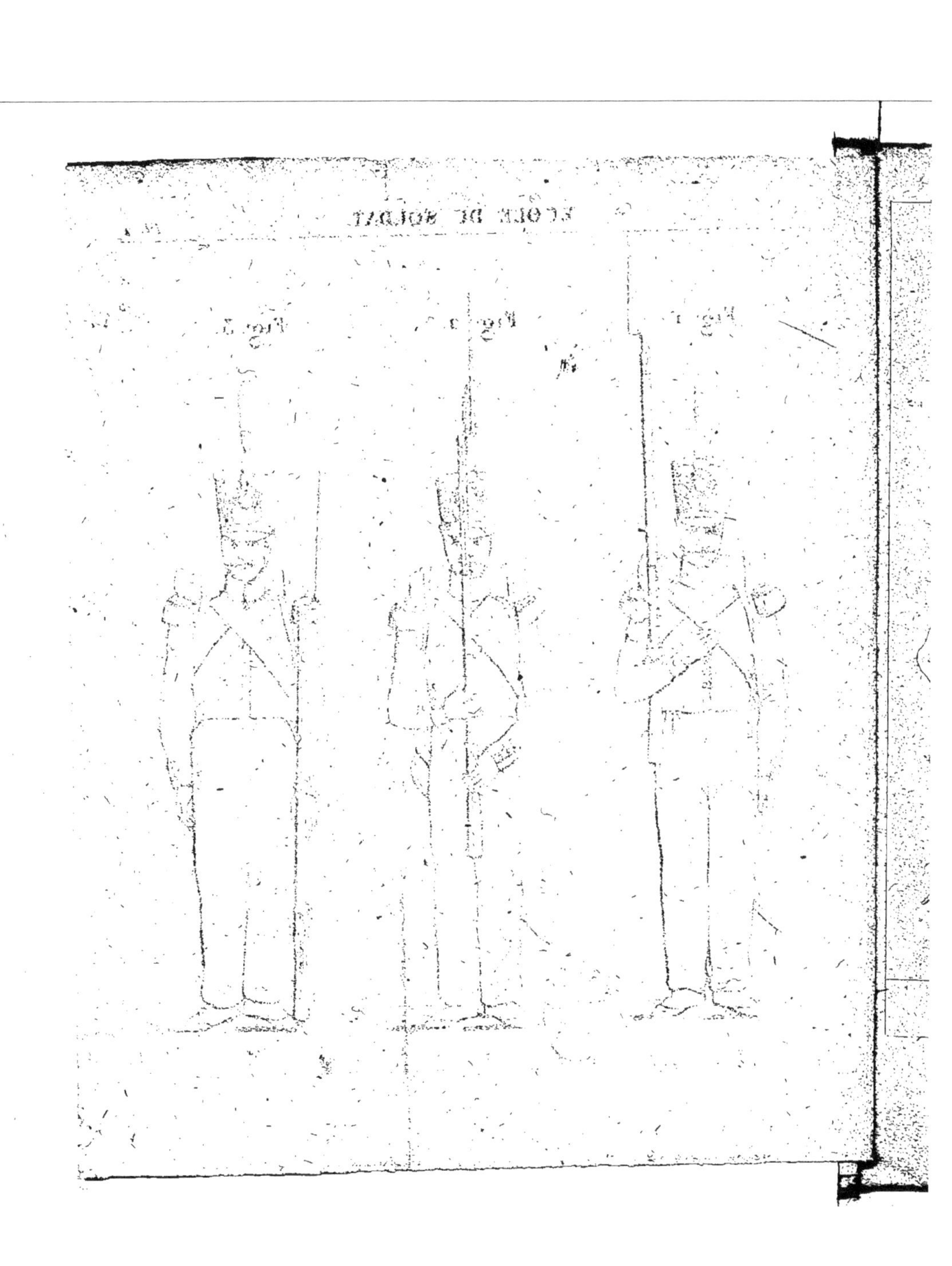

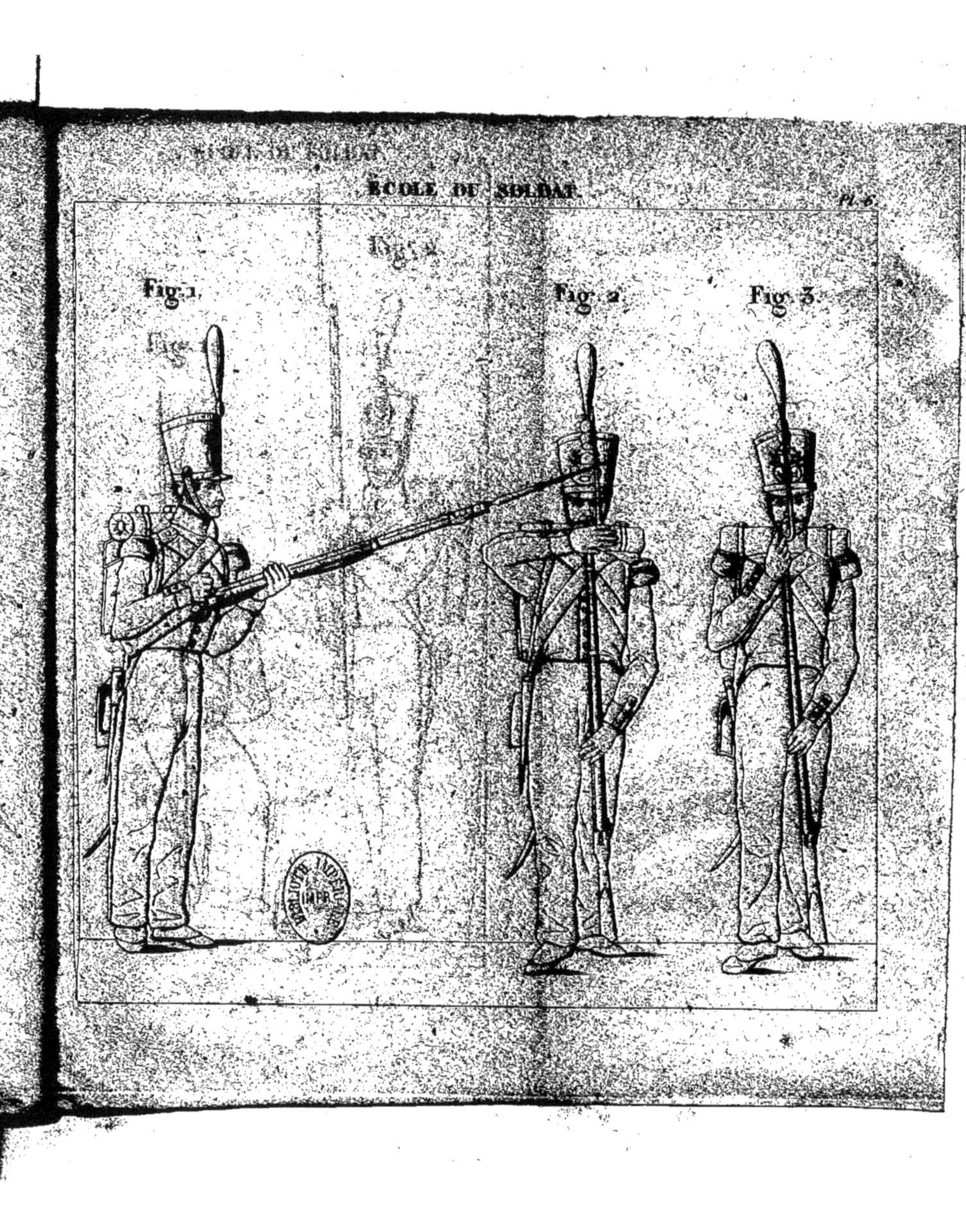
ÉCOLE DU SOLDAT.
Pl. 6.
Fig. 1.
Fig. 2.
Fig. 3.

Fig. 2.
Fig. 1.

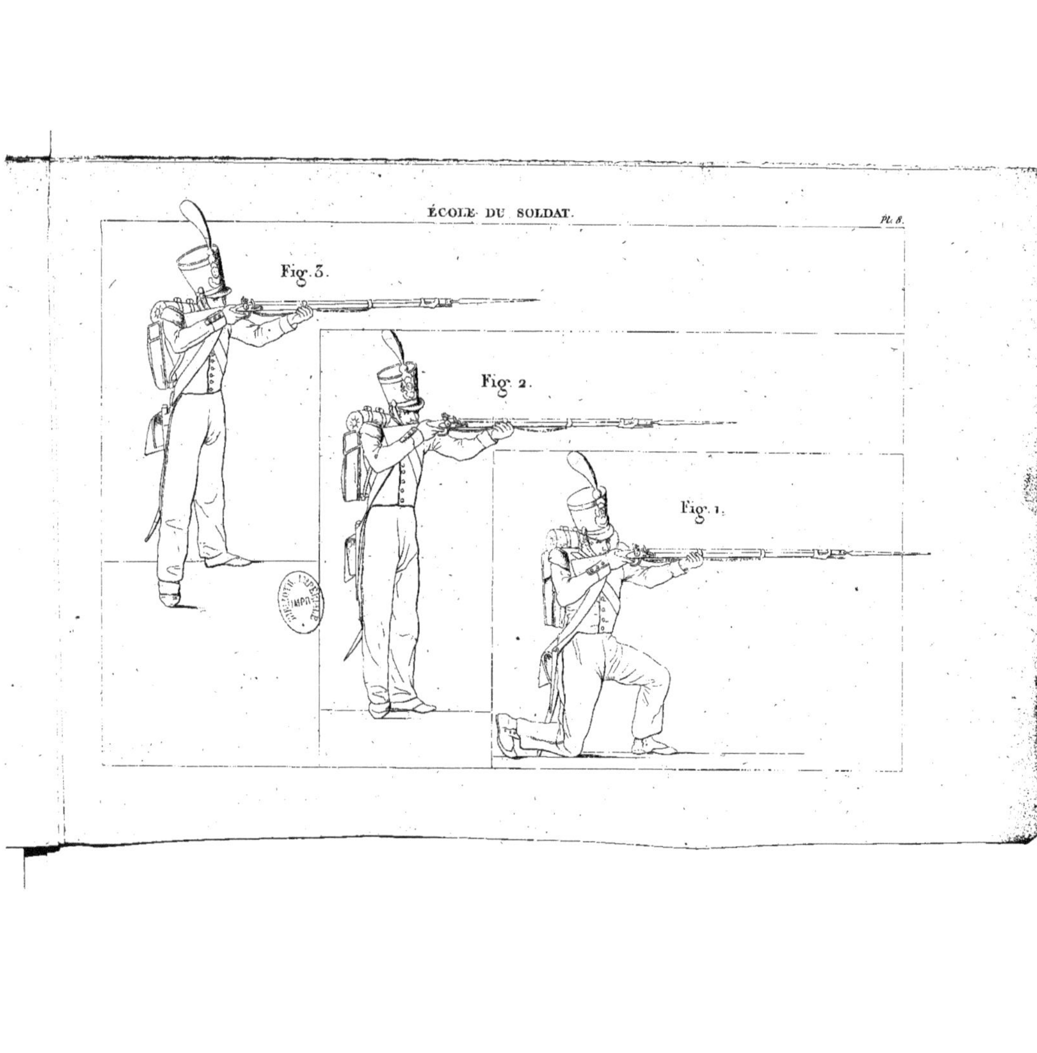
ÉCOLE DU SOLDAT.
Pl. 8.
Fig. 3.
Fig. 2.
Fig. 1.

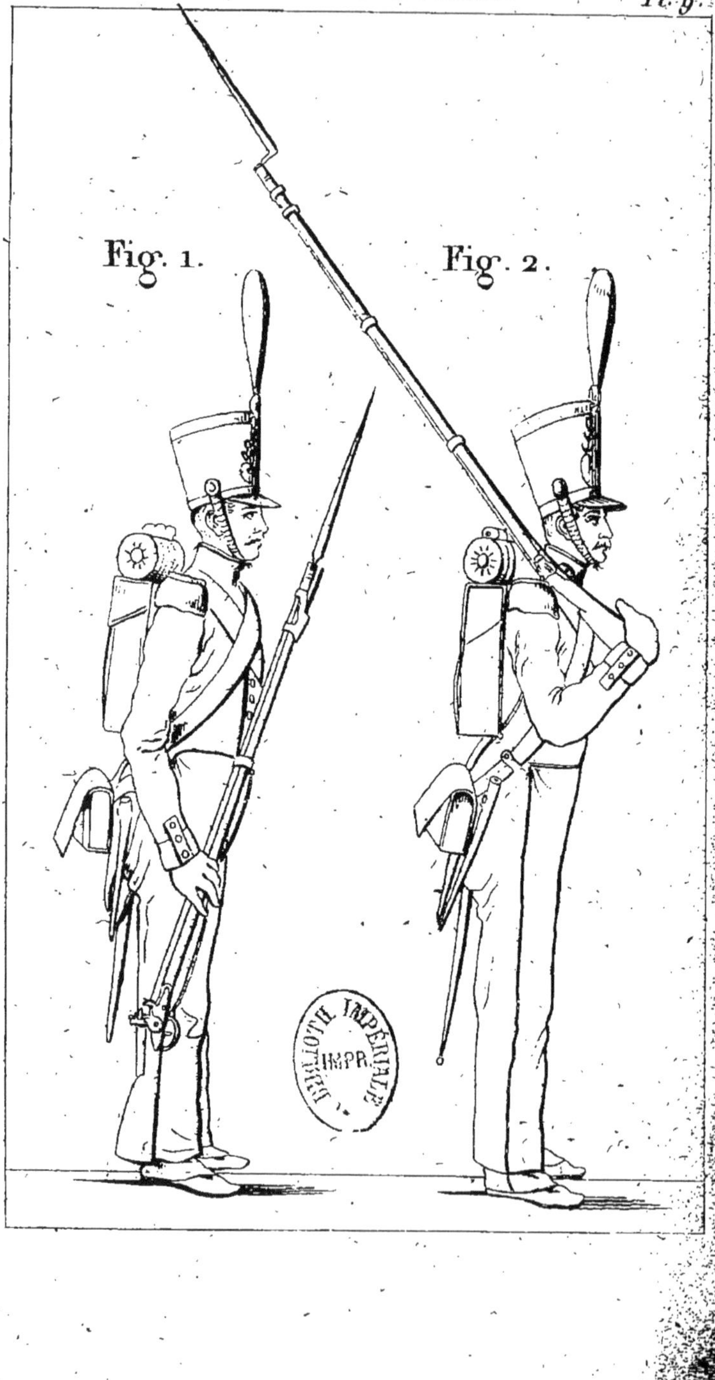

Fig. 1.

Fig. 2.

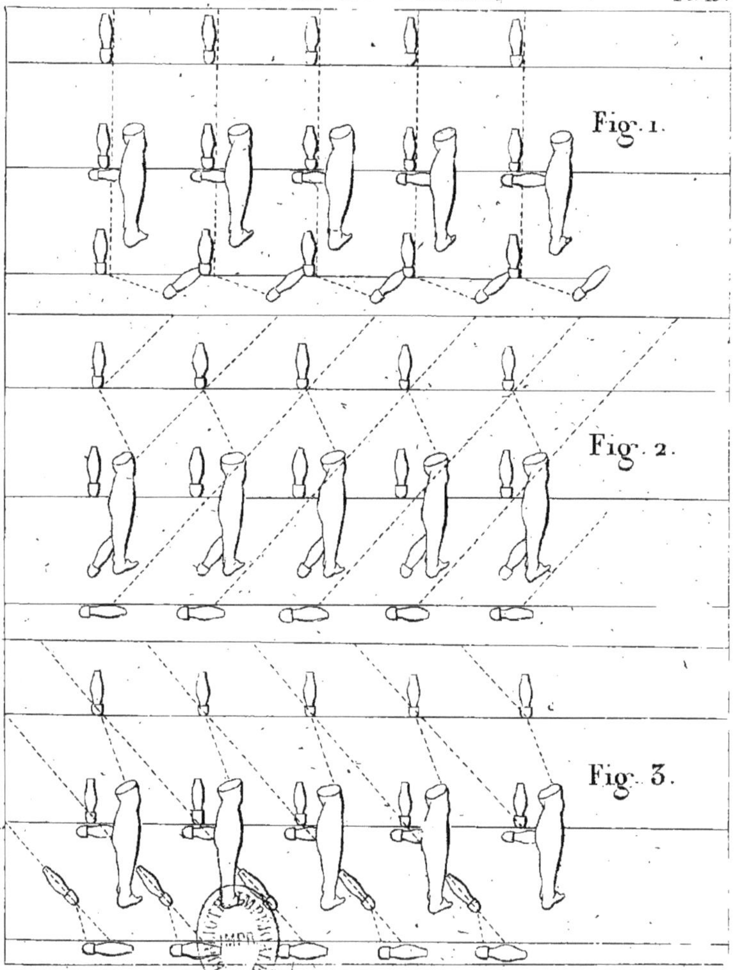

Fig. 1.

Fig. 2.

Fig. 3.

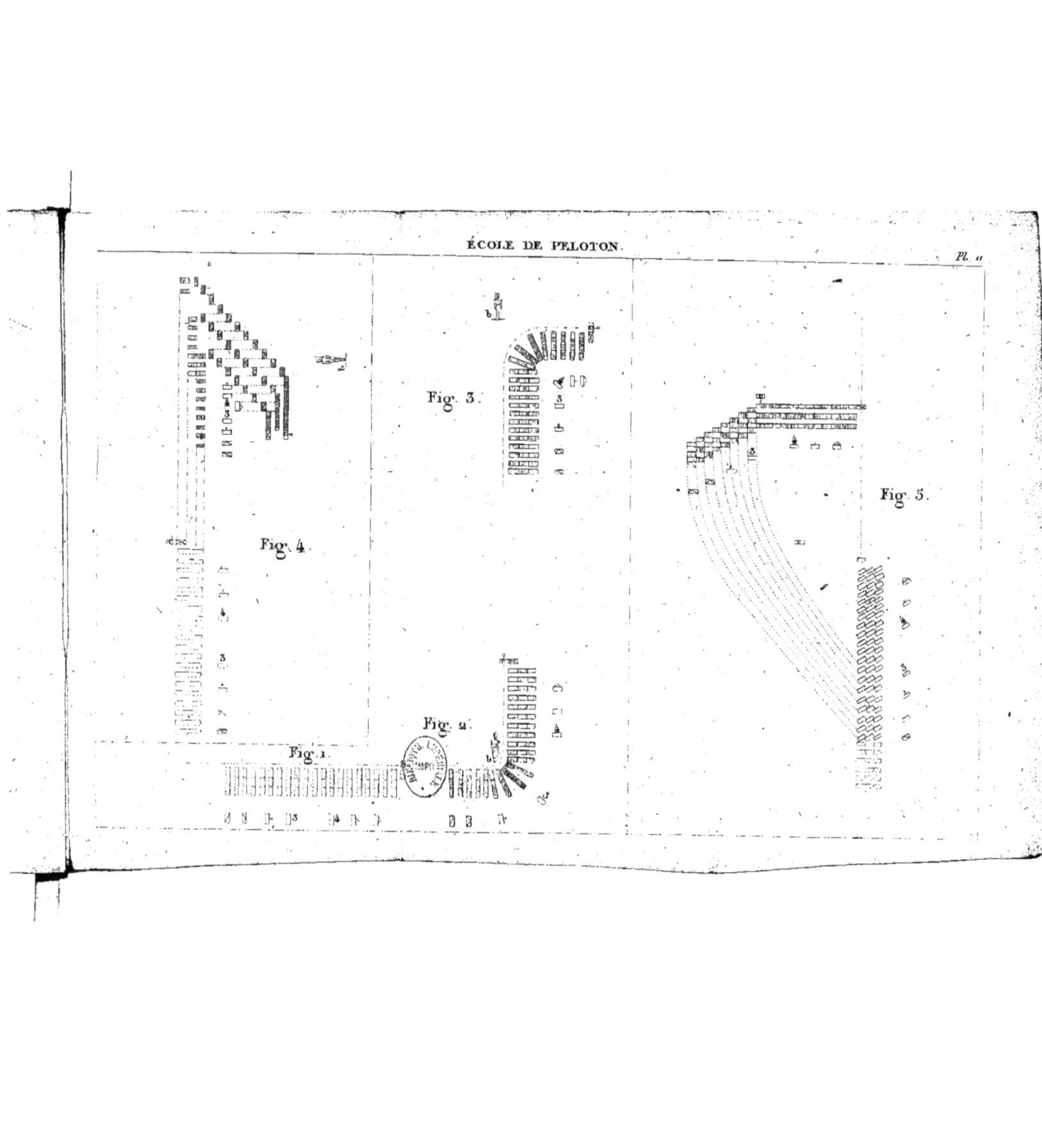
Fig. 1.
Fig. 2.
Fig. 3.
Fig. 4.
Fig. 5.

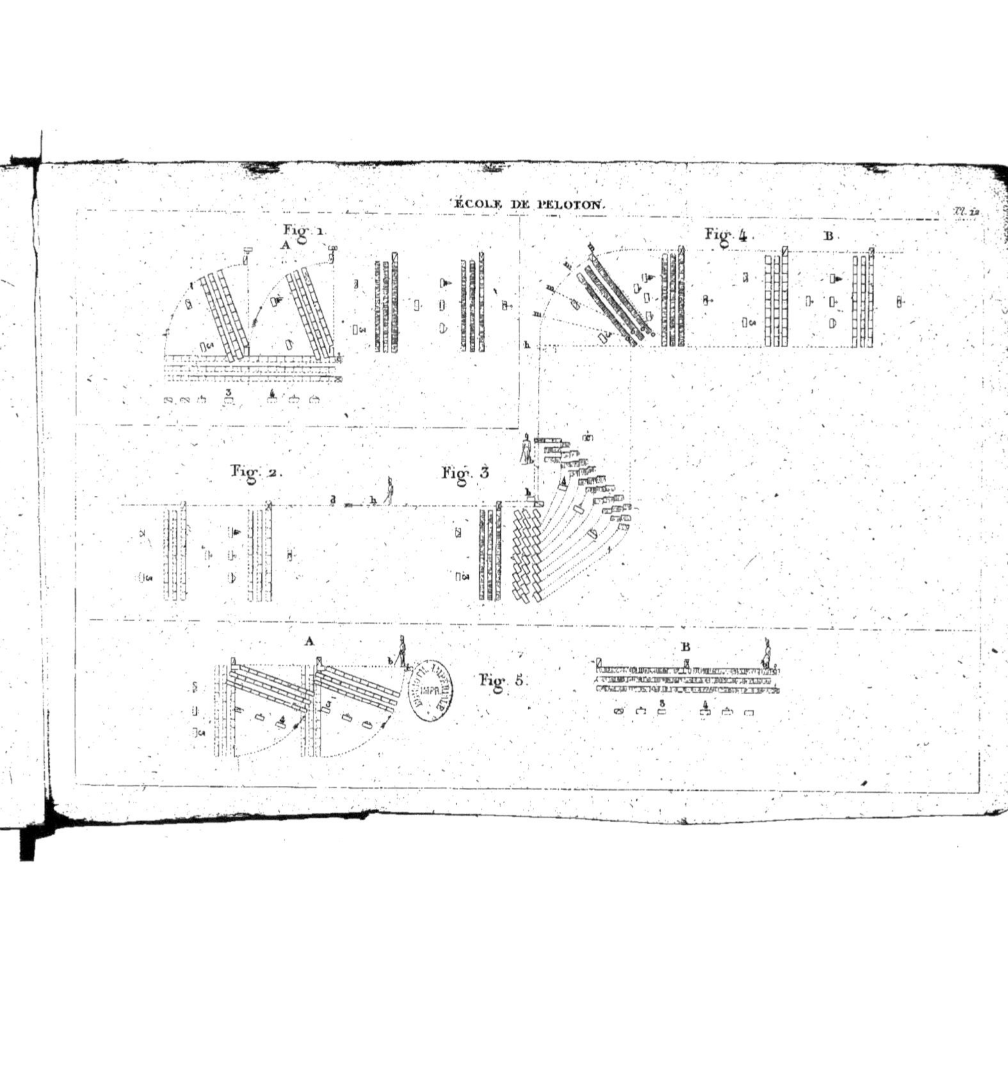

ÉCOLE DE PELOTON.
Pl. 12
Fig. 1.
A
Fig. 4.
B
Fig. 2.
Fig. 3
A
B
Fig. 5.

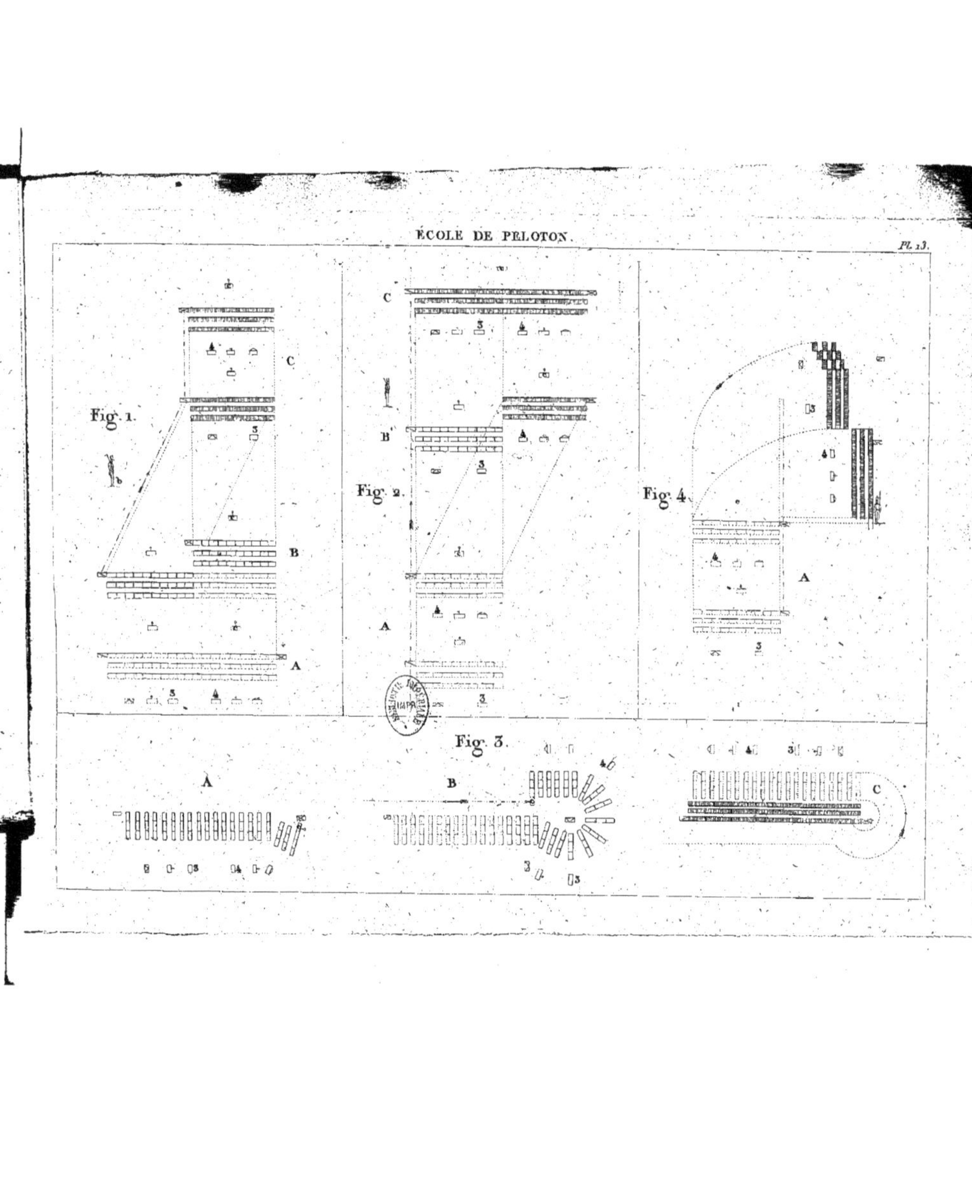
Fig. 1.
A
B
C
Fig. 2.
A
B
C
Fig. 4.
A
Fig. 3.
A
B
C

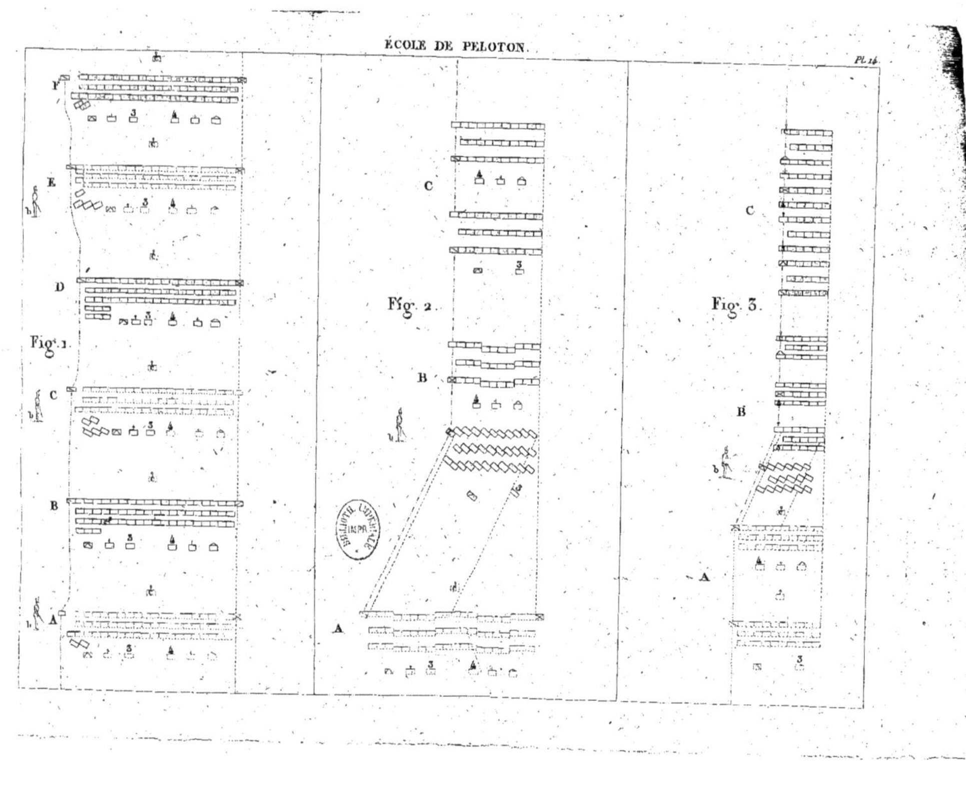
ÉCOLE DE PELOTON.
Pl. 14.
Fig. 1.
F
E
D
C
B
A
Fig. 2.
C
B
A
Fig. 3.
C
B
A